구독
전쟁

구독

전쟁

이승훈 지음

플랫폼 기업과의 **경쟁**에서 **이길 수** 있는
고객 네트워크 구축의 비밀

진정한 구독은 고객 스스로가 선택한 '행복한 구속'으로 완성된다

구독이 유행이다. 그런데 그 어디에도 눈에 띄는 성공사례가 없다. 많은 기업들이 구독상품을 출시했고 또 출시하기 위해 고민하고 있다. 하지만 우리는 아직 대표적인 구독상품을 경험하지 못하고 있다. 이유는 무엇일까? 정기구독상품을 만드는 것을 구독경제(?) 혹은 구독전략의 목표로 생각하기 때문이다. 수단을 목적으로 이해하고 있기에 나타나는 모습이다. 이대로 가다 보면 우리는 머지않아 구독을 잊게 될지도 모른다.

이 책은 구독상품을 만드는 방법에 대해서 이야기하지 않는다. 만약 구독상품을 어떻게 설계하는지 알고 싶어 이 책을 선택했다면 실망할지도 모른다.

이 책은 구독이 추구하는 목적을 '고객과의 관계 재정립'에 둔다. 목적은 우리가 언제나 고민해왔던 고객과의 관계를 다시 설계하는 것이고 구독은 이를 이루기 위한 방법론 즉 전략이다. 이를 이루기 위해 구독상품을 설계할 수도 있지만 보다 근본적인 것은 고객과 만나는 방식을 바꾸는 것이다. 만약 구독전략이라는 선택을 통해 고객과의 관계를 다시 만들어 내겠다는 생각으로 이 책을 집었다면 무언가 기대하셔도 좋을 것이다. 진정한 구독은 고객 스스로가 선택한 '행복한 구속'으로 완성된다는 새로운 사실을 알게 된다면 말이다.

전작 《플랫폼의 생각법》 출간 후 수십 번의 특강 요청을 받았을 만큼 많은 사람들이 큰 관심을 가지고 플랫폼 기업들이 만들어가는 새로운 세상과 그 변화에 주목했다. 그러기에 특강이 끝난 뒤에 던져지는 질문들의 대부분은 "그럼 우리는 어떻게 해야 하는가?"였다. 플랫폼 기업들은 점점 힘이 강해지면서 시장을 독점하기 시작할 것이기에 비플랫폼 기업들에게는 '현상'이 아닌 '해법'이 필요했다.

이 책을 쓰기 시작했던 시점 역시 어느 특강에서 플랫폼 기업들의 시장 독점을 이야기했을 때였다. 나는 마지막에 주어진 "어떻게 해야 플랫폼 기업들이 지배하는 세상에서 살아남을 수 있을까?"라는 질문에 제대로 답하지 못했다. 그러던 중 2019년 무언가 실마리가 보이기 시작했다. 나이키가 아마존과의 결별을 선언했고 디즈니가 디즈니 플러스를 발표하면서 넷플릭스와 이별했다. 패션과 콘텐츠 영역의 대장들이 플랫폼과 경쟁을 선언한 것이다. 무언가 새로운 변화가 시작된 것이다. 더 좋은 소식은 뉴욕타임스의 유료구독자가 7백만 명을 넘어선 것이었다. 무언가 고객과의 관계를 다시 만들어 내려는 시도가 실험에서 성공으로 이어지고 있었다.

이 책은 이러한 사건을 기점으로 벌어지고 있는 비플랫폼 기업들의 탈 플랫폼 전략을 정리한 것이다.

바로 플랫폼 기업들과 비플랫폼 기업들 간의 고객을 둘러싼 구독전쟁에서 나이키, 디즈니, 뉴욕타임스 그리고 애플이 택하고 있는 변화의 방향성에서 나타나는 공통점을 정리했고 이 과정에서 플랫폼과 경쟁하기 위한 방법론을 '구독전략'이라는 이름으로 그려 보았다. 구독전략이라는 가설은 아직은 생각의 흐름에 불과해 보이지만 이후 이러한 전략적 선택을 하는 기업들이 계속해서 나타나면서 충분히 검증가능하리라 생각된다. 아울러 구독이라는 단어를 둘러싼 다양한 이야기를 명확하게 만들기 위해 노력했다. 구독이란 단어를 공유처럼 '경제'라는 모호한 단어에 붙여 그냥 흘려 보내기에는 너무 아까웠기 때문이다.

《플랫폼의 생각법》이 독자에게 읽히는 동안 많은 변화들이 플랫폼 세상에 만들어졌다. 쿠팡이 미국거래소 상장을 통해 5조 원이라는 추가자금을 조달하면서 지속적인 투자기반 성장을 예고했고, 배달의민족이 딜리버리히어로와의 합병을 선언하며 배달시장에 독점적인 기업이 되고자 했지만 정부가 제동을 걸었다. 카카오가 많은 기업을 인수하면서 카카오톡이 가진 규모를 가치로 연결시키려 시도하고 있고 네이버는 카카오와 쿠팡을 견제하면서 암중모색을 하고 있는 모양새다. 하지만 분명한 사실은 이들의 힘이 하루하루 더 커져가고 있다는 점이다. 기업가치 면에서 이미 네이버와 카카오가 머지않아 기존의 대기업 군을 모두 추월할 것으로 보인다.

이제 그 영역이 어디든 플랫폼 기업들이 보이지 않는 곳은 없다. 그리고 이들이 이렇게 빨리, 이렇게 크게 성장할 줄은 미처 상상하지 못했다. 그러기에 이제는 그 마지막 질문에 답을 해야 하는 시간이라 생각한다.

쿠팡의 물류센터 화재는 단순한 화재가 아닌 '쿠팡의 화재'로 인식되어 쿠팡 불매운동으로 번졌고, 김범석 대표가 이사회를 비롯한 모든 공식 지위를 버린 것은 2022년부터 시작되는 중대재해처벌법의 대상이 되지 않기 위함이라는 추측을 확신으로 변화시켰다.

플랫폼은 규모를 추구한다. 그 대상이 무엇이든 간에 규모를 추구하는 곳에서는 문제가 발생한다. 그리고 그 문제는 플랫폼이라는 아성에 균열을 만들어 낸다. 할인과 무료라는 단어만으로 그 균열을 모두 막아낼 수는 없다. 플랫폼과 상대하기 위해서는 그 규모라는 단어의 반대편에 서서 진심으로 고객을 바라봐야 한다. 그것이 바로 새로운 구독전략이다.

《플랫폼의 생각법》을 집필한 후 해법이 아닌 너무 현상만을 이야기한 것은 아닌가 하는 반성이 들었다. 플랫폼이라는 것이 대세이니만큼 그 변화를 이해하는 것이 중요하다고 항변하기는 했지만 책 출간과 강의 후 어떻게 변화해야 하는가에 대해서는 그리 큰 도움이 되지 못한 듯하다. 그래서 이번 《구독전쟁》에서는 전쟁에서 싸우는 방법을 만들어 보고자 했다. 현장에서 구독을 제대로 해석하는 것도 중요하지만 플랫폼과의 구독전쟁에서 이기는 것 역시 중요하기 때문이다.

지은이 이승훈

차례

1부 구독을 전략으로 삼다

2부 구독전략의 실험자들

구독을 전략으로 삼다

1장

플랫폼이 무서운 이유
플랫폼의 본질적 특성

플랫폼의 독점 시대

플랫폼이 무서운 이유

이 책을 쓰게 된 계기는 전적으로 전작인 《플랫폼의 생각법》에 있다. 플랫폼을 강의하면서 많은 사람들과 대화할 기회가 있었는데, 그 대상들의 대부분은 비플랫폼 기업의 임직원들이었다. 이들은 모두 자신들의 사업에 플랫폼이라는 단어를 적용시키고 싶어했다. 즉 모두가 플랫폼이라는 단어를 갖고 싶어했다. 그래서인지 수많은 기업들에서 어렵지 않게 플랫폼이라는 말이 덧붙여진 조직 이름을 볼 수 있었다. 하지만 안타깝게도 그들은 이미 시장을 거의 독점해 버린 플랫폼 기업들이 자신들의 미래에 어떤 영향을 미칠지에 대해서는 큰 고민을 하지 않고 있었다.

플랫폼 기업들은 무서운 기세로 전 산업 영역으로 그 영향력을 확대하고 있다. 구글과 페이스북은 이미 지식과 미디어 영역을 장악했고, 시장 플랫폼의 대표 주자인 아마존, 쿠팡과 같은 상거래 플랫폼은 산업의 지형

을 완전히 바꾸어 가고 있다. 그 변화가 무엇인지, 그 변화가 어떤 결과를 만들 것인지에 대해 정확히 알 수는 없지만 예상은 가능하고, 그 이유에 대한 설명도 가능하다.

다음은 라나 포루하가 쓴 《돈 비 이블Don't be Evil》이라는 책에서 발췌한 글이다. 라나 포루하는 이 책에서 독점적 지위를 획득한 플랫폼들이 얼마나 사악해질 수 있는지를 다양한 각도에서 이야기한다. 단지 경제적인 측면만이 아니라 사회적인 관점에서의 문제에도 집중하고 있다.

지구 어디에서건 전체 검색의 90%가 단 하나의 검색엔진, 바로 구글에서 이루어진다. 인터넷을 사용하는 30세 이하 성인 중 95%는 페이스북을 사용한다. 밀레니얼 세대의 유튜브 사용 시간은 다른 동영상 스트리밍 서비스 사용 시간을 모두 더한 것의 2배에 달한다. 전 세계 신규 광고 지출의 약 90%가 구글과 페이스북으로 들어가며, 전 세계의 휴대전화 중 1%를 제외한 나머지 휴대전화는 모두 구글과 애플의 운영체제를 기반으로 한다. 애플과 마이크로소프트는 전 세계에서 사용되는 데스크톱 운영체제의 95%를 공급한다. 미국의 전자상거래 매출 절반은 아마존의 몫이다.

시간, 돈, 생각 등 거의 모든 면에서 플랫폼들은 우리의 삶을 지배하기 시작했다. 아침에 일어나 플랫폼에서 정보를 받고, 플랫폼을 이용해 이동하고, 플랫폼 안에서 일하고, 플랫폼으로 식사를 해결하는 세상이 되었다. 그리고 이들은 각각의 영역에서 독점적인 지위를 차지했기에 이들의 자리는 누구도 흔들기 힘들어 보인다. 나의 비즈니스가 이들과 떨어져 있다고 생각하기에는 이들의 확장이 무섭다. 하지만 가장 무서운 것은 미래의 자산이라는 데이터가 이들에게 집중되고 있다는 점이다. 태생부터 디지털이었던 플랫폼들은 별도의 디지털 전환 과정 없이도 자연스레 모든 데이터를 축적하고 있다. 그리고 그 데이터는 향후 플랫폼 확장의 에너지로 변환될 것이다.

플랫폼의 본질적 특성

플랫폼을 이해함에 있어 가장 중요한 것은 플랫폼이 독점이라는 속성을 갖는다는 점이다. 플랫폼은 양면시장 혹은 다면시장을 대상으로 하기에 경쟁의 양상이 일반적인 시장과는 다르다. 그리고 그 경쟁을 이해하기 위해서는 네트워크 효과라는 개념을 이해해야 한다. 플랫폼 기업은 플랫폼 참여자들을 다른 참여자들과 연결시킴으로써 가치를 창출시킨다. 네트워크 효과는 동일한 상품이라도 더 많은 참여자와 연결되거나 더 다양한 보완적 혁신이 나타나면 그 가치가 증가하는 현상이다. 이런 이유로 플랫폼은 언제나 규모를 추구한다. 개방을 원칙으로 누구나 참여할 수 있도록 문을 열고, 유연한 원칙을 유지한다. 일단 많은 참여자가 있으면 그 안에서 데이터라는 가치는 네트워크 효과를 통해서 획기적으로 증가한다.

쿠팡에 참여하는 상품 공급자가 많아지면 많아질수록 쿠팡이라는 플랫폼의 시장 지위와 경쟁력은 올라가고 보다 많은 구매자들이 찾아오게 된다. 구매자들은 다양한 상품과 경쟁으로 인한 낮은 가격에 만족하게 되고, 많은 손님은 보다 많은 공급자들을 유인한다. 공급자들은 구색이라는 관점에서 서로서로 도우며 네트워크 효과를 만들어 내고 있는 셈이고, 원하든 원치 않든 간에 가격 경쟁을 통해 최저가라는 인식을 소비자에게 심어 주게 된다. 여기에 구매자들은 쇼핑에 참여하면서 자신도 알지 못하는 사이에 쿠팡이라는 네트워크의 가치를 키워 주고 있는 것이다. 즉 플랫폼 간의 경쟁에서 하나의 플랫폼이 시장을 지배하기 시작하면 쏠림 현상이 발생하고, 그 결과 독점적 플랫폼이 탄생한다.

공급자의 입장에서든 구매자의 입장에서든 플랫폼 간의 경쟁은 무척이나 매력적이다. 우리(식당과 손님 모두)는 배달시장에서 배달의민족, 요기요, 배달통 간의 경쟁을 통해 많은 쿠폰과 할인 혜택을 받았고, 그런 만큼 이들의 합병 소식은 시장을 우울하게 했다. 합병 발표와 더불어 시도된 배달의민족의 수수료 체계로의 변화(실질적인 플랫폼 사용료 인상) 시도는 그 경쟁이 주었던 과실이 얼마나 달았는지를 역설적으로 보여 준다.

플랫폼이 독점적인 지위를 확보하면서 배달의민족과 같이 수익모델 변경을 통해 시장에서 수익을 키우려고 시도하는 것은 지극히 상식적이다. 시장경쟁에서 승리했으니 그 과실을 어느 정도 즐기는 것은 용납할 만하다.

하지만 배달의민족 경우처럼 독점확보 후 수익추구 노력은 정부와 플랫폼 참여자들의 저항으로 막아낼 수도 있다. 그러나 무엇보다 중요한 것은, 독점으로 인해 그 산업의 모든 데이터가 하나의 독점적 플랫폼 사업자에게 집중된다는 사실이다. 플랫폼 기업들은 태생부터 디지털이다. 플랫폼상에서 이루어지는 모든 활동은 기록되고 축적되고 활용된다. 여기서 본질적인 네트워크 효과가 다시 나타나기 시작한다. 플랫폼이 보유한 데이터가 많아질수록 그 데이터의 가치는 커지기 시작한다. 특정 영역에서 독점적 지위를 확보한 플랫폼은 독점적 데이터를 통해서 막대한 가치를 축적하게 된다. 배달의민족과 요기요가 합병하는 순간 배달시장은 독점이 되고, 전 국민의 배달음식 데이터는 이들에게 집중된다. 누가 언제 어디서 무엇을 먹는가에 대한 정보가 하나의 기업에 집중된다는 것은 아무리 긍정적으로 보아도 그리 건강해 보이지는 않는다.[*]

구글은 매 초당 4만 건 정도의 검색 쿼리를 처리한다고 한다. 지구상의 모든 사람들이 구글에 자신이 궁금해하는 것을 물어 보고 답을 구한다. 이 행위를 바탕으로 구글은 구글트렌드라는 서비스를 제공한다. 특정 단어에 대한 대중의 관심이 어떻게 변하는지를 보여 주는 서비스이다. 신종플루라는 독감이 출현했을 때 기존의 검역시스템으로 특정 지역에 신종플루가 발생했다는 것을 알아내는 데는 2주의 시간이 소요되었다. 하지만 구글은 이제 하루면 이를 알 수 있다고 한다. 신종플루와 관련된 수백만 단어와의 연관성을 바탕으로 어떤 검색 쿼리가 어느 지역에서 많이 이루어지는가에 따라 이를 추정하는 것이다. 약간의 과장을 보태면, 구글은

---

[*] 이를 고려하여 공정위는 요기요의 매각이라는 조건부 합병을 승인했다.

정보라는 영역에서 이미 '빅브라더'가 되어 버렸다.

페이스북의 등장으로 미국에서는 1,800개의 언론사가 문을 닫았다. 더이상 광고수익을 기대할 수 없기에 과거 워런 버핏이 '황금강Gold River'이라 표현했던 신문사들이 점차 문을 닫기 시작하게 된 것이다. 2021년 1분기 기준 페이스북의 월간 사용자 수는 28억 명이다. 미국 기준 70% 성인이 페이스북을 사용하고 있고, 역시 52%의 성인이 페이스북으로 뉴스를 접한다. 전체 기업 중의 80%가 페이스북을 마케팅의 도구로 사용하고 있고, 현재 기준 페이스북에서 광고를 집행하고 있는 기업의 숫자는 7백만 개이다.

모든 언론사의 기사들이 모여들고 모든 광고가 집행되는 곳이 페이스북이다. 이는 단지 페이스북이 돈을 많이 번다는 것만을 의미하는 것이 아니다. 세상이 돌아가는 정보들이 페이스북으로 모인다는 것을 의미한다. 페이스북은 엣지랭크라는 알고리즘을 바탕으로 '뉴스피드'를 통해 모든 사용자에게 개인화된 정보를 제공한다. 이 말은 페이스북이 세상에 돌아가고 있는 모든 변화를 분석하고 있다는 뜻이다. 개인을 위한 정보가 제공되면서 이제는 한 걸음 더 나아가 그 정보가 새로운 마케팅 도구로 활용되고 있다. 과거에는 나의 과거 데이터를 바탕으로 내가 지난해처럼 라스베이거스로 휴가여행을 갈 것을 추정하여 광고가 이루어졌다. 이 광고가 성공했다면 이제는 나의 프로파일이 정보가 되어 나와 유사한 특징을 가진 사람에게 라스베이거스 여행상품을 추천하기 시작하는 것이다. 물론 이러한 방식은 위정자를 뽑는 정치 광고에도 적용될 수 있다. 이제는 이러한 방식을 '설득Persuasion' 마케팅이라 부르기 시작했다.

아마존이 제공하는 아마존 프라임이라는 멤버십 프로그램이 있다. 이 아마존 프라임의 재무적인 결과는 재무제표에서 구독 서비스Subscription Service로 표시되는데, 2020년 기준 아마존은 252억 달러라는 구독 서비스 매출을 보고하고 있다. 아마존 프라임의 연회비는 199달러인데 2020년 기준 1억 8천만 명이 구독하고 있으며 회원들에게는 무료배송과 더불어 다양한 콘텐츠 서비스도 무료로 제공된다. 미국이라는 넓은 시장에서 익일배송이라는 엄청난 일이 아마존에 의해 구현되고 있고 그 대상은 1억 8천만 명이다. 연회비 119달러를 내고 대부분의 쇼핑을 아마존에 집중하고 있는 고객이 무려 1억 8천만 명이라는 뜻이다. 물론 아마존은 이들이 무엇을 구매하는지 혹은 무엇을 보고 구매하지 않았는지 모두 알고 있다.

아마존으로의 집중은 구매자로만 한정되지 않는다. 아마존이 판매자들을 위해 제공하는 아마존 풀필먼트 서비스Fulfilment by Amazon는 전자상거래를 위한 모든 행위를 아마존에 의존하게 한다. 이제는 판매자가 자신의 상품을 아마존이 지정한 창고로 배송해 놓기만 하면 이후의 모든 과정은 아마존이 해결해 준다. 단순히 물류만 대행하는 것이 아니라 고객서비스와 반품까지 아마존이 담당한다. 판매자들은 그저 아마존에게 서비스 대가를 지불하기만 하면 된다. 현재 이 서비스에 전적으로 의존하고 있는 셀러가 전체의 57%이고 부분적으로 사용하고 있는 셀러는 34%이다. 합해 보면 90%가 넘는 판매자가 아마존에게 판매 과정의 많은 부분을 의존하고 있는 것이다.

결국 아마존은 플랫폼에 참여하고 있는 판매자와 구매자 모두를 장악하고 있다. 보이는 것처럼 단순히 인프라와 서비스만를 통해서가 아니라 데이터를 통해 장악하고 있으며 이를 바탕으로 아마존은 이미 400여 개의 자사 브랜드^{Private Brand}를 출시했고, 이 노력은 더욱 지속될 것이다.

애플과 구글이 iOS와 안드로이드로 모바일 시장을 장악하고 있는 것은 그다지 새로운 소식이 아니다. 2007년 6월 29일 애플이 아이폰을 출시한 이후 스마트폰 시장은 애플을 제지하려는 안드로이드 진영과 애플 간의 싸움으로 채워져 왔다. 다행인 것은 애플이 20%의 시장을 지키면서 안드로이드의 독점을 막아 주고 있다는 사실이지만 이 역시 아이러니이다. 애플은 모든 서비스를 출시하면서 개인정보에 대한 보장을 이야기하지만, 사업의 특성상 모바일 플랫폼들은 모든 정보에 접근이 가능하다. 애플은 단지 스스로 이에 대한 접근을 제어하고 있다고 주장할 따름이다. 이제 우리는 스마트폰 없이는 하루도 살 수 없기에 애플과 구글만큼 많은 데이터를 보유하고 있는 기업은 없다.

아직은 확고하다는 평가를 받지는 못하고 있지만 우버는 차량 공유 시장에서 2020년에 266억 회의 탑승 횟수를 기록하고 있다. 즉 2020년 한 해 동안 266억 명이 어디서 어디로 이동했는지를 알고 있다는 것이다. 이 데이터가 앞으로 어떻게 활용될지는 알 수가 없다. 하지만 이 데이터를 지도상에 점으로 표시하면 어떤 모습으로 나타나게 될지는 누구나 상상할 수 있다. 우버가 우버이츠를 포함하여 모든 이동형 서비스에 성공적으로 진출할 수 있었던 까닭은 이 데이터를 기반으로 하기 때문이다.

결론적으로 데이터는 플랫폼으로 집중되고 있고, 플랫폼들은 그 데이터를 기반으로 확장을 시도하고 있다. 계속해서 새로운 디바이스가 나오고 새로운 서비스가 출시되고 있으며 그 주체는 다름 아닌 플랫폼 기업들이다. 이제는 나의 영역이 이들의 대상이 되었는지를 걱정하고 고민해야 할 시점이다. 정보와 미디어를 장악한 플랫폼들은 향후 모든 형태의 전달을 장악하려 할 것이고, 상거래를 장악한 플랫폼들은 모든 상품을 장악하려 할 것이다. 머지않아 플랫폼 기업들이 나의 영역에 등장하는 모습을 보게 될 것이다. 이제는 이에 대한 준비가 필요하다.

2장

구독전쟁의 시작

2019년 두 개의 사건

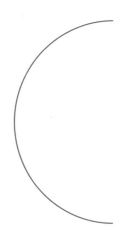

2019년 말 두 가지 사건이 동시에 발생했다. 하나는 나이키^Nike가 아마존 ^Amazon과의 결별을 선언하면서 직영망 중심의 유통망 개편을 발표한 것이고, 또 하나는 디즈니^Disney가 넷플릭스^Netflix와 결별하고 자신의 스트리밍 서비스인 디즈니 플러스^Disney+를 출범시킨 것이다. 스포츠패션 업계에서 가장 가치 높은 브랜드를 가진 나이키와 콘텐츠 시장의 대장 디즈니가 기존 유통망과의 결별을 선언한 것이다. 어떻게 이런 일이 동시에 발생할 수 있었을까?

이 두 기업의 2020년 말 실적보고서를 보면 'Direct to Consumer'라는 전략 방향이 두드러지게 나타난다. 두 기업 모두 기존의 간접유통망을 통해 고객을 만나던 방식으로부터 직접 고객을 만나는 방식으로의 변화를 선택한 것이다. 이는 단순히 보여 주는 전략이 아닌 회사의 명운을

건 선택이었고, 이 변화에 시장은 열광적으로 반응했다. 이 시장의 환영을 바탕으로 두 기업 모두 2020년 한 해 동안 엄청난 기업가치 상승을 경험한다. 이 한 해 동안 나이키는 기업가치가 40% 이상 상승했고* 디즈니는 24% 정도 상승했다. 애플, 아마존 같은 플랫폼 기업들의 기업가치가 동일 기간 동안 거의 100% 가까이 상승한 것에 비하면 높지 않은 성장이지만, 더 이상 큰 성장을 기대할 수 없었던 제조업과 콘텐츠 사업에서 이런 성장은 대단한 것이었다.** 특히 대부분의 매출을 간접유통망을 통해

---

* 2020년 한 해 동안 나이키의 주가는 101달러에서 142달러로, 디즈니의 주가는 144달러에서 179달러로 상승했다.

** 2020년 한 해 동안 애플은 85%, 아마존은 75%라는 기업가치 상승을 보여줬다.

만들었던 두 기업이 기존과는 180도 다른 직영망이라는 선택을 한 것에 대한 시장의 열렬한 반응은 분명 역설적이다. 재무적 관점에서 보면 변화를 선택한 두 기업의 예상 재무성적표는 분명 좋지 않을 것이기 때문이다. 시장은 이들이 선택한 Direct to Consumer 전략 그 자체를 현명하다 판단한 것이고, 그 판단의 기저에는 플랫폼이라는 이제는 더 이상 그들의 시장 운영 파트너로 치부할 수 없는 새로운 시장지배자가 존재했다.

아마존을 비롯한 상거래 플랫폼들은 어마어마한 속도로 규모를 키웠고, 상거래의 거의 모든 영역을 먹어 치우기 시작했다. 엄청난 거래량은 엄청난 고객의 데이터를 의미한다. 머지않은 미래에 플랫폼들이 고객을 장악할 것이라는 예상에 동의하지 않는 사람은 이제 없을 것이다. 콘텐츠 시장도 마찬가지이다. 2019년 미국에서 넷플릭스의 가입자가 1억 명을 넘어서면서 케이블 가입해지는 가속화되고 극장과 VOD라는 기존 유통망을 통한 매출은 감소하기 시작했다. 디즈니의 CEO 밥 아이거Bob Iger는 넷플릭스의 성장이 향후 디즈니와 같은 콘텐츠 사업자의 위치를 위협할 것이라 판단했고, 과거 극장이라는 유통사업자와 유지했던 평화롭던 관계는 이제 더 이상 기대하기 힘들 것이라고 내다보았다. 그런 생각을 가진 디즈니가 디즈니 플러스를 출시하면서 자신만의 고객을 갖겠다고 선언한 것이다. 마찬가지로 나이키는 2년간의 아마존과의 협업을 포기하면서 이베이 출신의 존 도나휴를 CEO로 영입했다. 이는 나이키만의 고객과의 관계를 다시 만들어 가겠다는 의지의 표현이었다.

이 책은 Direct to Consumer라는 선택을 한 기업들에 대한 이야기이다. 먼저 이 기업들이 선택한 Direct to Consumer라는 전략을 한국어로는 '구독전략'이라고 부르기로 한다. 아주 쉬운 영어임에도 기존의 의미를 가진 단어[*]로 해석하는 이유는 구독이라는 단어가 그 어떤 단어보다 적합하기 때문이다.

이전까지 기업의 보편적인 판매, 마케팅 방식은 소비자를 대상으로 삼았다. 소비자는 내가 생산한 제품을 소비하는 대상이었지 나와 무언가를 같이 하는 주체가 아니었다. 그런 이유로 시장은 유통망이라는 중간자를 탄생시켰다. 그냥 상품을 만들어 유통망에 던져 놓고 그 이후는 잊으면 되는 그런 산업구조가 만들어진 것이다.

그런데 조금만 더 생각해보면 기업이 소비자와 지속적 관계를 갖는다는 것은 기업의 입장에서는 꿈에 그리던 일이다. 이를 충성고객이라 하기도 하고 'Consumer Lock-in'이라 하기도 한다. 하지만 한단계 더 나아가 이 관계가 지속된다면 그 관계를 나타내는 가장 적절한 단어가 바로 '구독'이다. 소비자는 자신이 좋아하는 신문과 잡지를 구독했고 우유를 구독했다. 그 구독의 선택은 상품과 기업에 대한 신뢰의 표시였다. 나이키와 디즈니가 선택한 Direct to Consumer라는 전략은 그런 맥락에서 기업이 주체가 되는 구독전략이다.

기업이 구독이라는 단어를 쓴다는 것은 고객과 직접 관계를 맺고 싶다는 것을 의미한다. 여기서 기업이 주체가 된다는 의미는 이전의 구독이라

---

[*] 기존에도, 아니 지금도 구독이라는 단어는 정기구매 혹은 정기배송의 개념으로 협소하게 사용되고 있다.

는 단어의 주체가 소비자였기 때문이다. 언어유희일지도 모르지만 무언가를 구독하는 주어는 소비자이지 기업이 아니다. 따라서 기업이 구독이라는 것을 전략으로 채택한다면 이는 기업이 소비자로 하여금 기업의 브랜드를 혹은 기업이 제조하는 상품이나 서비스를 구독하게 만드는 전략일 것이다. 즉 기업이 구독전략이라는 단어를 쓴다는 것은 고객과 직접적이면서 정규적인 관계를 맺고 싶어한다는 것을 의미한다. 이를 단지 소비자가 구독할 상품을 만드는 것으로 해석하는 것은 구독이라는 단어를 너무 좁게 해석하는 것이다.

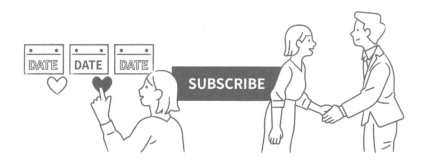

다시 말해 구독전략의 목표는 충성고객을 많이 갖고 싶은 기업의 꿈과 동일하다. 그런데 지금 구독전략을 다시금 이야기하는 이유는 따로 있다. 바로 시장의 새로운 지배자인 플랫폼의 등장으로 촉발된 고객의 소유권을 둘러싼 전쟁이 임박했기 때문이다. 다가오는 미래의 이 전쟁에서 살아남기 위해서는 나의 고객과의 관계를 공고히 하는 것이 유일한 방법이다.

이미 바로 앞까지 다가온 이 전쟁은 '플랫폼'이라는 새로운 시장의 지배자와 플랫폼의 한 축을 담당하는 공급자라는 기업들 간의 전쟁이다. 아마존이라는 플랫폼과 아마존에서 상품을 판매했던 나이키라는 상품공급자 간의 전쟁이고 넷플릭스와 넷플릭스에 콘텐츠를 공급했던 디즈니 간의 싸움이다.

플랫폼의 힘이 점점 더 강해지면서, 단순히 플랫폼의 한 축을 담당하기만 하는 안일함이 어떤 결과를 가져올지 알게 된 상품공급자의 대장들이 선언한 독립전쟁이 바로 구독전쟁이다. 과거 시장의 맹주이자 패자가 새로운 군주(인정할지는 모르지만)로부터 독립을 선언하고 있는 것이다. 이 전쟁의 목적은 고객이고, 전쟁의 승패는 독립하기에 충분한 나만의 고객을 가졌는가로 판단될 것이다. 나이키와 디즈니가 충분히 큰 나만의 고객을 만들어 낸다면 독립이 성공할 것이고, 그러지 못한다면 아마존과 넷플릭스의 수많은 공급자 중의 하나로 다시 전락할 것이다.

구독전략에서 데이터의 의미

기업이 구독이라는 기존보다 조금 높은 수준의 목표를 추구하는 이유는 두 가지이다. 첫째는 현재의 고객의 접점이라 할 수 있는 유통이라는 영역에서 플랫폼 기업들의 역할과 영향력이 막강해졌다는 점이고, 둘째는 시장에서 고객 데이터의 역할이 점점 더 중요해지기 시작했다는 점이다. 이러한 변화는 모바일이라는 새로운 기술환경이 등장하면서 새로운 인류들이 이런 변화를 적극적으로 받아들이고 있기 때문이고, 빅데이터 분석 기술의 발전으로 이제는 시장의 변화를 예측할 필요 없이 그저 고객이 제공하는 데이터를 해석하기만 하면 되기 때문이다. 이런 이유로 고객을 제대로 이해하지 못하면 이미 그 고객을 장악하고 있는 플랫폼기업들에게 종속되어 버릴 수도 있다는 위기의식이 비플랫폼 기업들 즉 제조사들 사이에서 피어나기 시작한 것이다.

아마존에서는 거의 모든 브랜드의 운동화가 판매된다. 나이키의 경쟁자인 아디다스, 언더아머Under Armor, 퓨마 등 대부분의 브랜드들을 아마존에서 쉽게 찾을 수 있다. 아마존의 빅데이터팀은 현재 소비자들이 어떤 브랜드의 어떤 디자인의 운동화를 선호하는지 모든 거래의 데이터 분석을 통해서 알 수 있다. 나이키가 설문조사를 통해 이해하는 시장판단과는 본질적으로 다르다. 이미 많은 고객 데이터가 플랫폼에 의해 축적되기 시작했고, 거의 모든 고객과의 접점을 이들 플랫폼에 의존하고 있는 공급자들은 자신들의 고객들과 멀어지기 시작했다. 과거 콘텐츠(혹은 제조사)가 왕이었던 세상이 이제는 플랫폼이 왕이 되는 세상으로 바뀌고 있는 것이다.

고객의 데이터는 누가 뭐라 해도 미래의 자산이 될 것이다. 고객이 무엇을 원하는가를 알아내는 것이 사업의 핵심이 될 것이고, 이 정보가 생산을 포함한 모든 영역에서 활용될 것이다. 제조사 중에서는 아직 고객정보를 활용하여 사업 전체를 바꿔내는 'Digital Transformation'에 성공한 기업이 많지 않다. 하지만 플랫폼 기업들은 본질적으로 이미 'Digital' 기업이다. 굳이 'Transformation'을 할 이유가 없다. 데이터가 미래라면 미래는 플랫폼 기업들에 의해 좌우될 가능성이 크다.

이 변화에 대항하면서 플랫폼의 지배에서 벗어나 고객과의 관계를 다시 만들려는 시도가 바로 구독전략이다. 내가 고객과 직접 커뮤니케이션하고 관계 맺으며 거래하는 방식으로 사업방식을 바꾸어 나가는 것

을 의미한다. 그래서 구독이라는 단어를 정기구매와 같이 한정된 의미로 사용하면 안 된다. 이 책에서 구독의 개념을 좀 더 확대해서 'Direct to Consumer' 전략 즉 고객과의 관계를 다시 만드는 전략으로 해석하는 이유가 여기에 있다. 뉴욕타임스가 보여줬고 나이키와 디즈니가 실험하고 있는 전략이 바로 구독전략인 것이다.

고객 네트워크

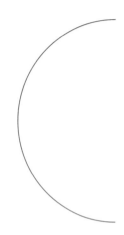

구독전쟁은 고객을 대상으로 상품을 판매하는 기존방식의 경쟁이 아니라 고객 그 자체를 확보하는 전쟁을 의미한다. 이 전쟁의 외형적인 모습은 기존의 시장경쟁과 유사해 보이지만 그 결과는 많이 다르다. 구독전쟁의 상대방은 기존의 경쟁자들이 아니고 플랫폼이라는 이미 시장을 거의 정복한 괴물*들이기 때문이다. 그리고 그 플랫폼들은 이미 충분한 규모의 고객 네트워크를 확보하고 그 가치를 누리고 있다.

그 이유는 고객 네트워크라는 새로운 요소의 등장에 있다.

고객 네트워크는 결코 새로운 개념이 아니다. 과거에도 존재했지만 이

---

*　플랫폼이 사악하다는 의미가 아니라 〈진격의 거인〉처럼 그 상대편에 서 있는 비플랫폼 기업 입장에서의 모습을 의미한다.

를 활용하기에는 너무도 많은 데이터가 필요했고 분석자원이 필요했기에 상상하지 못했던 자원이었다. 하지만 이제는 고객 네트워크를 만들기도, 활용하기도 그리고 이를 사업에 적용하기도 어렵지 않은 환경이 만들어졌다.

예를 들어보자. 나이키의 고객 네트워크는 나이키라는 브랜드를 사랑하면서 운동과 건강에 관심이 많은 나이키의 고객들이다. 이들은 주기적으로 나이키의 제품을 구매하고 나이키의 커뮤니티 프로그램에 참여하며 나이키와 소통한다. 그러면서 자신의 의사와 생각을 적극적으로 표현한다. 어떤 소재, 어떤 디자인을 선호하고 어떤 사이즈가 더 많이 필요한지, 어떤 서비스가 필요하고 무엇이 불필요한지도 알려준다. 이 모든 데이터들을 생산하는 것이 고객 네트워크다. 이 모든 데이터들은 나이키에 의해 직접 수집되고 분석되어 상품기획, 생산, 유통의 핵심적인 정보로 활용될 수 있다. 바로 이것이 '고객 네트워크'이다.

고객 네트워크는 일종의 유기체기 때문에 어디에도 완벽한 고객 네트워크는 존재하지 않을 것이다. 따라서 우리는 매일 이 네트워크의 품질을 올리기 위해 노력해야 한다. 이는 매일매일 발전하면서 시장과 고객에 대한 정보와 인사이트를 생산해주는 일종의 원천이다. 비유적으로 말하면 고객 네트워크는 일종의 머신러닝^{machine learning}과 유사하다. 보다 많은 고객 데이터가 모일수록 시장에 대한 인사이트는 정확해지고 명료해진다. 그리고 이 네트워크 구축의 종착점은 없다. 계속해서 변화하는 시장을 이해하기 위해 지속적으로 유지되고 진화되어야 한다.

디즈니가 새로운 스타워즈 시리즈를 내놓을 때의 의사결정 방식과 넷플릭스가 〈하우스 오브 카드^{House of Card}〉를 기획할 때를 비교하면 고객 네트워크의 존재 의미가 더욱 구체화된다. 넷플릭스는 DVD 우편배달 시절부터 고객들이 알려준 영화에 대한 취향정보를 바탕으로 고객에게 질문하면서 〈하우스 오브 카드〉를 기획했다. 누가 주연배우가 되면 좋을지 소재의 범위는 어디까지인지 등 모든 콘텐츠의 기획, 제작 등 핵심요소들을 고객 네트워크의 반응을 기반으로 만들어 냈다. 디즈니가 〈어벤저스〉를 기획할 때 디즈니에게는 이런 고객 네트워크가 존재하지 않았다. 그러나 이제는 1억 명이라는 디즈니 플러스 고객을 갖게 되면서 디즈니도 동일한 방법을 택할 것이다.

고객 네트워크의 존재는 과거와는 완전히 다른 모습의 경영을 가능케한다. 어도비는 구독전략의 성공을 통해서 천만 명이 넘는 가입자를 갖고 있는 기업으로 변신했다. 그리고 그 변신에 있어 가장 중요한 점은 천만 명이 넘는 고객 네트워크를 만들어 내는 데 성공했다는 것이다. 과거에 고객과 직접 만나지 않고 고객의 소리를 간접적으로 듣던 시절과는 완전히 다른 경영이 가능해지는 것이다. 고객 그 자체를 두고 하는 전쟁에서 최우선 목표는 고객 네트워크를 만드는 것이다.

여기에서 네트워크라는 표현을 쓰는 이유는 역시 네트워크 효과라는 이론에 기반한다. 네트워크가 커질수록 그 가치가 증대된다는 네트워크 효과는 네트워크의 개념을 단지 연결되어 있다는 개념에서 서로 돕는 생태계와 같은 개념으로 진화시켰다. 구독전략을 통해 기업과 연결된 고객은 고객 네트워크 안에서 서로 교류하지 않는다.*

하지만 각각 자신의 니즈와 불만을 표현하게 되고 이는 의도하지 않아도 전체 고객의 니즈와 개선 요구pain point로 합산된다. 만약 기업이 고객 네트워크가 주는 시장의 목소리를 듣고 변화한다면, 그래서 보다 시장이 원하는 기획과 생산이 이뤄진다면 고객들은 보다 높은 가치를 대가로 받게 된다. 즉 고객 네트워크에 참여하는 것이 그 네트워크의 가치를 올리는 행위가 된다. 그 가치는 생산효율 증대, 재고의 감소 등을 통한 가격의 하락일 수도 있고 시장의 니즈에 맞는 제품이라는 만족도의 증대일 수도 있다.

이런 의미에서 구독전략의 목표는 단순한 고객 확보가 아니라 고객 네트워크의 형성이다. 즉 기업의 입장에서 나와 연결되어 나와 관계를 맺고

---

* 물론 커뮤니티와 같은 기능을 통해서 서로 교류할 수도 있다. 하지만 그렇지 않은 경우가 많으므로 이를 당연한 것으로 가정하지는 않는다.

소통하는 고객집단이 만들어지는 것이다.

불행히도 가장 훌륭한 고객 네트워크를 보유하고 있는 것이 플랫폼 기업들이다. 이미 충분한 규모를 만들었기에 플랫폼에서 생산되는 데이터의 규모는 엄청나다. 하지만 플랫폼은 단순한 데이터의 양을 떠나서 양면시장이라는 특징으로 인해 한 차원 높은 고객 네트워크를 만들어 낸다. 플랫폼 기업이 사용하는 양면시장의 네트워크 효과는 동일한 제품이나 서비스일지라도 더 많은 사람이 사용하고 더 많은 보완재와 연결되면서 개별 사용자가 사용하는 경험의 가치가 증가하는 것이다. 보다 많은 판매자가 쿠팡에서 판매를 하고 보다 많은 소비자가 구매를 한다면 쿠팡에는 상품에 대한 정보가 누적된다. 그리고 그 정보는 판매자와 구매자 모두에

아마존의 규칙 9가지

1 사이트당 하나의 계정만 사용 가능합니다.
(허가된 브랜드 소유자, 제조업체 및 아마존 프로그램 구성원은 제외)

2 아마존 구매자들을 이메일을 통해 상품을 보거나 결제할 가능성이 있는 다른 웹사이트로 보내면 **안 됩니다.**

3 포장시에 첨부되는 인쇄물에 초대장 및 프로모션을 포함시키면 **안 됩니다.**

4 아마존 구매자가 직접 접촉해올 경우, 아마존이 제공하는 메시지 도구를 사용하도록 유도 바랍니다.(별도의 접촉도구 사용을 **허용하지 않습니다.**)

5 수수료, 사은품, 쿠폰 또는 특가 상품들을 사용하여 리뷰에 영향을 주거나 리뷰를 내리도록 유도하면 **안 됩니다.**

6 구매에 만족한 고객에게 특별히 평가를 요청해서는 **안 됩니다.**

7 스스로 자신의 제품이나 서비스를 평가하면 **안 됩니다.**(당신이 누군가를 시켜서 해도 안 됩니다.)

8 경쟁사의 리뷰나 피드백 점수를 **조작하지 마세요.**

9 다른 판매자들을 공격하거나, 그들의 목록을 가로채거나, 그들의 제품을 망가뜨리면 **안 됩니다.**

게 가치 있는 정보를 생산해준다. 어떤 상품이 시장에서 어떤 평가를 받는지 아는 것은 참여자 모두에게 가치로운 일이다.

　문제는 플랫폼으로의 힘의 집중이 다른 참여자의 힘의 약화로 이어지고 있다는 점이다. 아마존의 운영원칙을 보면 대부분이 '안된다Don't'로 시작한다. 공급자들이 플랫폼에서 할 수 없는 일들이 늘어나고 있는 것이다. 그리고 그 대부분의 제한은 고객과 직접 만남을 제한하는 일이다. 즉 플랫폼의 힘이 커지고 플랫폼에 대한 의존도가 증가할수록 개별 공급자들이 자신만의 고객 네트워크를 구축하는 것이 어려워지기 시작했다.

나만의 고객 네트워크를 구축하라

현실적으로 나의 상품을 구매한 고객이 계속해서 나의 상품을 구매하도록 하는데 가장 중요한 것은 고객이 나의 상품을 어떻게 생각하는지 아는 것이다. 그런데 생각해보면 보통의 제조기업은 상품을 판매하고 나면 고객과의 관계가 단절된다. 고객등록 혹은 웹사이트나 앱이 있다면 가입이라는 과정을 통해서 연결이 유지되기는 한다. 하지만 그 관계는 정적인 관계이지 결코 그 안에서 고객의 정보가 오가는 동적인 혹은 정보가 풍부한Rich 관계는 아니다. 물론 고객이 상품에 불만족하다면 그 관계는 시끄러운 관계가 되겠지만 그 시끄러움은 부정적인 요소만을 담고 있기에 고객 유지라는 목적과는 거리가 있다.

고객과의 관계가 의미를 가지려면 지속적인 커뮤니케이션이 필요하다. 즉 고객은 계속해서 무언가 자신의 생각을 기업에게 전달해야 하고 그 정보가 기업의 경영활동에 반영되야 한다. 문제는 그 커뮤니케이션이 하나하나의 고객으로부터 온다면 이는 활용되기 힘들다. 즉 의미 있는 정보가 되려면 그 정보의 양은 충분히 커야 할 것이고 네트워크로 연결되야 한다. 이 충분히 의미 있는 고객의 정보를 제공하는 것이 고객 네트워크이고 이 네트워크의 가치는 고객과의 관계가 직접적, 반복적, 복합적일수록 더 커지게 된다. 고객이 무엇을 원하는지 의미 있는 정보를 얻으려면 고객 네트워크를 해석하고 고객이 원하는 바를 읽어야 하고 그 정보를 반영한 내 상품이 고객 네트워크에 다시 던져져야 한다.

네트워크는 규모가 커질수록 더 큰 네트워크 효과가 발현된다. 즉 좋은 네트워크가 있다면 새로운 참여자의 등장은 네트워크의 가치를 키운다. 나이키가 좋은 고객 네트워크를 만들어서 지속적으로 운영하게 되면 네트워크에 참여하고 있는 고객들의 가치는 커지고 이로 인해 새로운 참여자들이 늘어나게 된다. 그리고 더 커진 네트워크는 더 큰 가치를 창출하게 된다. 나이키는 시장을 더 잘 이해하게 되고 나이키의 제조단가는 하락한다. 나이키는 이를 위해 보다 좋은 서비스와 상품을 제공하고 고객 네트워크에 보다 많은 기여를 하게 된다.

과거 우리가 시장을 예측하는 방식은 인과관계에 중점을 두었다. 시장에서 우리가 명확히 아는 것에서 출발해서 미래를 예측했던 것이다. 시장의 크기가 너무 크기 때문에 샘플을 추출하고 설문조사와 같이 의견을 묻는 방식을 통해서 검증되지 않는 사실을 확인하고 그 사실을 기반으로 미래를 예측했던 것이다. 물론 인과관계의 원인에 대한 다양한 조사도 함께 이뤄졌다. 이때 가장 중요한 것은 미래 해석의 방법론인 알고리즘(혹은 해석도구)이었다. 제한된 데이터를 바탕으로 미래를 예측해야 하기에 천재가 만들어 낸 예측을 위한 도구가 필요했었다.

하지만 컴퓨팅 파워가 늘어나고 빅데이터 분석이 가능해지면서 더 이상 우리는 인과관계에 의존하여 미래를 예측할 필요가 없어졌다. 이제는 모집단 전체에 대한 분석이 가능하기 때문이다. 데이터만 충분하다면 아주 단순한 알고리즘으로도 미래를 예측하는 것이 가능하다. 구글이 번역기를 만들어 내는 방식은 아주 많은 문서를 컴퓨터가 학습하게 함으로써 자연스럽게 번역능력을 올리는 방식이다. 즉 이제는 고품질의 고객 네트워크가 있다면 이번 겨울에 어떤 색상이 더 선호될 것인지 예측하는 것이 가능하다. 아니 심지어 고객 네트워크에 물어 답을 얻을 수도 있다. 이와 같은 미래에 대한 예측을 위해서는 고객 네트워크가 필요하고 그 네트워크는 클수록 좋다. 문제는 플랫폼에 대항할 수 있는 고품질의 고객 네트워크를 어떻게 만드는가에 있다.

나만의 고객 네트워크를 만들어야 한다.

검색을 하는 구글이나 SNS 미디어를 하는 페이스북, 그리고 상거래를 하는 아마존, 모바일을 장악하고 있는 애플과 구글 등은 모두 고객과 직접적, 반복적, 복합적 관계를 갖고 있다. 그리고 그 정보와 데이터는 꾸준히 축적되고 있으며 이 과정을 통해서 축적된 데이터의 품질은 단일한 상품을 가진 제조사가 만들어 낼 수 있는 수준이 아니다. 애초에 경쟁의 대상이 되지 않는 것이다. 따라서 미래에 플랫폼과 비플랫폼 기업 간의 데이터 격차는 더더욱 벌어질 것이다. 이 점이 플랫폼과의 경쟁을 생각할 때 가장 무서운 점이다. 특히 플랫폼에 대항한 규모의 경쟁은 옳지 않은 선택일 수 있다. 하지만 플랫폼에 굴복했을 때의 결과를 받아들일 수 없기에 어쩔 수 없는 싸움을 해야 한다면 유일한 방법은 나만의 차별화된 고객 네트워크를 만드는 것이다

플랫폼이 만들어 내는 고객 네트워크는 엄청난 규모를 자랑하지만 명백한 단점을 갖고 있다. 바로 네트워크의 규모는 크고 넓지만 깊이를 갖추기 어렵다는 점이다.

구글과 페이스북은 거의 전 인류를 상대하고 있고 중국을 제외하면 아마존도 마찬가지이다. 그러기에 아무리 독점적 지위를 가진 플랫폼이라고 하지만 모든 영역(혹은 산업)에서 고객과 깊은 관계를 갖는 것은 불가능하다. 더욱이 플랫폼은 아주 넓은 영역을 자신의 대상으로 규정한다. 아마존은 모든 것을 파는 플랫폼이지 스포츠용품만을 파는 곳이 아니다. 대형 종합몰이 전문점specialty store의 전문성을 따라오기는 힘들다. 즉 브랜드의 구독전략은 깊이에 승부를 걸어야 하고 깊이를 가진 고객 네트워크를 만들어 내는 것이 바로 구독전략의 목표가 되어야 한다.

고객 네트워크에서 깊이라는 단어를 다른 단어로 표현하면 '전문성', '팬덤', '진심' 등을 떠올릴 수 있다. 하지만 이런 단어들은 플랫폼이 가지기에는 너무 생소한 것들이 되어 버렸다. 그들 기업이 너무 커졌기 때문이다. 나이키가 전문성으로, 디즈니가 팬덤으로, 그리고 뉴욕타임스가 진

심이라는 이미지를 바탕으로 고객 네트워크를 만들어 내는 데 성공한다면 이들의 미래는 또 다를 것이다.

구독전략의 목표는 나만의 고객 네트워크를 만드는 것이다. 이 네트워크를 만들어 내면 플랫폼과 대등한 위치를 가질 수 있을 것이다.

바야흐로 구독전쟁의 서막이 밝았다. 공급자의 대장이라 불리우던 나이키와 디즈니가 독립을 선언하고 자신만의 고객 네트워크를 만들기 시작했다. 그리고 이제 수많은 브랜드들이 그 뒤를 따를 것이다. 물론 플랫폼들은 이 변화를 저지하려 노력할 것이다. 이 전쟁은 단순한 시장점유율의 싸움이 아니라 기업의 생존을 결정하는 거대한 싸움이다.

D2C란 무엇인가?

D2C는 Direct to Consumer의 약어이다. 나이키나 디즈니, 그리고 뉴욕타임스도 Direct to Consumer를 자신의 전략으로 소개했기에 정확히 이 책이 이야기하고 싶은 주제이다. 문제는 Direct to Consumer라는 표현보다는 D2C라는 표현이 자주 보이기 시작하면서 D2C라는 단어가 본래의 의미보다 다소 좁게 해석되고 있는 점이다. 본래 표현 Direct to Consumer과 약어 표현 D2C가 구분되어 사용되는 조금 이상한 상황이어서 정리하고 넘어가도록 하겠다. 물론 동일한 표현을 사용하기에 소위 D2C 기업들의 전략도 고객관계를 재정립한다는 의미에서는 동일하다. 단지 우려하는 것은 협의의 개념으로 인한 혼동이다.

2021년 기준으로 D2C에 대한 책은 몇 권 출판되었다. 그 중 가장 먼저 나온 책이 《D2C 레볼루션》이고, 그 뒤를 이어 D2C에 대한 다른 책들도

조금 출판되었다. 이 책들에서 D2C 기업을 이야기할 때는 달러쉐이브클럽, 와비파커, 허블, 서드러브, 터프트앤니들, 이어고, 어웨이, 글로시에 등을 의미한다. 대부분이 스타트업으로, 한 책에서는 이들을 새로운 유통의 파괴자라 표현하기도 했다.

이들이 대상으로 삼은 시장은 대부분 소수의 제조기업에 의해 과점되어 있었고 그 결과 소비자들은 이유도 없이 높은 가격을 지불해야 했던 시장이다. 하지만 인건비의 상승이라는 이유로 생산기지가 옮겨지면서 더 이상 제조능력은 소수의 지배자들만의 것이 아니게 되었다. 즉 중국으로의 공장 이전 혹은 중국에서의 OEM 생산은 자연스레 생산기술의 이전으로 나타났다.

달러쉐이브클럽의 경우, 시장에는 이미 한국의 도루코와 같이 질레트와 비견될 만한 수준의 면도날을 제조할 수 있는 제조기업이 존재했다. 도루코는 질레트가 가진 브랜드와 시장지배력을 뚫어 낼 수 없었기에 미국이나 유럽 같은 선진국 시장에 진입하지 못하고 있을 뿐이었다. 그래서 달러쉐이브클럽은 도루코라는 효율적 생산자와 인터넷을 통한 고객과의 직접거래를 통해 가격을 반 이하로 내렸고, 여기에 무료배송이라는 새로운 편리를 더했다. 충분히 시장파괴적인 행동이었고, 이에 가성비 소비를 선호하는 새로운 소비자들은 열광적으로 호응했다. 질레트는 이를 통해 시장의 반 이상을 잃어버리게 된다.

D2C 기업들의 전략은 기존의 시장지배자들 특히 제조기업을 대상으로 해서 새로운 시장진입자들이 선택했던 전략이다. 시장에 고객의 개선요구Pain Point가 존재했지만 소수의 시장지배자들은 이미 장악하고 있는 고객에게 굳이 자신의 이익을 희생해 가면서 대응할 이유를 찾지 못했다. 질레트가 그랬고, 수많은 안경테 브랜드를 가진 룩소티카*, 실리와 같은 침대 매트리스 제조사들이 그랬다. 제조와 유통을 모두 장악한 안경테 브랜드들의 마진율은 수백 퍼센트였고, 질레트 역시 50~60%라는 고마진과 70%라는 시장지배율을 누렸다. 침대 매트리스의 대명사로 불리던 실리침대 역시 제한된 유통망을 운영하면서 고마진을 누리고 있었다. 달러쉐이브클럽은 오랫동안 소수의 기업에 의해 장악되어 왔던, 그래서 시장의 불만이 누적된 시장을 찾아 공략한 것이다. 달러쉐이브클럽의 성

---

* 룩소티카는 레이밴, 샤넬, 프라다, 오클리 등 50여 개의 브랜드를 소유하고 있다.

공에 힘입어 수많은 스타트업들이 유사한 패턴이 적용될 수 있는 시장을 찾기 시작했고, 그 결과 콘택트렌즈, 여행용 가방, 매트리스, 보청기, 안경, 속옷 등의 시장에 D2C 기업들이 등장하기 시작했다.

새로운 저가 생산자의 발굴, 인터넷과 모바일이라는 새로운 유통망, SNS라는 새로운 효율적인 마케팅, 이 세 가지의 새로운 변화는 고객들에게 기존 가격의 50%로 유사한 품질의 가성비 좋은 제품을 제공하는 충격을 만들어 낸다. 이 공식은 D2C라는 새로운 사업방식의 스타트업Start up을 양산하게 된다. 물론 MZ세대라고 불리는, 가성비를 추구하는 새로운 인류의 등장도 이런 변화에 중요한 역할을 담당했다.

문제는 이들에게는 나이키나 뉴욕타임스, 디즈니와 같은 브랜드가 없다는 사실이다. 이것은 오늘 새로운 면도기 D2C 모델이 또 하나 나온다 해도 이상하지 않다는 뜻이다. 대부분의 D2C 기업들은 거의 빈손에서 시작했고, 누구든 이들이 선택했던 D2C 전략을 따라할 수 있다. 한때 여행용 가방의 D2C 영역에는 유사한 전략을 사용하는 다수의 스타트업들이 경쟁했다는 점을 보면 이를 쉽게 이해할 수 있다. 하지만 이들은 기존 시장질서에 대한 인상 깊은 도전자였을 뿐 시장을 지배하는 수준까지는 다다르지 못했다. 대부분의 경우 한 자릿수 시장을 점유했고, 종착지는 브랜드를 가진 기존 기업에 인수합병되는 것이었다. 면도기 시장의 D2C 기업이었던 달러쉐이브클럽은 유니레버에게, 헤이즈는 쉬크에게 인수되는 것으로 시장은 다시 균형을 찾았다.

여기서 우리가 주목해야 할 것은 D2C 기업의 등장이 기존 브랜드들에게 긍정적인 자극으로 작용하기도 했다는 사실이다. 면도기 시장에서 가장 큰 타격을 받았던 질레트는 달러쉐이브클럽과 동일한 D2C 모델을 만들었고 이제는 열심히 고객과 소통하고 있다. 새로운 자극을 얼마나 잘 받아들이고 그것을 자신의 변화로 만들어 내는가는 기업이 얼마나 건강한가에 달려 있다.

나이키, 디즈니, 뉴욕타임스 역시 이들 D2C 기업들의 경쟁 대상이 되었던 기업들이다. 룰루레몬을 비롯한 수많은 신규 스포츠 브랜드들이 D2C 형태로 진입하여 나이키의 시장을 위협했고, 버즈피즈나 허핑턴포스트와 같은 새로운 SNS 기반의 뉴스 미디어들이 뉴욕타임스 같은 기존 신문사들의 위치를 위협했다. 하지만 기존의 브랜드 기업들을 진정으로 위협하는 상대는 이들이 아니었다. 나이키는 아마존으로부터, 뉴욕타임스는 페이스북과 구글로부터 그 위치를 위협받고 있었다. 나이키나 뉴욕타임스가 당면한 목숨을 건 싸움의 상대는 D2C 기업이 아니라 거대한 플랫폼들이었다. 즉 브랜드 기업들이 선택한 D2C 전략의 상대방은 플랫폼이었다. 비록 Direct to Consumer라는 동일한 언어로 표현되었지만 주체가 다르고 상대가 달랐다. 스타트업들의 D2C는 기존 브랜드들의 시장을 공격하기 위한 전략이었고, 후자의 D2C는 플랫폼의 공격에 맞서 기존 브랜드들이 내세운 방어의 전략이었다. 디즈니의 경우는 넷플릭스라는 새로운 영상 스트리밍 사업자가 두 가지 맥락 모두에서 경쟁자 역할을 했다고 해석할 수 있다. 즉 디즈니에게 넷플릭스는 D2C 경쟁자로 시작해서 플랫폼으로 성장해 버린 그런 존재이다.

전략은 언제나 상대방을 두고 만드는 싸움의 계획이다. 명확한 상대방 없이 전략을 이야기할 수 없다. 뉴욕타임스는 D2C 전략의 대상이 구글과 페이스북, 그리고 그들이 만들어 낸 부산물인 저급언론이었기에 저널리즘이라는 콘텐츠의 본질에 집중하는 전략이 적중할 수 있었고, 그 결과 다시 7백만이라는 구독자를 가진 신문사가 될 수 있었다. 나이키는 자신의 브랜드가 지닌 단순한 신발이 아닌 스포츠와 건강이라는 의미를 찾아냈고, 이를 통해 고객과의 관계 맺기에 성공해서 아마존과 결별할 수 있었다. 디즈니 역시 자신의 본질이 킬링타임이 아닌 디즈니, 마블, 스타워즈, 픽사 같은 콘텐츠 그 자체에 있다는 사실을 인지하고 디즈니 플러스라는 자신만의 독자 채널을 만들어 냈다.

Direct to Consumer를 '구독'이라 번역하자

Direct to Consumer라는 영어 표현이 이야기하는, 고객을 직접 만난다는 사실은 언제나 옳다. 브랜드 기업의 경우에도 옳고 D2C 기업의 경우에도 옳다. 과거에 간접유통망을 활용했던 것은 단지 인터넷과 모바일이라는 고객과 쉽게 직접 만날 수 있는 환경이 없었기 때문일 뿐이다. 고객과 직접 만나서 고객의 목소리를 듣고 이를 통해 상품을 재설계하는 것은 지극히 당연한 일이다. D2C라는 개념이 본질적으로 구독이라는 개념과 유사하다거나 누가 상위개념이고 누가 하위개념인지 굳이 구분하는 것은 의미가 없다. 어떤 행위를 어떤 단어로 표현할 것인가가 가끔은 본질을 규정하기도 하지만, 이 책에서는 D2C 즉 Direct to Consumer를 그냥 넓은 의미에서의 구독전략과 동일한 의미로 받아들이도록 하자. 그래야 편안하게 나이키, 디즈니, 뉴욕타임스의 구독전략과 같은 표현이 가능하니 말이다. 그러면 이제 본격적으로 구독전략이 무엇인지 이야기해 보도록 하자.

3장

구독전략이란 무엇인가

고객 네트워크를 만드는 방법, 구독전략

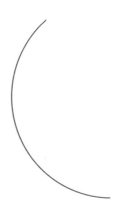

고객 네트워크를 만드는 방법이 바로 구독전략이다. 그래서 고객 네트워크를 얻기 위한 전쟁이 구독전쟁이다.

고객의 데이터가 점점 더 중요해지는 상황에서 고객과의 관계를 새로이 정의하려는 기업들의 노력이 보다 분명하게 나타나기 시작했다. 고객 네트워크를 확보하기 위해서는 고객과의 직접적인 관계설정이 필요한데, 기존의 유통망middle man을 통한 고객과의 커뮤니케이션은 명확한 한계를 갖고 있었다. 결국 고객 네트워크 확보를 위해서는 직접적이면서 빈번한 고객과의 접촉이 필요했다. 직접적이라는 뜻은 기업과 고객 간에 커뮤니케이션이 이루어질 때 그 사이에 누구도middle man 존재하지 않는다는 뜻이고, 빈번하다는 의미는 고객 네트워크를 통해서 만들어 내는 데이터의 양이 충분히 커야함을 의미한다.

고객과의 직접적이면서 빈번한 접촉을 만들어 낼 수 있는 방법은 무엇일까? 그 질문에 대한 답이 바로 '구독'이다. 여기서 이야기하는 구독은 우리가 일반적으로 알고 있는 구독의 개념보다는 조금 더 넓은 의미를 갖고 있다. 이제는 구독이라는 단어를 과거에 우리가 갖고 있던 좁은 의미의 정기적인 구매와 배송이 아닌, 고객과의 관계를 직접적이면서 영구적으로 만들려는 사업전략으로 이해해야 한다.

<u>구독은 고객과의 관계를 직접적이면서 영구적으로 만드는 사업전략이다.</u>

나이키는 2020년 5월 실적발표에서 다음과 같은 표현을 사용했다.

"Our vision is to create direct, unbreakable relationships with our consumers. And we know the most direct connection is through the mobile device they carry with them everywhere they go."

나이키는 Direct to Consumer라는 자사의 기업전략을 설명하면서 지향점을 '직접적이면서 단절되지 않는 고객관계'라고 정의하고 있다. 구독 전략의 목표가 고객과의 직접적이면서 영구적인 관계설정이라는 것을 단적으로 보여 준다. 물론 Direct to Consumer라는 표현은 이 책에서 구독전략의 대표적 예시로 사용하는 나이키, 디즈니, 뉴욕타임스, 애플 등에서 모두 보인다. 직접적이며 영구적인 고객과의 관계가 지향점이라면,

구독은 이를 구현시키는 방법론이다. 그래서 구독은 전략이라는 단어를 붙인다. 비전을 이루기 위해 어떤 행동이 필요한지를 정의하는 것이 바로 전략이기 때문이다.

구독전략 3단계

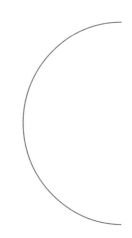

구독전략은 3단계로 나뉜다. 남녀가 만나서 사귀는 것을 상상하면 된다. 직접 만나기 시작해야 하고, 연인으로 관계를 설정해야 한다. 그러고 나서는 자주 만나야 그 관계가 유지된다. 그런 맥락에서 구독전략은 고객과 사귀는 것이라고 생각하면 된다.

직접 만나기   관계 맺기   자주 만나기

직접 만나기

그렇다면 구독이라는 사업전략의 모습은 어떻게 구체적으로 드러나는가?

구독전략의 중심에는 미들맨middle man으로 불리는 유통채널들의 역할 감소라는 아주 중요한 가치사슬상의 변동이 있고, 또 인터넷과 모바일이라는 과거와는 다른 고객과의 접촉을 보다 직접적이고 빈번하게 만드는 도구의 활용이 존재한다.

구독전략의 첫 번째 단계는 중간자middle man를 부정하는 것이다. 이제까지는 기업과 고객 간에 누군가가 존재하는 것을 당연히 여겨 왔다. 나이키에는 'Foot Locker'라는 핵심 유통채널이 존재했고, 디즈니는 극장과 케이블방송을 통해 자신의 콘텐츠들을 유통시켜 왔다. 디즈니는 또 새로운 디지털 스트리밍 서비스가 제공되면서부터는 넷플릭스에 콘텐츠를 제공하는 핵심 파트너였다.* 하지만 이제는 더 이상 고객을 만날 기회를 중간자들에게 양보하지 않을 것으로 보인다.

기업들이 고객과 직접 만나고자 하는 데는 두 가지 이유가 존재한다. 첫째는 개인정보보호가 강화됨에 따라 직접 접촉이 아니고는 고객정보를 확보하는 것이 점점 더 어려워지고 있기 때문이고, 둘째는 검색서비스가 발전함에 따라 상품에 대한 정보 획득이 용이해지면서 기존 오프라인 유통망이 주는 가치가 점점 더 하락하고 있기 때문이다. 코로나 팬데믹이

---

* 디즈니는 2016~2018년간 매년 3억 달러를 받는 조건으로 디즈니 콘텐츠를 넷플릭스에 독점적으로 제공해 왔다. 정확한 계약의 내용은 밝혀지지 않았으나 넷플릭스를 Pay Television 사업자로 지정하고 자사 영화콘텐츠의 가장 우선적 윈도우로 넷플릭스를 활용했다.

라는 외부충격이 이 추세를 가속화하기도 했지만, 이제는 직접 채널을 구축하고 운영하는 것이 모든 면에서 유리한 상황으로 전개되고 있다.

지금까지 유통망이 존재할 수 있었던 까닭은 직영망이 가진 낮은 비용효율에 있었다. 모든 브랜드가 자사의 유통망을 만든다는 것은 엄청난 비효율을 의미한다. 그래서 간접유통망만의 역할이 필요했고, 우리는 백화점이나 전문점에서 다양한 브랜드를 한곳에서 만날 수 있었다. 하지만 온라인 유통망이 점차 중요해지면서 직영망의 운영 비용에 대한 생각이 바뀌고 있다. 온라인 스토어는 오프라인 스토어 대비 비용이 많이 저렴하기 때문이다. 즉 온오프라인과 직간접망이라는 유통구조의 믹스에 있어서 포지션이 변화되고 있는 것이다. 과거의 유통망 믹스가 오프라인 간접유통망을 메인으로 하고 온라인 간접유통망을 보조로 활용했다면, 이제는 직영 온라인을 메인으로 해서 오프라인 직영망을 보조로 활용하는 방향으로 전환되고 있는 것이다.

이러한 직영망 중심으로의 전환은 낮은 온라인 직영망의 운영비용, 그리고 오프라인 직영망의 역할 변화라는 두 가지 요인에 근거한다. 그리고 고객과의 직접거래를 통해 수집되는 고객 데이터의 가치와, 직접유통망 운영으로 인해 나타나는 수익개선(유통비용 감소)에 대한 셈법은 직영망이라는 선택이 틀리지 않음을 말해 주고 있다. 하지만 이 변화의 가장 큰 동인은 중간자를 거치면서 고객정보를 수집, 축적하는 것이 점점 더 힘들어지고 있기 때문이다. 아니 이제 현실적으로 중간자와 함께 고객 네트워크를 만드는 것은 불가능하다.

오프라인 직영망의 역할 변화는 나이키의 사례를 보면 쉽게 이해할 수 있다. 기존의 오프라인 스토어가 영업을 위한 장소였다면 이제는 고객 경험을 위한 장소로 재설정되고 있다. 고객들은 이제 구매라는 행위가 온라인에서 보다 정확하고 편하고 저렴하다는 것을 알고 있다. 따라서 오프라인 직영망은 다른 가치를 제공해야 한다. 오프라인 직영망은 고객과의 직접접촉을 통해 다른 가치, 예를 들어 체험, 개인화, 커뮤니티 등의 가치를 제공하고 그 대가로 온라인에서 얻을 수 없는 정보를 얻는 것이다. 이 정보는 온라인에서 얻을 수 있었던 정보와는 다른 차원의, 사람 냄새가 나는 데이터이기에 더 큰 중요성을 갖는다. 스티븐 스필버그 감독의 〈레디 플레이어 원Ready Player One*〉이라는 영화에서 보았던, 주인공들의 실제 모습과 가상현실 속의 모습의 차이는 우리가 곧 마주칠 현실일지도 모르기에 오프라인 직영망이 해야 할 일이 있는 것이다.

관계 맺기

고객과의 직접적 만남의 경로를 만들었다면 고객과의 관계를 보다 가깝게 만드는 작업이 필요하다. 기존의 거래라는 개념은 상품과 화폐를 등가 교환하는 것으로, 추가적인 관계를 형성하는 것이 쉽지 않다. 구독이 기존에 갖고 있었던 좁은 의미의 개념은 이 시점에서 나타난다. 즉 고객이 기업과 지속적인 관계유지라는 약속을 하게 만드는 것이 바로 구독전략

---

* 　2018년에 개봉한 스티븐 스필버그 감독의 작품으로, 가상현실 기반의 삶을 소재로 삼았다.

의 핵심인 것이다.

구독을 위한 가치제공은 다양한 도구를 통해 이루어진다. 그 모습은 매달 자동으로 결제 제공되는 정기구매, 정기배송의 모습이기도 하고, 유료 혹은 무료의 멤버십, 그리고 큐레이션과 같은 서비스의 형태로 나타나기도 한다. 이 구독이라는 고객과의 관계를 만드는 데 있어서의 핵심은 제공되는 가치가 비합리적으로 크게 설계되어야 한다는 점이다. 구독은 아직은 권력을 가진 소비자와 기업 간의 관계이다. 구독을 통해 소비자는 기업과 약속을 하는 것이기에, 제공되는 가치가 등가이거나 그에도 미치지 못한다면 소비자는 구독이라는 버튼을 누르지 않을 것이다. 구독에서 제공되는 가치가 비합리적으로 크게 설계되어야 하는 까닭은, 구독이라는 행위의 주체는 고객이고 공급자인 기업은 수혜자이기 때문이다. 제공되는 가치가 같다면 고객은 나의 미래 구매를 미리 확장할 이유가 전혀 없다.

현재 우리가 이해하고 있는 대표적인 구독 도구는 정기구매이다. 매달 일정의 구매를 고객이 약속하는 것이다. 음악, 영상, 전자책과 같이 제공되는 상품의 한계제조원가$^{marginal\ cost}$가 높지 않은 디지털 상품을 무제한 사용하는 모델은 이미 우리에게 익숙하다. 멜론, 넷플릭스, 리디북스 등에서 이미 많은 서비스가 제공되고 있다. 하지만 실체를 갖춘 상품 영역으로 넘어 가면 성공사례를 찾기가 그리 쉽지 않다. 이는 아직 구독이라는 개념을 구현하기에 충분한 가치를 약속한 기업이 많지 않다는 반증이다. 고객은 자신이 받는 가치가 충분히 크지 않으면 쉽게 구독 약속을 하지 않는다.

멤버십의 경우는 보다 많은 계산이 필요하다. 가끔 멜론과 같은 디지털 콘텐츠의 구매를 멤버십과 혼동하는 경우가 있는데, 이는 어차피 용어의 정의에 대한 혼동이다. 멤버십은 정확한 의미에서 서비스의 구매를 의미하지 않는다. 특정한 권리를 갖는 회원 자격을 유지하는 대가로 멤버십 비용을 지불하는 것이고, 혜택은 이후 본격적인 서비스 이용을 통해 받는 것이 원칙이다. 멤버십을 통한 구독전략의 대표적인 사례는 아마존 프라임과 쿠팡의 로켓와우다. 월 회비를 지불하면 배송비를 무료로 제공하는 형태로 온라인 쇼핑이라는 행위에 있어 고객과의 관계를 정규화시키는 전형적인 구독 도구이다. 물론 무료 멤버십도 존재한다. 나이키의 경우, 나이키 플러스 회원으로 가입하면 나이키 트레이닝클럽의 콘텐츠를 무료로 사용할 수 있고 오프라인 매장에서 추가할인을 받을 수 있을 뿐만 아니라 별도의 체크아웃 카운터를 이용할 수도 있다.

유통 플랫폼에서 많이 사용되는 구독 도구로는 큐레이션이 있다. 물론 브랜드 사업자도 큐레이션이 가능하기는 하지만* 상품의 구색이라는 측면에서 보면 쉽지 않다.[1] 하지만 모든 상품의 취급이 가능한 유통사업자로서는 큐레이션이 좋은 선택이다. 전문가의 안목과 고객이 제공하는 데이터를 바탕으로 한 적합한 상품의 제공은 고객과의 관계를 유지시키는 중요한 가치제공이 될 수 있기 때문이다. 큐레이션은 플랫폼이라는 거대

---

* 최근 미국의 유명 의류브랜드 랄프 로렌(Ralph Lauren)이 로렌룩(Lauren Look)이라는 자사 상품만을 가지고 구독 서비스를 시작했다.

유통사업자가 아니라 특정 영역에 집중하는 작은 유통사업자들이 선택할 수 있는 구독 도구로 다양한 영역에서 활용되고 있다.

고객과의 직접적 관계를 형성하는 다음 단계는 고객의 규모를 만들어 내는 것이다. 규모가 없는 네트워크는 가치가 없기에 일정 이상의 규모가 필요하다. 물론 이 규모의 절댓값이 정해져 있는 것은 아니다. 글로벌 기업들이 보여 주고 있는 네트워크 규모가 수억 명인 것은 대상 시장이 다르기 때문이다. 먼저 내가 가진 시장에 따라 네트워크의 목표를 설정하는 것이 필요하다. 하지만 무엇보다 어떻게 규모를 만들 것인가가 중요하다.

규모를 만드는 방법은 의외로 명확하다. 이미 언급한 '비합리적으로 큰 가치'를 제공하는 것이 가장 정확한 방법이다. 이미 충분한 규모를 만들고 있는 기업들의 선택을 살펴보면 보다 명확히 보인다.

넷플릭스 프리미엄 상품은 월 14,500원에 4개의 계정을 제공한다. 4곳에서 각자 사용이 가능하니 기존의 IPTV 기준으로 보면 4가구가 공동으로 사용하는 것과 같다. 산술적으로 계산하면 대략 4,000원 수준이다. TV, 모바일, PC에서 모두 시청이 가능하고, 구글의 크롬캐스트와 같은 작은 디바이스만 있으면 친구집 TV에서도 시청이 가능하다. 제공되는 콘텐츠는 개개인에 따라 호불호가 있겠지만 400만이라는 가입자 수는 그 콘텐츠의 품질이 나쁘지 않음을 반증한다. 아니, 충분히 14,500원을 지불할 의사가 있음을 의미한다. 〈승리호〉라는 나름 한국의 블록버스터 영화를 가족이 모여앉아 본다고 가정하면 이미 14,500원 수준의 가치는 전달된 것이다. 물론 〈승리호〉 수준의 넷플릭스 오리지널 콘텐츠가 끊임없이 매달 제공되고 있다. 콘텐츠를 다양한 방식, 공간에서 소비할 수 있게 만들어 준 것이나 제공되는 콘텐츠의 수준을 보면 넷플릭스의 가치제공은 합리적이지 않다. 한국에서 CJ ENM의 VOD 다시 보기가 월 1만 원인 것과 비교하면 말이다.

현재 한국에서 넷플릭스의 가입자 수는 400만에 가까워지고 있다. 한국 IPTV의 리더인 KT의 미디어 가입자가 대략 750만 수준임을 감안하면, 서비스 개시 5년 만에 만들어 낸 가입자 수라고는 믿기 힘들다. 가입자 수와 계정 숫자가 일치하는 것은 아니지만 시청자라는 의미에서는 월간 사용자 수^{MAU}가 천만 명으로 이미 KT를 뛰어 넘은 것으로 보인다. 또넷플릭스와는 제공되는 콘텐츠의 성격이 다르기는 하지만 디즈니는 7달러에 우리 모두가 알고 있는 마블, 스타워즈 등의 콘텐츠를 제공하고 있다. 아직은 한국에 상륙하지 않았지만 한국 상륙과 더불어 만들어 낼 가입자 수는 분명 몇 백만일 것이다.

아마존은 연간 119달러로 아마존 프라임 대상상품을 차일배송One day delivery한다. 물론 아직 미국 전체가 대상 지역은 아니지만 이 역시 멀지 않아 보인다. 이미 아마존 프라임 대상상품의 비중은 전체 상품의 90%에 육박하는 것으로 보이므로, 아마존 프라임의 가입은 온라인 쇼핑의 내일 배송을 의미한다. 여기에 아마존 프라임 비디오라는 넷플릭스와 유사한 비디오 서비스, 아마존 뮤직, 아마존 이북, 트위치 등 다양한 콘텐츠 서비스들이 무료로 제공된다. 물론 넷플릭스나 디즈니 플러스, 스포티파이 등

보다는 서비스의 내용이 뛰어나지는 않을 것이다. 하지만 덤으로 주어지는 서비스의 품질로 보기에는 충분히 훌륭하다는 평가이다. 아마존은 이런 서비스를 한 달에 10달러로 제공하고 있다.

이렇게 비합리적으로 큰 가치제공을 통해 넷플릭스는 2억, 아마존은 1억 8천만 명의 회원을 보유하고 있다. 충분히 의미 있게 큰 네트워크를 갖는다는 것이 어떤 의미인지 이해하고 있는 이들은 고객에게 충분히 높은 가치를 제공하고 있는 것이다. 고객 네트워크가 확보되고 나면 기업도 충분히 많은 가치를 향유할 수 있을 것이기에 고객에게 먼저 높은 가치를 제공하는 것이다. 즉 구독전략의 두 번째 고객과의 관계 맺기의 해법은 '비합리적으로 충분히 높은 가치'를 제공하는 것이다.

자주 만나기

구독전략의 세 번째 요소는 고객의 데이터를 확보하기 위한 방법으로 모바일이라는 새로운 소통수단을 강화하는 것이다. 플랫폼이 아닌 이상 브랜드들이 고객들과 잦은 접촉을 갖는 것은 쉬운 일이 아니다. 특정 상품에 대한 잦은 구매는 환영할 만한 일이지만 현실적으로 불가능한 일이기 때문이다. 그런 이유로 모바일이라는 환경을 이용한 고객과의 접촉은 단순히 커머스 기능에 초점이 맞춰지는 것만으로는 불가능하다. 플랫폼들이 제공하고 있는 정보, 미디어, 커뮤니티, 엔터테인먼트의 모든 기능을 자신의 영역에서 제공해야 할 필요성이 생겨나기 시작했다. 이 모든 기능은 SNS라는 우리가 익히 알고 있는 도구를 통해 실행될 수 있다. SNS의 중요성이 다시 등장하는 데 특별한 이유가 있는 것은 아니다. 단지 과거에는 고객과 이만큼 자주 만나야 할 이유를 찾지 못했을 뿐이다.

나이키는 최근 SNKRS* 관련 영상을 나이키 모바일 커머스용 앱인 Nike**에 올린 것처럼 운동과 건강이라는 영역에서 정보제공, 커뮤니티, 일정관리, 게임 등 다양한 앵글의 활동들을 이어가고 있다. 회원들이 매일매일 운동에 사용하는 나이키 트레이닝Nike Training 앱에서 만들어 낸 개인적인 성취를 나이키 SNKRS에서 특정 레어템의 구매기회로 연결시키는 것이 바로 나이키의 모바일 전략의 좋은 예이다. 멋진 운동화를 얻기 위해 오늘도 나이키 트레이닝 앱을 열고 운동하고 있는 회원이 이미 수백만에 이른다.

모바일을 통한 고객과의 접촉을 늘여 가기 위해서는 특정 카테고리에 대한 집중과 투자가 필요하다. 나이키 구독전략의 핵심은 고객의 운동과 건강이라는 단어를 장악하는 일이었다. 비록 고객이 정보의 검색은 구글에서, 미디어 활동은 페이스북에서, 상품의 구매는 아마존에서 하더라도 운동과 건강에 대한 활동만큼은 나이키가 장악하겠다는 의지이다. 일종의 수직적Vertical 시장장악으로 이해된다. 나이키라는 브랜드가 갖고 있는 운동과 건강이라는 영역에서의 프리미엄 이미지를 바탕으로 해당 영역을 확보하고, 그 영역에서 고객과의 직접적이면서 영속적인 관계 맺기를

---

*   나이키 SNKRS는 나이키의 레어템 운동화를 판매하는 모바일 앱이다. 뒤의 나이키 D2C 전략에서 상세히 다루도록 하겠다.

**   나이키의 모바일 앱인 Nike는 아직 한국의 앱스토어에서 서비스하지 않고 있다. 미국을 포함한 6개국에서 Nike 앱이 사용 가능하고, 한국에서는 모바일 웹을 이용한 서비스 이용이 가능하다.

시도하겠다는 것이다.

이러한 모습은 한국의 등산용품 브랜드인 블랙야크에서도 보인다. 블랙야크는 블랙야크 알파인클럽이라는 앱을 출시하여 수십만의 등산인(산악인)들과 관계 맺기를 하고 있다. 단순히 산에 오르는 것이 아니라 내가 어떤 산을 얼마나 올랐는가를 기록할 수 있는 앱으로, 이를 통해 블랙야크의 상품을 할인받을 수 있는 기회를 제공하고 있다. 전형적인 모바일 연계를 통한 고객과의 소통전략이다. 이런 관계 맺기를 통해 등산에 대한 열정을 가진 고객군을 확보할 수 있을 뿐만 아니라 고객과 소통할 수 있는 경로를 마련할 수 있게 된 것이다.

구독전략을 시작하자

구독전략의 첫 번째 단계는 고객과 직접 만나는 것이다. 이제 고객과 제 조사 사이에 존재하는 중간자의 존재를 잊어야 할 시기가 되었다. 데이터 라는 미래의 자산이 중요해지면서 누군가를 통해 고객과 관계를 맺는다 는 것은 이제 선택지에서 제외되어야 한다. 온라인이든 오프라인이든 직 영망을 구축하는 것이 필수적이 된 것이다. 물론 나의 브랜드가 아직 약 하고 덜 알려져 있기에 직영망을 만들어 가는 것이 어렵다고 생각할 수 있다. 하지만 주위를 둘러보면 온라인 직영채널만으로 성공을 만들어 가 는 신생 브랜드들을 쉽게 찾아볼 수 있다. 이들은 유통 플랫폼을 일종의 옵션으로 생각하지 필수로 생각하지 않는다. 그만큼 마케팅이라는 영역 에서 만들어지고 있는 변화의 크기는 엄청나다. 오프라인 스토어 하나 없 이 브랜드를 유지하는 것이 가능한 세상이다.

두 번째는 고객과 관계를 맺는 것이다. 여기서 관계를 맺는다는 것은 단순한 거래관계를 넘어서 무언가 다른 관계를 맺는 것을 의미한다. 물론 그것은 한 번이 아닌 정기적인 거래를 약속하는 방식이 되기도 하는데, 멤버십과 같이 동질감을 느낄 수 있는 서비스를 제공하는 것이 한 방법이 될 것이다. 제공하는 상품이 많거나 유통사업자라면 큐레이션과 같은 전문가의 서비스를 제공하는 것도 고객과의 거리를 좁히고 관계를 만들어 가는 방법이 된다.

마지막은 그 관계 속에서 보다 고객과 자주 만날 이유를 찾아내는 것이다. 거래를 통해서 고객과 자주 만날 방법은 없다. 자주 만난다면 분명 그 대상이 되는 상품은 삶에 큰 의미를 주는 상품은 아닐 것이고[*] 거기서 만들어지는 데이터는 큰 의미를 제공하지 못할 것이다. 고객과의 관계에서 의미 있는 데이터가 만들어질 수 있는 그런 잦은 만남이 필요하다.

플랫폼은 정보, 지식, 미디어, 콘텐츠 등의 넓은 범위의 단어를 장악해서 수십억의 고객 네트워크를 만들어 가지만 고객과의 관계는 넓기만 할 뿐 깊지는 못하다. 따라서 브랜드들은 자신의 이미지가 강한 보다 좁은 영역을 장악하고 고객과의 깊은 관계를 만들어 가야 한다. 플랫폼이 그냥 아는 친구가 많은 것이라면 브랜드는 소수라도 친한 친구를 많이 만드는 것이 되어야 한다.

제조사, 브랜드의 구독전략은 아직 많은 성공사례가 나오고 있지 않다.

---

[*] 예를 들어 화장지, 치약, 물티슈 등이 그런 상품일 것이다.

나이키도 이제야 구독이라는 개념을 구체화시키기 시작했고, 디즈니는 플러스라는 고객 접점을 만든 지 이제 일 년 반밖에 되지 않았다. 하지만 세상에는 작지만 고객과의 관계를 단단하게 만들어 가고 있는 브랜드들도 많고 의미 있는 성공을 보인 기업들도 많다. 개략적인 구독전략에 대한 개념에 이어 '직접 만나라', '관계를 맺어라', '자주 만나라'라는 제목으로 구독전략의 조금 상세한 모습을 이야기하면서 구독이라는 개념이 갖는 의미를 좀 더 찾아보도록 하겠다.

🔔 ¦ 어도비의 구독전략

구독전략의 성공사례를 찾는다면 어도비만한 것이 없을 것이다. 2011년 11월 구독으로의 전환을 결정하기 전까지의 어도비는 상황이 결코 만만하지 않았다. 아니 뭔가 매우 답답한 상황이 몇 년째 이어지고 있었다. 가장 큰 문제는 인스타그램과 같은 무료 온라인 서비스들에서 제공하는 그래픽 서비스들이 너무도 빠르게 성장하고 있는 것이었다. 물론 어도비의 포토샵과 일러스트레이터 같은 상품은 전문가들이 사용하는 것이어서 이런 트렌드와는 맞지 않아 보이기도 했다. 하지만 시장은 기존의 인쇄물보다는 디지털을 통한 저작으로 쏠리기 시작했고, 보다 많은 크리에이터들이 시장에 나타나기 시작했다. 하지만 이 시장에서 어도비는 1,000달러라는 매우 비싼 저작 도구를 판매하고 있었다. 더욱이 당시 몇 년간의 매출증대는 동일한 상품의 가격인상과 지속적인 업그레이드 강요를 통해 이루어진 것이었다. 결국 어도비의 충성고객들도 슬슬 불만을 갖기 시작했다. 강요된 업그레이드가 빈번하다 보니 고객들의 불만이 커져 가게 된 것이다. 그리고 늦은 업그레이드는 어도비의 근원적인 경쟁력을 약화시키는 결과를 낳았다.

어도비 구독전략의 핵심은 단순히 판매에서 가입방식으로의 변화만을 의미하지는 않는다. 소프트웨어라는 상품의 핵심을 기존의 소유에서 경험으로 변화시킨 것이다. 과거와는 달리 수많은 아마추어 디지털

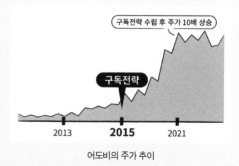

어도비의 주가 추이

크리에이터들이 나타났고, 이들은 자신의 창작품을 보다 훌륭한 도구를 통해 구현시키고 싶어했기에 어도비의 고객이 되었다. 그리고 그들은 시대가 원하는 니즈를 어도비에게 요구하기 시작했다. 이제 어도비는 그 시장의 니즈Needs를 맞춰 나가기 시작한 것이다.

어도비가 크리에이티브 클라우드Adobe Creative Cloud를 통해 구독전환하는 데 소요된 시간은 3년 정도이다. 어도비의 매출을 보면 구독전환을 한 원년인 2012년의 매출이 44억 달러였다가 2013년 40억 달러로 하락하고, 2014년 41억 달러, 2015년 48억 달러로 회복된다. 대략 3년 정도의 전환기간을 통해 2015년 어도비는 100% 구독모델로의 전환에 성공한다. 시장은 어도비의 이런 변신을 이해했고, 어도비의 주가는 25달러에서 500달러까지 상승하는 모습을 보였다. 이제는 어도비의 소프트웨어를 사용하기 위한 1,000달러라는 엄청난 허들이 사라졌다. 누구든 월 10달러면 사용할 수 있고 그 가치를 체험해 볼 수 있다. 불법복제품 사용 비율이 드라마틱하게 하락했다. 더욱이 고객과의 소통을 통한 지속적인 업그레이드는 고객의 만족도를 올리는 결과를 낳았다. 어도비는 유통망을 통해 소프트웨어를 팔던 기업에서 이제는 고객과 직접 관계를 맺으며 업그레이드와 콘텐츠 제공을 통해 자주 만나는 구독전략을 가장 잘 수행하는 기업으로 변신한 것이다.

판매 중심으로 사업을 해 오던 기업이 구독모델로 변화하는 것은 매력적인 선택임은 분명하지만 쉬운 일이 아니다. 시장은 이를 피시Fish모델이라 부른다. 그림을 보면, 시작점에 일정한 매출과 비용으로 안정적인 상태에 있는 기업을 가정한다. 계절 요인이 있고 경기 요인이 있겠지만 연말을 시점으로 매출과 비용이 안정적인 기업을 가정하는 것이다. 이 상태에서 구독이라는 모델로 전환

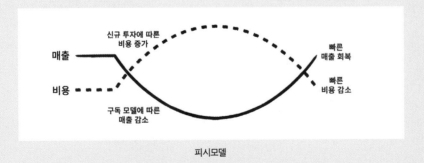

피시모델

하게 되면 먼저 매출이 감소하기 시작한다. 어도비의 경우, 라이선스당 1,000달러에 판매하던 소프트웨어의 매출이 일단 모두 사라지기 때문이다. 물론 구독 매출이 발생하겠지만 이는 1,000달러에 훨씬 못 미치는 수준이고, 더욱이 전환을 위한 무료 프로모션이 매출의 하락을 부추긴다. 그러다가 일정 시간이 지나면 가입자의 상승과 더불어 매출이 회복된다. 시작 시점의 매출로 다시 돌아오는 데 얼마만큼의 시간이 필요할지는 사업마다 다르겠지만 어도비의 경우 3년이 소요되었다.

다만 구독모델로의 전환을 위해서는 새로운 IT 역량이 필요하고, 따라서 전환의 초기에는 투자가 필요하다. 클라우드에서의 서비스 제공을 위한 새로운 인력이 충원되어야 하고, 기존 영업 인력의 정리도 필요하다. 또한 과거와는 달리 지속적인 업데이트가 이루어져야 하고, 이제는 수백만 회원에게 매달 고지서를 보내야 한다. 결국 전환의 초기에는 비용이 상승하게 된다. 물론 이 비용 역시 가입자의 상승으로 규모의 경제를 이루게 되면 하락한다. 결국 전환이 종료되는 시점에는 매출과 비용이 모두 초기의 시작 상태에 가까이 돌아가게 된다. 구독모델로의 전환이 성공한 것이다. 하지만 여기서 중요한 점은, 기존에는 매출과 비용이 예측 불가능하면서 상하방 경직성*을 갖고 있었다면 전환이 이루어지고 나서는 매출은 가입자의 증가에 따라 상승하는 모멘텀을 갖게 되고 비용은 규모의 경제를 통해 감소하는 잠재력을 갖게 된다는 점이다.

구독모델로의 전환에 성공한 기업의 대부분은 IT 기업이다. 마이크로소프트**가 그랬고 어도비가 그랬다. 넷플릭스가 성공의 가능성을 보였고, 이제 디즈니를 포함한 많은 영화 제작사들이 구독전환을 시도 중이다. 영화관에서 전체 매출의 50% 이상을 추구하던 과거로부터 벗어나 이제는 월 단위 구독모델로의 전환을 시도하고 있다.

아직 디지털이 아닌 영역에서 성공적인 구독전략 사례가 나오지는 않고 있다. 하지만 단 하나 가장 성공적인 구독전략 사례를 끕는다면 어도비가 될 것이다.

---

*   매출은 상향경직, 비용은 하방경직의 구조이다.
**   물론 마이크로소프트는 완전한 구독으로의 전환을 이루지는 못했다. 2016년 오피스 버전을 끝으로 더 이상 라이선스 버전을 중단한다는 발표와는 달리 2021년 라이선스 버전을 출시했다.

---

4 장

직접 만나라

고객과 직접 만나라

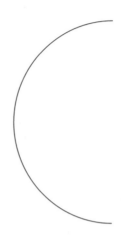

구독전략의 첫 단계는 중간자를 배제하고 고객과 직접 만나는 것이다. 여기서 중간자는 'middle man'으로, 일반적인 유통망 혹은 유통사업자를 의미한다.[*] 브랜드를 가진 제조업체들은 대부분 자신의 직영망이 아닌 유통망을 활용한다. 그러나 유통망을 활용하면 비용면에서는 효율적이지만 고객을 직접 만나기는 어렵다. 게다가 아마존, 쿠팡 같은 유통 플랫폼의 힘이 막강해짐에 따라 더더욱 고객정보에 대한 브랜드들의 접근 경로는 차단되고 있다. 따라서 어렵지만 중간자인 유통망을 배제한 고객과의 직접접촉 경로를 만드는 것이 필요하다.

솔직히 중간자인 기존 유통망을 완전히 배제하는 것은 어렵다. 특히 자

---

[*] 혼동을 피하기 위해 간접유통망과 유통사업자는 유통망이라 하고 직접유통망은 직영망이라 부르도록 한다.

신만의 직영망을 만드는 것은 비용 면에서 상당히 부담이 되고 비효율적이다. 그래서 많은 기업들은 매출의 대부분을 유통망에 의존하고 있다. 하지만 이제는 그 의존도를 줄여야 하는 상황이다. 아니, 줄이지 않으면 미래가 없는 상황이 다가오고 있다.

직영망과 유통망 간의 배분을 어떻게 할지는 선택이지만 천천히라도 직영망의 비중을 높이는 것이 고객을 이해하고 미래를 대비하는 길이다. 광고에서 채널 믹스를 하는 것처럼, 나에게 가장 적합한 유통망 전환 Transformation 방식을 찾아내는 것이 구독전략의 첫 단계라 할 수 있다. 물론 지향점은 직영망을 통해 고객과 직접 접촉하면서 가능한 한 많은 매출을 올리는 것이다. 현재 모든 제품을 유통망을 통해 팔고 있다면, 첫 번째 발걸음은 모바일 앱이라는 온라인 직영망을 만드는 것이고 가능하다면 한 개라도 오프라인 스토어를 여는 것이다.

먼저 오프라인 스토어는 일반적으로 비용 대비 효율이 떨어지는 판매 채널이다. 단순히 판매를 위해서라면 간접유통망들이 훨씬 효율적이다. 소비자는 하나의 브랜드가 아닌 다양한 브랜드를 비교할 수 있는 스토어를 선호하기 때문이다. 따라서 오프라인 브랜드 스토어는 판매 채널과 마케팅 채널이라는 역할을 동시에 요구받는다. 강남역 사거리에 위치한 플래그십 스토어는 막대한 적자에도 불구하고 광고판 역할을 담당하면서 브랜드의 인지도 유지를 위한 투자로 간주된다. 하지만 이제는 이전과는 다른 의미로 그 역할이 요구되고 있다. 온라인 구매에 익숙한 MZ세대들이 원하는 새로운 오프라인 경험을 위한 공간이라는 역할과, 온라인이라는 새로운 주류 유통망의 보조도구로서의 역할이 새로이 부각되고 있다. 이런 맥락에서 나이키의 직영망 전략을 보면 이해가 쉽다. 나이키에게 오프라인 스토어는 이제 판매 채널이 아니라 고객과의 대화와 경험 채널로 변신하고 있다. 판매보다는 상담과 큐레이션에 집중하면서 온라인에서 채울 수 없었던 고객 니즈를 해결해 주는 방향으로 진화하고 있는 것이다.

고객과 직접 만나는 두 번째 방법은 모바일 앱을 통해서이다. 어차피 세상은 이제 모바일로 모든 것이 움직이고 있기에 모바일은 선택사항이 아니다. 그리고 오프라인 직영망이 비용 면에서 비효율적이라면 모바일 앱은 매우 효율적이다. 모바일로 모든 상품을 사는 신인류들의 등장은 역설적으로 유통비용을 감소시키고 있는 것이다. 모바일 앱은 기본적으로 거래기능을 담당한다. 모바일 디바이스에 이미 결제기능이 있기에 모바일에서의 판매는 이제 가장 편리한 방법이다. 하지만 이 거래만으로 고객과의 관계가 만들어지지는 않는다. 모바일 직영망은 이런 이유로 단순한 상거래 앱에 머무르지 않고 다양한 기능을 제공하는 방향으로 진화하고 있다. 이제 오픈한 지 일 년 반이 지난 디즈니 플러스 앱은 스트리밍이라는 디지털 콘텐츠의 상거래에 초점이 맞추어져 있다. 하지만 머지않아 스타워즈의 팬들은 디즈니의 앱을 통해서 스타워즈의 오리지널 스토리를 읽고 동일한 관심을 가진 사람들과 대화를 나누게 될 것이다. 디즈니가 원하는 것은 자신들의 콘텐츠를 바탕으로 한 팬덤의 형성이다.

마지막으로 위의 두 가지 직영망은 고객들의 데이터를 기반으로 협업이 이루어진다. 나이키 매장에 입장하며 자신의 나이키 멤버십 QR 코드를 찍으면 자신의 취향과 원하는 상품, 그리고 신체 사이즈가 오프라인 매장에 전달된다. 관심 있는 상품을 스캔하고 기다리면 자신의 이름이 적힌 피팅룸으로 해당 제품들이 배달된다. 모바일 앱을 통해서 얻게 된 고객정보는 디즈니월드와 나이키 이노베이션센터와 같은 오프라인 스토어에서 고객을 알아봐 주는 방식으로 활용된다. 과거에 고객과 직접 연결되지 못했기에 상상하지 못했던 많은 일들이 이제는 가능해지고 있는 것이다.

나이키, 애플을 부러워하다
오프라인 스토어의 변신

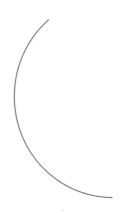

우리가 알고 있는 직영망으로 상품을 판매하는 대표적인 기업은 애플이다. 애플은 자사가 생산하는 모든 상품을 직접 판매한다. 애플스토어가 대표적인 오프라인 판매점*이고, Apple.com을 통해서 온라인 판매를 한다.

애플이 높은 수익을 누릴 수 있는 이유 중의 하나는 바로 이 직영망 구조에 기인한다. 특히 오프라인 직영망은 비록 운영에 비용이 높게 들기는 하겠지만 개개 직영망의 매출이 충분하기에 높은 수익을 제공한다. 현재 애플은 2020년 기준 25개 국가에 510개의 애플스토어를 가지고 있다.

---

* 통신사 대리점을 통해서 판매하는 것은 통신산업의 구조이니 여기서는 별도로 생각하자.

플래그십 애플스토어인 샌프란시스코의 유니언 스퀘어^{Union Square}점을 보면 이곳이 과연 전자제품을 판매하는 곳이 맞는가 하는 경탄을 자아낸다. 나아가 일반적인 애플스토어들도 그 도시(510개)를 방문하면 한 번쯤 둘러보아야 할 관광지로 자리매김하고 있다. 나이키는 아무래도 직영점 확장에 애플을 많이 참조한 것으로 보인다. 존 도너휴가 애플의 이사회 멤버였던 점을 감안하면 매우 당연한 일이다.

애플은 애플스토어의 역할을 확대하기 위해 다양한 시도를 하고 있다. 유니언 스퀘어점에는 새로운 방식의 상품을 보여 주는 공간^{The Avenue}과 보다 깊이 있는 상담을 위한 공간^{Genius Grove}, 다양한 애플 제품에 대한 교육을 제공하는 공간^{The Forum, The Boardroom} 등이 있고, 지금도 커뮤니티와 공유하는 공간The Forum 등을 지속적으로 늘려가고 있다. 단순히 상품을 판매하는 곳의 이미지는 이미 사라지고 상담과 큐레이션, 교육, 그리고 지역사회와의 커뮤니케이션을 위한 명소로 재탄생하고 있는 것이다.

이런 애플의 모습을 가장 부러워한 기업이 바로 나이키였다.

나이키는 2018년 11월 중국 상하이와 뉴욕에, 그리고 2020년 7월 파리에 나이키 하우스 오브 이노베이션(이하 NHI)Nike House of Innovation을 오픈했다. NHI는 기존의 나이키 매장과는 다른, 흡사 애플의 플래그십 스토어를 보는 듯한 느낌이다. 제품이 가진 특성이 본질적으로 다르기에 NHI는 애플스토어와는 많이 다른 모습을 보이지만 나이키가 지향하는 목적은 동일해 보인다. 나이키는 상하이, 뉴욕, 파리에서 NHI를 애플스토어에 버금가는 명소로 만들고자 하는 의지가 보인다.

먼저 미래형 매장이라는 이미지에 걸맞게 매장 내에서의 모든 서비스는 모바일 앱을 통해 이루어진다. 마네킹이 착용하고 있는 제품의 정보는 모두 QR 스캔을 통해 알 수 있고, 피팅룸에서 다양한 사이즈를 요청할 수도 있다. 물론 'Instant Check-out'을 통해 줄을 서지 않는 모바일 결제가 가능하다. 애플과 비교할 때 비교적 전문가의 설명이 필요 없어 보이지만 엑스퍼트 라운지Expert Lounge와 같은 운동에 대한 상담과 큐레이션을 위한 배려도 보인다. 애플보다는 소프트한 상품이기에 나이키 아레나Nike Arena라는 커스터마이징 방에서는 자신만의 운동화를 제작할 수 있다. 스토어의 설계와 내용만으로도 방문하고 싶은 욕구가 드는 그런 곳이다. 즉 나이키는 이제 고객과 직접 스토어에서 만나고 싶어하고 고객이 어떤 상품에 관심이 있는지를 실시간으로 확인하고 싶어하는 것이다.

'나이키 하우스 오브 이노베이션'이 '애플스토어'라면 '나이키 라이브Nike Live'는 일종의 편의점이다. 작지만 속도와 편리성에 중점을 두고 있는 이 매장은 기존의 수많은 나이키 판매점들을 대체하게 될 것으로 보인다. 나이키 라이브는 홈페이지, 앱을 통해 얻은 데이터를 기반으로 구매율이 높은 상품을 중심으로 운영되며, 모든 상품의 25%는 2주마다 교체되는 원칙을 갖고 있다. 즉 빠른 속도를 샵 운영의 가장 중요한 원칙으로 삼고 있다. 나이키 라이브는 향후 40개의 제휴 파트너와의 협업에 있어 중요한 역할을 할 것으로 보인다. 이미 2018년 7월에 로스앤젤레스에 '나이키 바이 멜로즈', 2019년 11월에는 일본 도쿄에 '나이키 바이 시부야 스크램블'을 오픈하여 파트너들과의 제휴 모델을 실험해 가고 있다.

모바일 직영망을 만들어라

본격적으로 직영망을 강화하려 할 경우 우리는 기존의 유통망에 대해 고민하게 된다. 물론 애플이나 테슬라와 같이 직영망만을 운영하는 경우도 간혹 있지만 대부분의 기업들은 유통망을 통해서 판매한다. 따라서 고객과 직접 만난다는 것이 현실적으로 불가능한 경우가 많다. 하지만 모바일이라는 새로운 환경은 이러한 불가능을 '어렵지 않은' 가능으로 바꾸어 놓고 있다.

　물론 과거에도 홈페이지라는 고객과의 직접 관계 맺기를 위한 수단이 있었다. 하지만 그때는 퍼스널 컴퓨터의 세상이어서 개인화와 결제가 어려웠는데, 모바일은 이 모든 것을 가능하게 해 주었다. 모든 고객에 대해

합법적이면서* 편리한 접촉 수단이 만들어진 것이다. 물론 이를 위해서는 애플리케이션^{Application}이라는 모바일 앱의 개발과 배포가 필요하다. 이책을 읽으면서 모바일 앱에 대한 지식을 갖지 못한 독자는 없겠지만 상품을 제조하는 기업들 모두가 자사 전용 앱에 대한 생각을 갖고 있는 것은 아니다. 앱을 만드는 것이 생각만큼 쉽지 않다는 이유도 있지만 내가 가진 소수의 상품을 위해 전용 앱을 만든다는 것이 어색한 것도 사실이다. 하지만 고객과의 직접접촉을 위한 가장 쉽고 빠른 길은 모바일 앱을 만들어 고객과의 접점을 만드는 것이다. 그리고 이러한 시도는 이미 우리 주위에서 많이 벌어지고 있다.

그러나 앱을 통한 고객과의 연결이 회원을 모집하는 수준으로 제한된다면 아무런 의미가 없다. 회원 가입이라는 가벼운 관계를 넘어, 상품 구매와 유료회원 가입 더 나아가 커뮤니케이션이라는 보다 강력한 관계가 설정되어야 한다. 모바일 앱이 가능성을 열어 준 것은 사실이지만 고객과의 관계정립을 위한 모든 것을 해결해 주는 솔루션은 아니다. 결론적으로 모바일 앱을 이용해 한 단계 더 나아간 고객과의 관계설정이 만들어져야 한다.

---

* 개인정보 사용동의 등을 의미한다. 이미 많은 한국의 앱에서는 개인정보이용 제3자 동의 등을 가입의 필수조건으로 넣고 있다. 배송을 위해 협력사에게 정보를 제공해야 하기 때문이다.

삼다수 앱의 등장

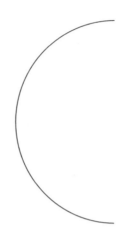

과거 우리가 생수의 대표적 브랜드인 '삼다수'를 구입하기 위해서는 유통
망을 이용해야만 했다. 이마트나 이마트24 같은 오프라인 유통망도 있었
고 쿠팡과 같은 온라인 유통망도 있었다. 이제는 '삼다수'라는 앱을 통해
직접 구매하는 옵션이 생겼다. 앱에 들어가 보면 판매하는 상품은 삼다수
밖에 없지만, 우리는 이제 모바일 앱을 통해 생산자로부터 직접 삼다수를
살 수 있는 것이다.

　가격을 살펴보면 2리터 6개가 6,000원이고 4팩을 한꺼번에 사면 무료
로 배송된다.* 결국 2리터 24개를 한 번에 주문해야 하므로 가격은 2리
터 24병에 2만 4천원이다. 삼다수 앱은 삼다수 판매를 독점 대행하는 광

---

* 　조금 이해가 가지 않지만 배송비를 부담하고 1병을 살 수 있는 방법은 없다.

출처: Samdasu.com

동제약이 운영하는 모바일 직영망이다. 고객은 생산자와 직접 거래하므로 혹시 발생할지 모르는 여러 가지 문제들로부터 자유로울 수 있다. 생수는 우리가 직접 마시는 상품인 만큼 이에 민감한 고객이 존재하는 것이 사실이다. 현재 삼다수 앱의 매출 비중이 얼마나 될지 알 수 없지만, 김혜수 씨를 모델로 쓰고 열심히 아파트 엘리베이터 광고매체를 활용하는 것으로 보아 이 비중을 늘리겠다는 의지는 충분해 보인다.

 가격도 2리터 한 병에 천 원꼴이니 저렴해 보인다. 그런데 동일한 주문을 쿠팡에서 찾아보면 23,460원으로 삼다수 앱보다 아주 조금이나마 저렴하다. 누가 보더라도 이해가 안 가는 일이지만 유통의 기본을 알면 아주 당연한 일이다. 삼다수를 만드는 일은 제주특별자치도개발공사가 하지만 판매는 현재 광동제약이 맡고 있다. 광동제약은 모든 판권을 가지면서 특수유통채널*을 제외한 거의 모든 유통망을 통해 판매한다. 대표적

---

*   비소매·업소용은 LG생활건강 산하의 코카콜라음료주식회사가 공급한다.

인 곳이 우리가 익히 알고 있는 마트와 편의점, 쿠팡 등이다.[*]

따라서 광동제약이 직접 소비자와 거래를 할 때 가격이 유통망에서 판매되는 것보다 낮으면 기존 유통망은 불만을 갖게 된다. 즉 마트에서 더이상 삼다수의 가격경쟁력이 없어진다면 삼다수를 취급할 매력이 사라지게 되고, 그렇게 되면 좋은 매대 자리를 유지하는 것이 힘들어진다. 쿠팡에서 삼다수의 판매를 광동제약이 직접 담당하면서도 자사 앱보다 낮은 가격을 유지하는 것은 바로 이 때문이다.

그럼에도 삼다수 판매사인 광동제약은 삼다수 앱을 만들어 소비자와의 직접접촉을 시작했다. 가격 면에서의 매력이 쿠팡보다 못한 것은 어쩔수 없는 현실이라지만 쿠팡 대비 그 어떤 혜택도 없어 보이는 것은 옳지않다. 삼다수의 매출 중에서 앱을 통한 매출이 어느 수준이 되어야 직영망 중심 체제로 갈 것인가는 의지의 전략적 선택이지 시장에 맡겨 둘 것은 아니다.

모바일 직영망은 분명히 수익 면에서 좋은 선택이다. 유통망마다 마진구조가 다르지만 쿠팡의 경우 제3자 판매일 때는 판매수수료를 10%를 가져가고 있으므로 광동제약은 2,360원을 쿠팡에게 유통비용으로 지불할 것이고, 정확히는 모르지만 오프라인 마트는 아마도 더 높은 수준의 유통수수료를 요구할 것이다. 결국 광동제약은 삼다수 앱을 통해 상품을 팔 경우 가장 높은 수익을 얻는다. 유통을 위해 들어가는 비용은 아주 간

---

[*]　이마트에서 삼다수 2리터의 가격은 개당 950원이다.

단한 앱 한 개와 얼마 안 되는 유지비용뿐이기 때문이다.

나이키는 2019년 아마존과의 판매계약을 중단하고 Direct to Customer 전략으로 전환하면서 그 중심축을 직영망과 나이키의 모바일 애플리케이션으로 삼겠다고 발표했다. 나이키 구독전략의 중심에 모바일 앱이 있는 것은 아주 자연스럽다. 이미 최고의 스포츠웨어 브랜드이고 충분히 많은 상품을 갖고 있으니 자체 스토어를 온라인 상에 갖는다고 해도 어색하지 않다. 하지만 가장 중요한 것은 나이키가 간접망을 통한 판매를 포기하기 시작했다는 점이다. middle man을 포기해야 오프라인에서든 모바일에서든 직영망에 대한 절박함이 생겨나는 법이다. 나이키는 2020년에 이미 모바일 매출의 비중이 30%를 돌파했다. 일반적으로 우리는 이를 배수진이라 부른다.

직영망 전환의 혜택

간접유통망에 의존하던 제조사에서 직영망으로 전환하는 것은 확실히 부담스러운 일이다. 비용도 비용이지만 기존에 함께 일하던 유통망, 특히 총판과의 관계단절은 고통을 수반한다. 나이키의 직영망 중심 전략 발표는 한국의 나이키 총판들에게는 사형선고나 다름없었다. 나이키 신발과 의류 판매를 통해 사업을 이어가던 기업들이었고, 현재의 한국 시장을 만들기 위해 많은 전문점 투자를 해온 기업들이었기 때문이다. 하지만 구독 전략은 나이키의 자의에 의해서 시작된 것이 아니다. 나이키를 둘러싸고 있는 시장변화에 대응하기 위한 어쩔 수 없는 선택이었다.

고객과 직접 만나게 되면 먼저 두 가지 재무적인 변화가 생긴다. 첫째는 유통비용이 장기적 관점에서 감소한다는 점이고, 둘째는 생산계획의 정교화로 재고가 감소한다는 점이다.

장기적으로 볼 때 유통비용이 감소한다는 것은 유통망에게 제공하던 비용이 절감되었기 때문이다. 신발, 스니커즈 리뷰 전문사이트인 'solereview'의 분석에 따르면 나이키의 전체 비용에서 소매마진retail margin 이 차지하는 비중은 50%에 달한다고 한다.[*] 이론적으로는 매출 기준으로 50%의 비용절감이 가능하다는 뜻이다. 하지만 유통망에게 지급하던 비용이 절감되는 대신 온라인 판매비용이 발생하므로 50%라는 숫자를 모두 절감비용으로 가정하는 것은 불가능하다. 특히 온라인의 보조수단으

나이키 운동화의 원가분석(100달러 기준)

출처: solereview.com

---

[*] 이에 대한 자세한 연구를 찾기는 어렵다. 다소 거칠기는 하지만 50%라는 숫자를 상징적으로 사용하기로 한다.

로 오프라인 스토어를 개편해야 할 비용을 감안하면 초기에는 큰 변화가 없을 것이다. 하지만 유통망의 믹스가 직영망 중심으로 바뀌면서 수익성은 분명히 개선될 것이다.

현재 나이키의 유통망 믹스를 대략 6대4 수준으로 가정하고, 이 비중을 5대5로 바꿔내면 재무적으로 어떤 결과가 나타날까? 가장 단순하게, 모든 직접망 판매는 모바일로 이루어지며 간접유통을 통한 이익율은 20%이고 직영유통의 이익율은 40%라고 가정하면 나이키의 2020년 매출을 기준으로 나이키의 손익은 7% 개선된다. 물론 이 가정은 간접유통망이 사라지면서 매출이 줄어드는 효과는 가정하지 않은 것이다. 일반적인 구독을 선택할 때 나타나는 피시효과 Fish Effect* 를 감안해서 장기적으로 매출이 원상태로 돌아온다고 가정했기 때문이다.

---

*   앞서 어도비의 구독전략에서 소개했듯이, 일회성 판매에서 구독판매로 전환하면 단기적인 매출은 감소하지만 장기적으로 회복되어 안정을 되찾는 현상을 물고기 모양을 닮았다 하여 피시효과라 한다.

다시 한 번, 직접 만나라

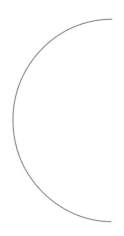

구독전략의 첫 번째 단계는 중간자를 배제하고 고객과 직접 만나는 것으로, 이 단계를 거치지 않고 구독전략을 수행하는 것은 불가능하다. 직접 만나야 그 다음 단계로 넘어갈 수 있지만 현실은 그다지 녹록하지 않을 것이다. 많은 기업을 만나 이야기해 보아도 현재의 총판체제, 대리점체제를 부정하는 것은 상상도 하지 않고 있었다. 그래서 그들은 어쩌면 이 직접 만나라는 구독전략의 첫 단계만 보고도 구독을 포기할 가능성이 높다. 하지만 분명히 기억해야 한다. 어떤 상품의 앞에 쿠팡이라는 말을 덧붙인 '쿠팡OO'이 시장에 나타나는 데는 긴 시간이 걸리지 않을 것이다. 그리고 현재의 경쟁자 중 일부는 발 빠르게 쿠팡의 제조파트너가 될 것이다. 이제는 고객과 직접 만나기를 시도할 것인가 아니면 플랫폼의 공급사 중의 하나가 될 것인가를 결정해야 할 시점이다.

이제 우리는 두 가지 직영망을 갖고 있다. 하나는 멋진 오프라인 전시관이고 또 하나는 나의 모든 데이터가 만들어지고 축적되는 모바일 직영망이다. 이 두 개의 직영망은 이제 한 몸처럼 움직이게 된다.

등산용품 전문 브랜드인 블랙야크는 전국에 300여 개의 매장을 갖고 있고, 동시에 블랙야크 알파인클럽BAC라는 등산 커뮤니티 앱을 갖고 있다. 2013년에 시작하여 현재 17만 명의 회원을 보유하고 있는 BAC에서는 등산의 결과를 공유하는 인증 프로그램을 통해 회원들의 성취감을 높이고 이를 포인트로 환산해서 블랙야크에서의 쇼핑을 유도한다. 예를 들어 지리산 천왕봉을 오르면 천왕봉 높이(해발 1,915m)에 해당하는 1,915P를 지급하고, 10개의 산을 오를 때마다 1만P를 추가로 지급한다. 전국 300개 매장에서 이 포인트를 사용할 수 있으며, 이를 통해 블랙야크에 대한 충성도를 높이는 방식이다.

나이키는 나이키 런클럽^{Run Club}과 트레이닝클럽^{Training Club}을 통해 만들어진 QR 코드를 사용해서 오프라인 나이키 플래그십 매장의 고객에게 VIP 서비스를 제공한다. 이 모든 것이 두 종류의 직영망을 갖고 있기에 누릴 수 있는 장점이다. 고객이 매장에서 어떤 제품에 관심을 보이는지를 이제는 축적된 데이터를 통해 알 수 있고, 이후 온라인에서 추천의 재료로 활용할 수 있다.

직영망을 갖는 것은 구독전략에 있어서의 가장 중요한 첫 번째 단계이다. 언뜻 매우 간단한 보이지만 유통망을 직영 중심으로 변화시킨다는 것은 엄청난 고통을 수반한다. 하지만 이제 고객과 'Direct'한 관계를 갖지 못한다면 플랫폼 지배하에서의 구조적 저마진을 인정하는 것이다.

🔔 ᛁ 테슬라의 직영망 전략

테슬라의 구독전략이 미디어를 타고 있다. 첫 번째는 현재 1만 달러에 판매하고 있는 자율주행기능FSD, Full Self Driving* 옵션을 2021년 2사분기부터 월 사용료 방식의 구독으로 제공하겠다는 것이고, 두 번째는 커넥티비티 서비스를 월 7,900원에 제공하겠다는 것이다. 하지만 이 보도들의 내용만으로 테슬라의 구독을 이해하는 것은 충분하지 않다. 테슬라는 이 책에서 이야기하는 구독전략을 정석으로 지키고 있는 기업이기 때문이다.

먼저 테슬라는 자동차 제조사 중 최초로 직영망 체제를 갖춘 기업이다. 물론 인터넷과 모바일을 통한 차량구매라는 과거 상상할 수 없었던 일도 이루어냈다. 고객과 직접 만나기 시작한 것이다. 그리고 OTA**라는 연결방식을 통해 고객과의 지속적인 접촉면을 만들어냈다. 물론 OTA가 고객과의 커뮤니케이션을 위한 장치는 아니다. 하지만 과거 아무런 연결이 없던 차량과 비교하면 엄청난 진보이다. 차량이라는 영역에서 모바일 OS를 갖추고 있는 구글이나 애플과 동일한 위치를 가졌다고 해석하면 이해가 쉽다. 그리고 지금은 고객과의 새로운 관계 맺기를 시도하고 있는데, 아마도 그 대상은 자율주행기능이 되지 않을까 한다.

커넥티비티 서비스는 이미 현대자동차도 제공하고 있는 일종의 차량용 통신서비스이다. OTA를 포함한 모든 차량통신을 위해서는 무선통신망이 연결되어야 하는데 이때 비용이 발생한다. 이 비

---

* 테슬라는 Full Self Driving 즉 완전자율주행 기능을 유료로 제공하고 있다. 현재 지속적으로 개발 중인 기능으로, 버전에 따라 오픈-베타와 클로즈-베타를 동시에 진행 중이다.
** OTA는 Over the Air의 약자로, 무선으로 운영체계 혹은 애플리케이션을 관리하는 것을 말한다.

용과 더불어 다양한 커넥티비티 서비스, 예를 들어 네비게이션, 음악 등을 제공하는 대가로 7,900원을 받겠다는 것이다. 즉 구독 서비스라기보다는 그냥 차량용 통신요금제를 테슬라가 대행하여 받는다고 보는 편이 맞다.

하지만 자율주행기능의 구독은 조금 다른 이야기이다. 테슬라의 현재 가격대를 볼 때 자율주행기능을 옵션으로 판매하는 것은 부담스럽기에 테슬라는 무언가 다른 방식을 찾고 있는 것으로 보인다. 즉 구독이라는 개념이 진정으로 적용되기 위해서는 1만 달러라는 판매가를 36개월로 나누어 지불하는 현재의 렌탈과 같은 방식이 적용되어서는 안 될 것이다. 즉 테슬라가 현명하다면 3만 달러대에 차량을 구입한 고객도 접근 가능한 구독모델이 제시되어야 할 것이다. 즉 장거리 출퇴근을 하는 테슬라 차주가 선택할 수 있는 옵션이어야 한다. 아마도 하드웨어를 별도로 하고 월 50달러 수준은 되어야 하지 않을까.* 이렇게 비합리적 수준의 가치가 제공되어야 자율주행의 보편화가 이루어질 것이다. 즉 테슬라가 진정으로 고객과 관계 맺기를 원한다면 모든 고객이 고개를 끄덕이며 선택을 고민할 만한 수준에서 구독 가격이 설정되어야 할 것이다.

다시 돌아가 테슬라의 구독전략을 살펴보자. 테슬라가 세상에 나오기 전까지 미국에서 차를 사는 방식은, 교외에 있는 전시장을 찾아가서 테스트 드라이빙을 하고 계약을 하는 방식이 일반적이었다. 영화를 보아도 자동차 전시장은 아주 자주 나오는 그런 장소였다. 하지만 테슬라는 세상에 전기차를 판매하면서 새로운 방식을 제시했다. 애플이 아이폰을 판매하는 방식, 즉 자동차를 소비자에게 직접 판매하는 방식으로 세상에 내놓은 것이다. 테슬라 전시장의 이미지는 기존의 차량 전시장과 크게 다르지 않다. 단지 이 전시장은 테슬라에 의해 직접 운영되며 대부분의 커뮤니케이션이 전시장이 아닌 웹사이트에서 진행된다는 점에서 획기적이었다.

테슬라가 직영점 유통을 선택한 데는 몇 가지 이유가 있다.

---

* 월 50달러이라면 일 년에 600달러이고 10년을 타야 6,000달러다. 현재의 옵션 판매가 1만 달러와 비교하면 고객 입장에서는 무척 매력적인 가격 제시이다.

첫째, 전기차라는 새로운 형태의 차량의 장점을 설명하기에는 기존의 딜러를 통하는 것이 적합하지 않았기 때문이다. 본격적인 전기차를 처음으로 세상에 내놓은 테슬라로서는 전기차 그 자체가 가진 강점을 소비자에게 전달할 수 있는 커뮤니케이션 방법이 필요했고, 그래서 선택하게 된 채널이 오프라인 직영망과 온라인 홈페이지였던 것이다.

전기차는 기존의 내연기관 자동차들과 단순히 구동방식만 다른 것이 아니다. 특히 테슬라의 전기차는 OTA를 통해 소프트웨어의 업데이트가 가능하다는 점으로 인해 그 차이가 더욱 극명해진다. 연료와 엔진 대신 배터리와 모터를 사용함으로써 차량의 무게중심이 달라지고, 이로 인해 초중반 가속력의 스타일, 코너링의 감도 등 주행과 관련된 모든 것이 조금씩 달라진다. 특히 회생제동기능의 적용으로 인해 가감속의 타이밍도 달라지며 원-페달 드라이빙 방식이 적절한 운전방식으로 통용된다. 기존의 딜러 시스템을 통해 내연기관 자동차들과 같은 선상에서 비교하기에는 어려움이 있다. 특정 시스템의 우월성의 문제가 아니라 각각의 시스템이 지닌 장단점 즉 시스템의 다름의 문제이기 때문이다.

OTA를 통해 규칙적으로 업데이트되는 차량제어시스템 역시 그러하다. FSD라 불리는 자율주행시스템을 제외하고서라도 기능의 개선과 추가가 끊임없이 이루어진다. 지난주에는 없던 새로운 기능이 업데이트를 통해 추가되기도 하고, 기존의 기능이 다른 방식으로 개선되기도 한다. 이는 앞서 비교한 애플과 유사하게 하드웨어와 소프트웨어 모두를 테슬라가 직접 담당하기에 가능한 일이다. 사용자들이 테슬라의 전기차를 움직이는 스마트폰에 비유하는 이유이다. 그러므로 테슬라 차량에 대한 소개와 판매는 이러한 시스템을 충분히 이해하고 끊임없이 변화하는 기능에 대한 빠른 캐치업이 가능한 보다 전문적인 인력을 통해 이루어지는 것이 적절할 것이다. 이런 것들이 테슬라가 직영망과 어드바이저 시스템을 택한 가장 중요한 이유이다.

둘째, 테슬라가 충분한 생산능력을 갖추지 못한 상태였기에 딜러망을 통한 기존의 판매방식은 추가적인 문제에 대응하기 힘들 것이라는 예측 때문이다. 즉 판매를 적절히 통제하는 것이 필요했다. 물론 30%에 육박하는 유통 수수료를 아낄 수 있다는 재무적 요소도 고려되었다. 상품이 충분히 매력적이기에 기존 자동차 메이커들이 사용했던 할부, 할인 등도 배제하였다.

테슬라를 구입하기 위해서 가장 먼저 해야 하는 일은 홈페이지에 접속한 후 계정을 생성하는 일이다. 심지어 오프라인 매장을 방문하더라도 추후 커뮤니케이션은 이때 제시한 이메일과 비밀번호을 사용하여 웹사이트에서 진행된다. 홈페이지에서 색상, 옵션, 휠, 인테리어 등을 선택한 후 신용카드 정보를 입력하면 구매는 완료된다. 주문대금은 한국의 경우 백만 원으로, 일종의 계약금이다. 차량이 도착하여 인도되는 시점에서의 결제 또한 홈페이지의 옵션을 선택하는 것으로 진행된다. 일시불로 납부할 수도 있고, 할부, 파이낸싱 등의 옵션이 존재하는 것은 타 기업과 동일하다. 단지 자동차 판매사원이나 딜러의 개입 없이 이 모든 과정이 진행된다. 물론 계약에 어려움이 있을 경우 직원의 도움이 제공되는 것은 당연하다.

오프라인 직영망의, 혹은 D2C의 대표적인 사례로 테슬라가 언급되는 것은 미국의 자동차산업이 전형적인 딜러 체계로 되어 있었기 때문이다. 한국의 경우 현대자동차는 카 마스터라는 자체 세일즈 인력이 자동차를 판매한다. 미국의 딜러와 같은 유통망이 아닌 현대자동차의 직원이 차량을 판

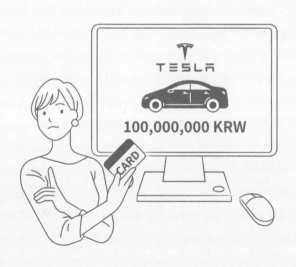

매하는 것이다. 다만 한국의 판매 시스템 역시 판매 인센티브를 중심으로 한 영업체계여서 미국의 딜러 유통과 크게 다르다고 볼 수는 없다. 자동차라는 상품이 가진 구매의 어려움과 조언의 필요성이라는 특성 때문이다.

테슬라가 직영망을 택한 것은 전기차가 갖는 장점을 정확히 설명하고 고객의 신뢰를 얻기 위함이었다. 그리고 그 전략은 정확히 맞아 떨어지고 있다. 몇 가지 옵션의 선택만으로 사람들은 1억 원이라는 금액을 온라인에서 결제하기 시작했던 것이다. 물론 이러한 온라인 직영망을 통한 판매가 가능하기 위해서는 상품에 대한 신뢰가 필요했다.

테슬라는 2016년 상반기 보급형 중형 세단인 모델3를 공개하고 2017년 하반기 실제 출시하기까지 약 18개월 동안 온라인 선주문으로만 50만 대 예약이라는 새로운 역사를 만들어 냈다. 예약금은 우리나라 돈으로 10만 원이었다. 물론 긴 대기기간 때문에 일부 예약취소도 있긴 했지만 단 한 대의 완성차 인도도 없이 예약금으로만 약 500억 원이라는 순매출을 올린 것이다. 지금 이 순간에도 21년 말 첫 출시 예정으로 사전예약을 진행 중인 픽업트럭 모델인 사이버트럭의 경우에는 카테고리와 디자인의 특이성에도 불구하고 4월 기준 사전예약이 모델3의 2배인 100만 대를 벌써 돌파했다고 한다. 언제든 취소가 가능하고 별도의 수수료 없이 100% 환불이 가능하다고 하지만 브랜드와 제품에 대한 절대적인 신뢰가 없다면 이러한 수치는 불가능할 것이다.

5 장

관계를 맺어라

구독은 구속이다

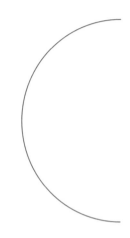

직영망을 만들었다고 구독전략이 완성된 것은 아니다. 아니 이제 겨우 시작되었다고 보는 것이 맞다. 이제부터 본격적으로 고객과의 관계 맺기를 시작하는 것이다. 과거 유통망을 통해 멀리서 바라보기만 하던 고객이 이제 내 앞에 왔으니 이전과는 다른 관계를 형성해야 하는 것이다. 우리는 정기구매나 정기배송과 같은 사업의 형태에 자연스럽게 '구독'이라는 단어를 붙여 왔다. 이 과정이 구독전략에서 가장 핵심적인 것이기 때문이다. 하지만 이 관계 맺기의 앞에 있는 직접 만나기와 뒤에 있는 자주 만나기가 없이 온전한 구독전략은 성립하기 어렵다.

먼저 본질적으로 구독이라는 단어는 소비자가 원하는 것이 아니라는 것을 이해해야 한다. 구독이라는 개념은 본질적으로 사업자의 관점에 만

들어진 단어다. 이 책에서 구독경제가 아닌 구독전략이라는 단어를 선택한 것도 구독이라는 단어는 기업이 선택하는 사업방식이기 때문이다. 소비자는 본질적으로 구독을 선호하지 않는다. 구독경제라는 단어를 사용한다면 경제에 참여하는 기업과 고객, 생산자와 소비자, 공급자와 수요자모두가 구독이라는 단어를 자신의 것으로 받아들여야 한다. 하지만 조금만 생각해 보아도 구독은 기업 측에서 원하는 관계설정이다.

생각해 보면 구독은 소비자인 우리에게는 아주 익숙한 개념이었다. 신문구독, 잡지구독, 우유배달, 야쿠르트 배달 등을 경험했으니 말이다. 하지만 기업입장에서 구독은 익숙한 개념이 아니었다. 기업은 언제나 을이었지 고객과 동등한 입장에서 계약을 하거나 약속을 하는 그런 위치에 올라 본 적이 없었다. 생산한 상품을 지금 당장 판매하는 것을 넘어서 미래에도 계속해서 구매한다는 약속을 받아 내는 것은 상상하기 힘든 과제였다. 그래서 구독이라는 단어를 사업전략으로 활용해 본 기업은 그렇게 많지 않았다.

과거 우리가 구독의 갑과 을이 바뀌는 현상을 목격할 수 있었다면 그 것은 무언가 상품의 공급이 독점되었을 때가 대부분이었다. 조간에는 조선일보, 석간에는 동아일보가 유일했던 시절이 있었고, 깊이 있는 글로벌 소식을 전해 주는 잡지가 'Times'와 'Newsweek' 정도밖에 없던 적도 있었다. 우유라는 신선식품을 구매할 유통망이 많이 없었고, 유산균 음료를 야쿠르트로 통칭해 부르던 시절도 있었다. 이런 시절에 우리는 소비자로서 구독이라는 단어를 자주 들었다. 하지만 신문사가 늘어나고 잡지가 범람하고* 마실 수 있는 음료가 무한대로 늘어나고 동네 곳곳에 편의점이 생기면서 이제 우리는 이런 형태의 구독을 더 이상 보기 어렵게 되었다. 선택이 확대되면서 더 이상 소비자들은 구독이라는 구속을 원하지 않게 된 것이다.

to sign at the bottom of a document, give one's consent.

(by subscribing one's name)

동의하려면 문서 하단에 서명하십시오.

---

* 물론 인터넷의 대중화에 따른 신문과 잡지 매체의 증가는 이 변화를 가속시켰다.

구독은 영어로 Subscription인데, 어원을 살펴보면 고객이 구매에 대한 약속을 하고 사인을 한다는 의미이다. 과잉공급으로 인해 고객이 왕이 되어 버린 세상에서 고객에게 약속을 강요하는 것은 쉽지 않은 일이고 고객입장에서는 반가운 일이 아니다.

구독을 위해서는 비합리적 수준의 가치를 제공해야 한다

고객은 본질적으로 구독을 원하지 않는다. 따라서 기업이 고객과의 관계 맺기를 하려면 고객에게 그에 합당한 대가를 지불해야 한다. 나이키나 블랙야크처럼 무료로 서비스를 제공하기도 하고 아주 가치 있는 서비스를 낮은 가격에 제공하기도 해야 한다. 관계 맺기의 최종 목적은 고객 네트워크를 통해 시장을 이해하는 것이기에, 목표로 하는 고객 네트워크의 규모는 충분히, 아니 최대한 커야 한다. 관계 맺기의 목표는 도달가능한 전체 시장이지 소수의 충성고객이 아니다. 따라서 서비스 설계에 있어서 목표는 목표로 삼은 전체 고객과의 관계 맺기에 맞춰져야 한다. 여기서 전체 고객이라는 개념은 우리가 통상적으로 이야기해 온 세그먼테이션 segmentation과 같다. 고객을 구분하여 나의 대상 고객을 구분하고 이들을 대상으로 관계 맺기를 설계해야 한다.

대상 시장 전체를 목표로 설정해야 하는 것은 목표로 하는 고객 네트워크의 가치를 극대화시키기 위해서는 시장 전체의 데이터가 필요하기 때문이다. 고객 네트워크의 가치는 충분히 컸을 때와 그렇지 않았을 때 완전히 다른 가치를 제공할 수밖에 없다. 만일 서울이라는 지역을 대상으로 한다면 서울에 거주하는 모든 고객을 대상으로 관계 맺기를 설계해야 한다. 마켓컬리가 처음 샛별배송을 하면서 강남권에 서비스를 한정했던 사례를 보면 이해하기 쉽다. 강남의 직장인 주부 고객이 어떤 식품을 선호하는지를 알아야 관계 맺기의 서비스가 설계되기 때문이다. 또 나아가 관계를 맺은 고객 네트워크가 충분히 커야 상품의 소싱이 정확해지고 관계가 지속될 수 있다. 마켓컬리가 처음에 의도한 것은 강남에 거주하는 직장여성이 잠자리에 누워 내일의 식탁을 상상하게 만드는 것이었다.

관계 맺기의 목표는 대상 시장의 모든 고객과 관계를 맺는 것이다.

관계 맺기의 지향점이 목표 시장 전체이기에 기업은 관계 맺기의 대가로 고객에게 충분히 큰 수준의 가치를 제공해야 한다. 여기서 충분히 크다는 의미는 고객 입장에서 생각하기에 합리적인 수준을 넘어서는 정도를 의미한다. 기존에 우리가 갖고 있던 합리적 수준의 가치로는 소비자에게 기업과 동등한 수준까지 내려오도록 설득하는 것이 불가능하다는 사실을 알아야 한다. 그래서 이 책에서는 비합리적 가치수준이라는 표현을 사용한다.

고객이 구독계약서의 관계 맺기에 서명하는 순간 기업은 고객과 직접적이면서 강력한 관계를 갖게 된다. 이제 드디어 고객 네트워크를 만들 수 있게 되는 것이다. 물론 높은 가치제공은 고객 네트워크의 규모를 만드는 데도 필수적이다.

규모 있는 고객 네트워크의 의미는, 다음 장에서 보다 자세히 설명하겠지만 직접적으로 연결된 고객이 모여서 만들어 내는 데이터를 의미한다. 수많은 기업들이 고객 데이터를 수집하는데 그 데이터는 개개인 고객에 대한 정보를 의미한다. 하지만 고객 네트워크는 시장에 대한 정보를 말해준다. 시장이 무엇을 원하고 바라고 있는지를 말이다. 그런 이유로 고객 네트워크가 성립되려면 직접적인 관계를 가진 고객집단이 필요하다. 그 고객들이 원하는 것은 추정된 시장의 니즈가 아니라 시장이 말하고 있는 니즈이기 때문이다.

그렇기에 이 관계유지를 위해 제공되는 가치의 크기가 고객이 보기에 비합리적으로 느껴질 정도로 커야 한다는 것이다. 즉 요새 표현으로 "이 건 사야 해" 혹은 '혜자[*]'와 같은 가치가 제공되어야 한다. '앞으로 벌고 뒤로 밑진다' 라는 표현이 있다면, 구독은 '앞으로 밑지고 뒤로 번다'는 표현이 적합하다. 결국 고객이 나의 충성고객이 되는 것은 고객이 바라보기에 비합리적으로 큰 가치를 제공할 때 가능하다. 넷플릭스, 마이크로소프트, 어도비, 나이키 등 구독전략을 성공시킨 기업들은 그런 수준의 가치를 제공했고, 아직 성공이라는 단어를 느낄 수 없는 소위 '구독경제' 기업들은 그러지 못했다.

비합리적으로 높은 수준의 가치제공이라는 표현은 사업적으로 보면 매우 어려운 일이다. 아마존이 2006년 아마존 프라임을 통해 월 10달러에 모든 배송을 무료로 제공하려 했을 때 제프 베조스를 제외한 모든 경영진이 반대했다고 한다. 상식적으로 평균 배송비가 3~5달러 수준인 미국에서 몇 번이 될지 모르는 아마존 프라임 고객의 모든 배송을 무료로 한다는 것은 합리적인 의사결정이 아니다. 하지만 이제 어느 누구도 아마존이 유통이라는 세상을 지배하는 데는 아마존 프라임이 가장 핵심적인 수단이 되고 있다는 것을 부정하지 못한다. 전 세계에서 1억 8천만에 이르는 아마존 프라임 회원이 매달 10달러씩 지불하며 아마존에서 쇼핑을 하고 있다. 마치 쇼핑을 하기 위해 유료 멤버십에 가입한 듯도 하다.

---

[*] 2010년 한 편의점에서 연예인 김혜자 씨를 모델로 한 도시락이 기존의 선입견을 깨고 높은 퀄리티로 인기를 끌자 이후 가격대비 좋은 상품들을 "혜자다", "혜자스럽다"라고 표현하게 되었고 이후에는 '푸짐한 느낌', '넉넉한 느낌'을 받을 때에도 사용하게 되었다.

넷플릭스의 경우도 마찬가지이다. 넷플릭스는 DVD를 우편으로 배달하는 서비스로 시작했다가 인터넷 시대에 맞추어 온라인 스트리밍 서비스로 진화했다. 넷플릭스의 기존 모델은 매달 19.95달러에 무제한으로 DVD를 렌탈해서 볼 수 있는 모델이었다. 한 번에 3편의 렌탈이 가능했고, 우편으로 발송되고 반송되었다. 고객이 한 달에 5편 이상을 렌탈하기 시작하면 그때부터 손실이 발생하는 모델이었다. 누가 보아도 비합리적인 상품설계였다. 하지만 가입자 기반이 증가했고, 가입자의 영화에 대한 성향을 이해하면서 넷플릭스는 진화했다. 그 경험과 축적된 데이터를 바탕으로 이제는 온라인 스트리밍 세상을 이끌고 있는 것이다. 2억 명의 고객 네트워크를 바탕으로 2020년을 기점으로 현금 흐름도 흑자로 돌아섰다. 고객 네트워크의 힘이 본격적으로 발휘될 순간에 도달한 것이다.

마이크로소프트의 오피스 서비스화도 유사한 비합리적 가치제공을 하고 있다. 과거 소비자가격 400달러 수준에 팔리던 소프트웨어를 이제는 한 달에 10달러에 판매한다. 10달러를 지불하면 6개의 계정 사용이 가능

하지만 혼자 사용한다면 8달러다. 8달러로 400달러를 만들려면 50개월이 필요하다. 여기에 무료로 제공하는 원드라이브^{One Drive} 1테라바이트의 용량을 무시하더라도 말이다. 접근은 비합리적이다. 하지만 이를 통해 마이크로소프트는 1억 8천만 명의 고객 네트워크를 만들어냈다. 이들이 매달 10달러씩 지불하니 마이크로소프트의 통장에는 매달 18억 달러라는 현금이 입금된다. 과거 PC 출하량에 따라 실적이 출렁이던 그런 기업이 아니다.

결국 구독전략의 승리자들은 비합리적으로 보이는 큰 가치를 고객에게 제공함으로써 고객과의 밀접한 관계형성에 성공했다. 물론 그 성공의 가장 큰 결과물은 고객 네트워크이다.

구독전략의 도구가
정기구매만은 아니다

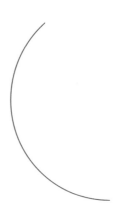

고객과 지속가능한 관계를 맺는다는 것은 반복적인 구매나 잦은 접촉을 통해 많은 고객정보를 만들어 낸다는 것을 의미한다. 이제는 고객과의 보다 밀접한 관계 형성이 필요해진 것이다. 밀접한 관계란 명시적으로 기업과 고객 간에 반복구매를 위한 계약을 맺거나, 혹은 계약은 존재하지 않지만 상품이나 서비스를 통해 지속적인 접촉을 갖는 것을 의미한다. 즉 나와 고객이 직접 연결되어 어떤 모습이든 관계를 만드는 것이 필요해진다. 유통망을 통해서 나의 상품을 판매하던 과거와는 다른 차원의 관계인 것이다. 이제 어떤 모습이건 고객과 일종의 지속적인 만남의 약속이 만들어져야 한다.

이 관계의 형성이 서비스에서는 일정 기간 동안 서비스를 사용하겠다는 기간계약으로 나타나는 경우가 많다. 우리가 알고 있는 넷플릭스나 멜론과 같은 디지털 서비스들은 월 단위 과금의 형태로 서비스가 제공된다. 물론 헬스클럽과 호텔 같은 공간이나 설비를 중심으로 한 서비스도 유사한 과금구조를 갖는다.

하지만 형태를 가진 실물상품으로 대상이 바뀌면 이야기가 조금 달라진다. 서비스가 아닌 상품의 경우, 고객과 관계를 맺는 방식에서 가장 흔하게 보이는 방식이 바로 '정기구매'이다. 공급자와 수요자 간에 정기적으로 상품을 구매하겠다는 약속이 만들어지는 것이다. 이 이유로 우리는 흔히 구독의 개념을 정기구매로 착각하고 있다. 물론 기업의 입장에서 고객과의 관계 중에 가장 선호하는 모습은 정기구매이다. 고객이 기업의 상품을 계속해서 아니 주기적으로 구매한다는 약속이니 말이다. 하지만 조금만 더 생각해 보면 정기구매라는 단어가 적용될 수 있는 영역이 그리 많지 않을 것임을 알 수 있다. 혹자는 정기구매가 그 편리함으로 인해 모든 상품 영역으로 확장될 것이라 이야기하지만 결코 옳은 판단은 아니다.

자주 사용되지 않아 재고가 쌓이거나, 필요할 때 언제든지 가까운 편의점에서 살 수 있거나, 혹은 대형 유통망에서 자주 할인판매를 하는 상품은 정기구매와는 결이 맞지 않다. 쇼핑이라는 행위가 즐거움을 주는 상품이라면 더더욱 그러하다. 정기구매가 향후 모든 상품 영역으로 확장될 것이라는 생각은 넷플릭스, 멜론과 같은 디지털 상품을 구독의 전형으로 생각하기에 발생하는 착각이다. 여성 고객의 입장에서 패션상품의 구독은 상상도 하기 힘든 일일 것이고, 주부의 입장에서 남은 우유를 한 번이라도 버리게 되면 정기구매는 쉽게 선택지에서 사라지게 된다.

고객과 관계를 맺는 방식은 그래서 정기구매 말고도 다양한 형태로 존재한다. 멤버십이나 큐레이션과 같은 우리가 잘 아는 도구들이 고객과의 관계 맺기 단계에서 활용된다.

관계 맺기의 도구들

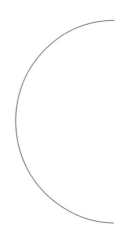

고객과의 관계 맺기 도구는 내가 어떤 상품을 갖고 있는가에 따라 정기구매, 멤버십, 큐레이션 등이 활용된다. 구독전략을 펼치는 주체가 브랜드인가 유통망인가에 따라 사용하는 도구들은 다르지만 고객과 관계를 형성한다는 목적은 동일하다.

가장 이해하기 쉬운 정기구매 상품은 디지털 상품으로, 우리가 익히 알고 있는 넷플릭스, 멜론, 밀리의 서재, 디즈니 플러스 등이다. 이 경우 정기구매가 전형적인 관계이다. 자동결제가 이루어지고 일정 시간이 지나면 전기나 수도처럼 생활의 필수품으로 자리 잡는다. 하지만 유형의 실체가 있는 상품의 정기구매는 디지털 상품과는 사정이 많이 다르다. 배송이라는 요소가 필수적으로 추가되고, 앞에서 언급했듯이 정기구매에 어울리지 않는 상품도 많다. 따라서 상품의 경우에는 정기구매를 관계 맺기의

정기 구매 | 멤버십 | 큐레이션

필수요소로 생각해서는 안 된다.

두 번째 구독의 도구는 멤버십이다. 앞에서 언급한 나이키 트레이닝클럽Training Club과 같은 형태로 기업이 고객에게 무료 혹은 유료로 서비스를 제공하는 것이다. 여기에는 아마존의 아마존 프라임과 같은 유통망의 멤버십도 포함된다. 요가복의 명품 룰루레몬이 미러Mirror라는 피트니스 앱을 인수한 것도 같은 맥락이다.

세 번째 관계 맺기의 도구에는 큐레이션이 있다. 시장에서 제공되는 상품이 무한정으로 늘어나면서 소비자들은 쇼핑이라는 영역에서 도움을 필요로 하기 시작했다. 단순히 검색기능을 제공하는 것만으로는 만족하지 못하는 고객들이 많아지기 시작했다. 그런 이유로 큐레이션이 고객과의 관계 맺기의 도구로 각광받기 시작했다. 큐레이션은 다양한 상품을 취급하는 유통망이 선택하는 관계 맺기의 도구로서, 정기적이든 비정기적이든 간에 전문가가 상품의 구매를 도와주는 방식이다. 상품이 너무 많고 정보가 충분하지 않을 경우에 유통망이 전문적 지식을 바탕으로 추천을 해 주는 것이다. 현재 많은 유통망 구독은 큐레이션을 기반으로 하고 있다. 나이키의 오프라인 스토어에서 제공되는 스니커즈바나 엑스퍼트 스튜디오도 같은 맥락에서의 큐레이션을 제공하는 것으로 이해해야 한다.

큐레이션의 방법에는 두 가지가 있다. 첫 번째는 우리가 많이 들어왔던 인공지능을 통한 추천이고, 또 하나는 사람이 하는 추천이다. 인공지능에 의한 추천이 책과 같은 구매 빈도가 잦은 상품에 주로 활용되는 것과 달리, 사람에 의한 큐레이션은 상품을 선택하는 데 어려움이 많고 구매 빈도가 높지 않은 상품에 주로 적용된다. 안경테나 매트리스와 같은 상품이 대표적이다. 와비파커가 5개의 안경테를 집으로 보내주거나 터프트앤니들이 직접 매트리스를 실제처럼 체험해 볼 수 있는 공간을 제공하는 것이 이런 큐레이션의 예라고 할 수 있다.

디지털 콘텐츠의 정기구매

구독을 이야기하면 가장 먼저 언급되는 서비스가 넷플릭스이다. 한 달에 14,500원을 지불하면 4개의 계정으로 영상을 무제한 볼 수 있고, 매주 새로운 콘텐츠들이 제공되면서 끊임없이 볼거리를 제공한다. 어느 순간 내가 매달 내고 있는 14,500원의 존재가 잊힌다. 이를 재미없는 단어로 표현하면 정기구매이고, 실질적인 행위 기준으로 보면 자동결제이다. 물론 기업과 소비자 간의 관계에서 보면 정기구매로 보는 것이 적절하다.

넷플릭스는 이런 방식으로 전 세계 2억 명과 정기구매라는 관계를 맺고 있다. 반복적으로 구매하는 2억 명의 회원이 갖는 의미는 구글이 제공하는 지메일을 쓰거나 페이스북에서 콘텐츠를 올리는 관계보다 훨씬 강력하다. 아니 아마존에서 한 번에 1,000달러 이상 구매하는 고객보다 더 강하다고도 볼 수 있다. 아마존 고객은 가격이 싸다면 언제든 타 쇼핑몰로 떠날 가능성이 있지만, 넷플릭스의 구독 고객이 타 스트리밍 서비스로 갈아탈 가능성은 높지 않다. 이미 매주 새로운 콘텐츠가 나오고 있고, 혹 지금 당장 볼 것이 없다 하더라도 출시예정인 콘텐츠가 나의 이탈을 막아선다. 다양한 스트리밍 서비스 간의 경쟁이라는 관점도 존재하지만, 구독자 입장에서는 14,500원이라는 지불비용 대비 넷플릭스가 제공하는 서비스 가치가 충분히 크다면 이탈을 고려하지 않을 것이라는 뜻이다. 미국의 평균가구당 가입 OTT 숫자가 3.3까지 늘어난 것을 보면 이 의미를 이해할 수 있다. 넷플릭스는 대부분의 경우 이 3.3 가운데 한자리를 차지한다. 이제 한국에서도 영화 한 편을 감상하는 데 이와 비슷한 금액이 소요된다. 영화 한 편을 혼자 극장에서 감상하는 금액으로 부모님과 우리 가족, 그리고 처제가 넷플릭스 콘텐츠를 무제한 감상할 수 있다는 것은 쉽게 포기할 관계는 아닌 것이다.

이러한 디지털 콘텐츠를 중심으로 한 정기구매 모델은 이제 흔히 볼 수 있다. 한국에서도 넷플릭스와 경쟁하는 왓챠, 티빙, 웨이브 등이 등장했고 멜론, 벅스 등 음악서비스의 구독이 일반화된 지 이미 오래다. 이제는 전자책 구독을 위한 밀리의 서재나 퍼블리 같은 서비스도 계속해서 나타나고 있다. 이들 디지털 콘텐츠 서비스들은 한계비용이 거의 '0'에 가깝기에 월정액과 무제한 사용이라는 정기구매 모델은 이미 일반화가 되었다. 사업 대상 자체가 디지털이고 고객의 데이터를 중심으로 돌아가기에 디지털 콘텐츠의 구독전략 적용은 아주 자연스럽다.

상품의 정기구매

디지털 상품을 떠나 실물 영역으로 오는 순간 정기구매 혹은 정기배송은 쉬운 일이 아니다. 여기서 배송이라는 개념이 등장한다. 삼다수가 앱을 통해서 판매를 할 수 있었던 가장 중요한 이유는 배송이라는 수단이 존재했기 때문이다. 오프라인 직영망이 아니라 온라인 직영망인 모바일 앱은 배송이라는 수단이 없으면 작동이 불가능하다. 따라서 배송이라는 개념은 모바일 직영망에 있어서는 필수적인 수단이다. 게다가 48리터 무게의 생수*를 집 앞까지 배송해 주는 것은 누가 봐도 훌륭한 서비스이다. 그래서 앱이라는 모바일 직영망과 배송 서비스는 불가분의 관계인 것이다. 배송이라는 기능의 편리함은 고객의 직영망 구매를 가능하게 하는 결정적인 요소이다.

여기에 정기구매라는 또 하나의 관계가 만들어진다면 모바일 직영망의 가치가 배가된다. 디지털 콘텐츠가 시간을 정해 둔 사용에 대한 계약 즉 서비스 계약이라면 실물상품의 정기구매는 여전히 상품의 구매계약

---

* 앞서 살펴본 것과 같이 삼다수의 경우 무료배송을 위해 2리터 24개를 기본 판매단위로 삼고 있다.

이다. 서비스의 구매와 상품의 구매가 갖는 본질적인 차이는 구독전략에서 매우 중요하다. 물론 이 원칙은 유통 기업의 구독전략에도 적용된다.[*]

실물상품은 사용하지 않으면 방치되고 버려지게 된다. 신선식품과 같은 특정 카테고리는 시간에 따라 가치를 상실하게 된다. 그런 이유로 반복구매 혹은 정기구매라는 계약이 무조건 소비자에게 좋은 선택이 되는 것은 아니다. 그래서 정기구매라는 옵션을 흡사 하나의 시장 트랜드처럼 생각하면 안 된다. 소비자는 자신의 선택의 자유를 그렇게 쉽게 포기하지 않는다. 기업의 입장에서는 자사의 제품을 매달 혹은 매주 정기적으로 구매해 주는 고객처럼 좋은 고객이 없다. 기업의 입장에서 좋은 고객이라면 무언가 고객의 입장에서는 다시 생각해 보아야 하는 관계이다. 이제는 주문 후 하루만 기다리면 배달되는 세상이기에 나의 선택권을 하루라는 기다림과 쉽게 바꾸지는 않을 것이다. 시장은 언제나 나의 고객을 빼앗기 위해 다양한 프로모션과 이벤트를 기획하고 있기 때문이다.

실물상품의 경우 상품의 특성이 정기구매와 맞지 않는 경우가 많이 존재한다. 쇼핑의 가장 중요한 영역인 패션만 보아도 정기구매와는 결이 잘 맞지 않다. 옷은 계절에 따라 바꿔 입는 것이 맞기는 하지만 여전히 취향과 충동의 상품이기 때문이다. 심지어 정기구매와 잘 어울릴 듯한 식품의 경우도 남아서 버리는 경험을 한 번 겪고 나면 쉽게 떠나 버리게 되는 그런 영역이다. 일본에서 많이 나타났던 패션구독이 큰 성공을 거두지 못한

---

[*]　유통 기업과 브랜드 기업의 구독전략의 차이점은 상품의 구색과 상품의 제조 여부만 다르다.

이유도 상품의 특성에 기인한다.

정기배송 혹은 정기구매가 어울리는 상품은 무엇일까? 우리는 구독경제를 이야기하면서 꾸까나 술담화 같은 기업의 사례를 마주치곤 한다. 하지만 잘 살펴보면 이 두 사례 모두 정기구매라는 단어를 붙이기에 '아주' 적절한 대상은 아니다. 꾸까나 술담화가 나름의 성공을 거두고 있는 이유는 시장에 게으름(정기배송)이라는, 혹은 다양성(큐레이션)이라는 가치를 추구하는 고객군이 존재하기 때문이다. 꾸까는 집을 꽃으로 꾸미고 싶은데 시간이 부족한 고객에게, 술담화는 다양한 전통주를 마셔 보고 싶은 고객에게 나름의 가치를 제공하는 것이다.

하지만 정기구매에 적합한 상품을 찾고 싶으면 쿠팡의 정기배송 대상 상품을 살펴보는 것이 보다 적절하다. 대표적인 상품이 유아용품, 위생용품, 쌀, 가공식품, 생수, 음료 등이다. 정기배송이 적합한 상품은 쇼핑이라는 행위 그 자체가 큰 가치를 주지 않을 때, 혹은 누군가가 해줬으면

쿠팡의 정기배송 대상상품 카테고리

전체	기저귀	분유/어린이식품	물티슈	유아용품기타	여성위생용품
쌀/잡곡/견과	가공/즉석식품	생수/음료/커피	스낵/간식	건강/다이어트	화장품/뷰티소품
헤어/바디	화장지/티슈	세탁/주방용품	생활/쌩형/원예	반려/애완	문구/가전 액세서리

하고 생각되는 경우에 적합하다. 프로모션을 통해 얻을 수 있는 가치도 매우 낮아야 한다. 솔직히 술이나 꽃이 그런 대상에 어울릴지는 개개인의 판단이지만 일반적으로는 자동화된 반복적 구매에 적합하지 않다. 쿠팡은 3가지 상품을 정기구매하면 추가로 10%를 할인해 주고 있다. 무료 배송, 추가할인, 그리고 망각의 자유를 제공하는 것이 쿠팡의 정기배송이다. 물론 동일한 이유로 쿠팡은 동일한 상품 카테고리를 자사 브랜드 Private Brand로 육성하고 있다.

성공적인 상품의 정기구매,
달러쉐이브클럽

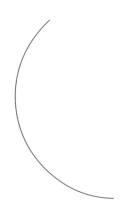

상품의 정기배송 혹은 반복구매의 가장 대표적인 성공사례는 달러쉐이브클럽Dollar Shave Club이다. 2011년에 미국 캘리포니아에서 창업한 달러쉐이브클럽은 매달 면도날을 우편으로 배송해 주는 서비스였다. 2012년 사업 시작 후부터 2016년 매각까지 약 6년 동안 3백만 명이라는 회원을 모았고, 그 결과 2016년 유니레버Unilever라는 글로벌 소비재 그룹에 10억 달러에 매각되었다. 달러쉐이브클럽과 같은 성공사례를 살펴보면 어떤 상품이 쉽게 고객의 정기적인 반복구매를 가능하게 할지 이해할 수 있다.

달러쉐이브클럽이 제공하던 멤버십은 3종류였가 있었는데 각기 가격이 4달러, 7달러, 10달러였다.[2] 가장 저렴한 4달러짜리 멤버십은 두 개의 날이 있는 보급형 면도날 5개를 매달 배송해 주는 것으로, 일주일의 면도 비용을 1달러로 낮춰 주는 효과가 있었다. 7달러는 날이 4개짜리를 4개,

10달러는 6개의 날을 가진 면도날을 4개 보내 주었다.

이 정기배송 서비스가 가능했던 이유는 시중에 판매하는 면도날의 가격이 터무니없이 비쌌기 때문이다. 면도는 남자들에게는 필수적인 행위인 데 비해 그에 소요되는 면도날의 가격은 한 개에 5달러 수준이었다.[*] 게다가 미국의 유통망이 가진 문제 때문에 고가상품인 면도날은 언제나 자물쇠가 채워진 유리장 안에 갇혀 있었다. 가격이 비쌌던 이유는 질레트라는 기업이 시장의 70%가량을 독점하고 있기 때문이었고, 자물쇠가 채워진 것은 종업원 숫자가 제한된 미국의 마트에서 좀도둑을 막기 위해서였다. 즉 면도날 시장은 시장이 불편하고 가격이 비정상적으로 높은 시장이었다.

이런 시장상황에서 면도날 한 개 가격에 충분한 양의 면도날을 매달 집으로 배송까지 해 준다는 제안은 분명히 매력적이었다. 그리고 이 제안이 재미있는 비디오로 만들어져 유튜브에서 유명해지면서 달러쉐이브클럽은 2일 만에 1만 2천 개의 오더를 받는 성공을 거둔다.[**] 달러쉐이브클럽이 4달러의 대가로 제공했던 서비스의 가치가 충분히 의미 있는 수준이었음을 알 수 있다.

달러쉐이브클럽의 사례를 구독전략의 대표적인 성공 사례로 소개하는 경우도 종종 보이곤 한다. 하지만 이 사례는 질레트라는 움직임이 느린

---

[*] 질레트의 경우 4~5개 면도날이 포함된 패키지가 20달러 수준이었다.

[**] DSC는 한국의 도루코 면도날을 구매해서 사업을 진행했다. 면도날 제조업자는 아니었지만 도루코가 진입하기 힘든 시장에서의 판매대행과 같은 역할을 했다 볼 수 있다.

공룡을 상대로 새로운 방식의 마케팅이 성공한 사례로 보는 것이 더 적합하다. 유니레버로 인수되어 대상상품이 면도기라는 하나의 상품으로부터 보다 다양한 상품으로 확장된 이후로는 더 이상 고객과의 관계가 더 공고히 되는 모습을 보여 주지 못하고 있기 때문이다. 하지만 이 달러쉐이브클럽의 성공을 곰곰이 살펴보면 정기배송, 반복구매의 대상상품에 대한 원칙을 찾아볼 수 있다. 달러쉐이브클럽의 성공은 나이키도 아디다스도 하지 못한 것이기 때문이다.

아디다스와 나이키의 실패

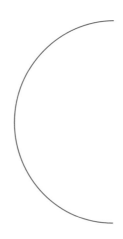

달러쉐이브클럽이 정기배송에 성공했다면 나이키와 아디다스는 실패했다. 아디다스는 2016년 2월 'Avenue A'라는 정기배송 서비스를 시장에 내놓았다. 박스당 150달러에 여성 스포츠 의류, 신발, 액세서리 등의 프리미엄 스포츠 상품 3~5종을 큐레이션 박스 형태로 제공하는 것이었다. 배송주기는 분기에 한 번이었고, 타깃 고객은 시간이 부족한 프로페셔널 여성이었다. 운동을 할 때도 멋진 패션을 유지하고 싶은 고객에게 선물처럼 3달에 한 번 전문가가 선택한 스포츠 용품을 배송하는 개념이었다. 하지만 결과는 실패로 끝났다.

정기배송과 큐레이션이라는 두 가지 구독 도구를 결합했지만 결과는 성공적이지 못했다. 먼저 아디다스는 자신의 의도를 들어 줄 충분한 고객을 갖고 있지 못했을 것이다. 유통망 즉 쇼핑몰의 아디다스 매장에서 이

상품을 홍보해 줄 이유도 없었고, 무언가 선물을 받는다는 경험을 갖기에 150달러라는 금액도 만만해 보이지는 않았다. 아디다스는 유행하던 구독이라는 단어를 명확한 목표 없이 상품으로 만들어 본 것이었다.[*]

실패의 경험은 아디다스만이 아니었다. 나이키도 유사한 구독 서비스에서 실패를 경험했다. 2019년에 시작된 나이키 어드벤처클럽^{Nike Adventure Club}은 나이키가 아동을 대상으로 출시한 구독 프로그램이다. 아디다스가 패션에 관심이 많은 여성을 타깃으로 했다면 나이키는 최소 일 년에 운동화 사이즈를 두 번은 바꿔야 하는 아동을 대상으로 삼았다.

내용을 보면 20달러, 30달러, 50달러를 매달 지불하면 각각 3달, 2달, 1달마다 아이들을 위한 신발을 정기적으로 배송해 준다. 나이키 아동용 운동화의 소비자가 대략 60달러인 점을 감안하면 20달러와 30달러 프로그램 모두 60달러를 지불하고 60달러짜리 운동화를 배송 받는 셈이다. 50달러짜리의 경우만 매달 한 개씩 운동화를 받으면서 10달러씩 할인받는 것이다. 나이키 입장에서는 합리적이지만 고객 입장에서는 크게 매력적이지 않다. 하지만 2~10세 아동을 대상으로 한다는 점, 즉 최종 소비자가 주체적인 소비 혹은 구매를 할 수 없다는 점에서 이 구독 서비스는 일 년에 최소 2~4번은 신발을 구매해야 하는 부모를 위한 '구매대행' 서비스라 할 수 있다.

나이키는 3세 이하 아동은 일 년에 3~4회, 4~8세 아동은 2~3회의 신발

---

[*] 이 아이디어는 아디다스 사내에서 공모된 아이디어였다고 한다.

교체가 필요하다는 전문가의 의견을 바탕으로 부모들의 신발 구매를 위한 시간을 절약하고 동시에 유년기 때부터 나이키의 브랜드를 아동들에게 각인시키려는 방법으로 이 구독 서비스를 기획했지만 프로그램이 주는 매력이 너무 낮았기에 성공을 거두지 못한 것으로 보인다. 물론 프로그램의 가격을 매력적으로 만들 경우에 뒤따르게 될 기존 유통망과의 충돌도 고민되었을 것이다.

나이키는 이 프로그램을 2020년 12월에 종료했다. 필자의 생각으로는 나이키의 직영망 중심 체제가 제대로 갖추어지고 나면 보다 공격적인 가격과 상품 패키징으로 재출시될 것으로 보인다. 나이키가 기존에 지불하던 유통망 비용(매출의 50%)을 소비자에게 구독이라는 관점에서 활용할 수 있다면 구매의 편리성만이 아니라 가격 면에서도 충분히 매력적인 상품 구독의 설계가 가능하기 때문이다.

실물상품의 정기구매 이유들

디지털 상품이 아닌 실물상품을 두고 고객과 약속을 하는 것은 쉽지 않다. 아니 그런 약속을 하기에 적합한 상품은 따로 존재한다. 모든 상품이 정기적인 배송의 대상이 되기 어렵다는 뜻이다.

먼저 시장에서의 구매에 불편함이 존재해야 한다. 수만 개의 편의점이 있지만 편의점에 없는 상품도 많다. 일단 그 대상이 되어야 한다. 그리고 배송의 편리함이 존재해야 한다. 앞에서 언급했던 48리터 생수나 부피가 큰 화장지 등이 여기에 속한다. 또 하나, 지속적인 사용이 있고 재고로 남았을 때 그 가치가 훼손되지 않아야 한다. 끝으로 쇼핑 그 자체에 즐거움이 있는 상품은 적당한 대상은 아니다. 쇼핑의 즐거움이 없다는 것은 반대로 말하면 전문가의 큐레이션 가치가 존재하는 영역이라 할 수 있다. 정리해 보면 다음과 같다.

1. 지속적으로 사용되고 재고 부담이 없음

2. 배송 서비스의 가치가 큼

3. 기존 유통망이 불편하거나 가격이 높음

4. 쇼핑 자체의 즐거움이 없음(큐레이션가치가 높음)

이 기준으로 상품을 분석해 보면 나의 상품이 정기구독에 적합한지 아닌지 알 수 있다. 예를 들어 전통주를 정기배송 판매하는 술담화의 대상인 전통주를 보면 4가지 모두에서 좋은 점수를 받고 있다. 술을 좋아하는 소비자라면 한 달에 3병 정도의 전통주는 무리 없이 소화할 수 있어 보이고, 남겨진 술이 상하지 않을 뿐더러 술은 좋은 선물대상이다. 무게가 좀 나가는 술의 경우 배송의 가치가 높고, 기존 유통망에서 전통주를 구하는 것은 상대적으로 어렵다. 쇼핑의 즐거움은 마셔 볼 수 없기에 그다지 커 보이지 않는다.

지속적 사용	배송 서비스 가치	기존 유통망 가격	쇼핑의 즐거움
높음(+)	높음(+)	높음(+)	낮음(+)

꽃 배달 서비스인 꾸까의 경우, 꽃은 확실히 구매가 편하지 않은 상품이다. 물론 꽃집이 근처에 있다면 어렵지 않겠지만 편의점처럼 꽃집을 찾는 것이 쉽지는 않다. 배송 가치는 약간 양면적이다. 차가 있다면 꽃을 사오는 것이 편리하지만 대중교통으로는 불편하기에 배송이 좋다. 하지만

박스에 담겨 오는 꽃은 약간 불안하다. 역사적으로 꽃은 사람에 의해 직접 배달되어 왔다. 꽃이기에 재고 부담이 없고, 지속적 사용도 사용자의 선택인 만큼 나쁘지 않다. 단지 기존 유통망 대비 가격적인 면에서 의미 있는 수준의 경쟁력이 없어 보이는 것이 단점이다. 또 하나 꽃을 쇼핑하는 것에는 분명 즐거움이 있을 듯하다.

지속적 사용	배송 서비스 가치	기존 유통망 가격	쇼핑의 즐거움
높음(+)	낮음/높음(?)	낮음(-)	높음(+)

이런 네 가지 요소가 바로 고객이 정기배송을 통해서 느끼는 가치이다. 달러쉐이브클럽은 그 가치가 충분히 컸기 때문에 성공한 것이고, 현재 실물상품의 정기배송이 큰 성공을 거두지 못하고 있는 이유는 이 가치를 충분히 키우지 못하고 있기 때문이다. 술담화나 꾸까의 경우는 대상 시장이 좁다는 점도 있지만 고객에게 제공되는 가치가 아주 충분히 크지 못하다는 점도 폭발적 성장을 보이지 못하고 있는 이유일 것이다.

파격적 혜택의 멤버십

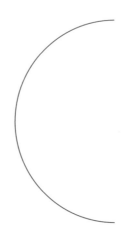

멤버십은 기업이 제공하는 특정 서비스에 고객이 참여하는 것이다. 유무료를 막론하고 고객이 거래가 아닌 방식으로 기업의 서비스와 관계를 맺는 것을 의미한다. 거래와는 달리 멤버십을 통해 고객이 즉시적으로 얻는 혜택은 그다지 많지 않다.

일반적인 서비스 정기구매와 멤버십이 갖는 차이는 고객이 어느 시점에서 가치를 느끼는가에 있다. 멤버십의 형태는 아주 다양한 모습으로 나타나는데, 구독의 도구로 쓰일 경우 역시 일반적인 멤버십의 모습과 다르지 않다. 단지 추구하는 목표가 높기에 제공되는 가치의 크기가 비합리적으로 커질 따름이다. 이를 파격적 혜택의 멤버십이라 부르자. 통상적으로 우리가 많이 접하는 멤버십은 그냥 그런 혜택을 제공할 뿐이지만, 구독에 필요한 멤버십은 그런 것이 아니다.

여기서 우리가 혼동하지 말아야 하는 것이 멤버십 포인트이다. SPC그룹의 해피포인트나 CJ One 포인트 등이 바로 그것이다. 매번 SPC 매장이나 CJ 식당을 갈 때면 포인트를 적립하고는 하지만 무언가 나와 특별한 관계를 맺었다는 느낌을 받지 못한다. 거래액의 극히 일부 퍼센트를 제공하기에 고객이 포인트를 의미 있는 것으로 받아들이지 못한다. 반면에 스타벅스에서는 골드레벨이 되면 별 12개를 모을 때마다 음료 무료쿠폰을 제공받을 수 있다. 우리가 잘 아는 방문도장 찍기이다. 가끔 새로운 메뉴가 소개되어 그 메뉴를 마시면 별이 추가로 2개 지급된다. 왠지 그 메뉴에 손이 가는 이유는 별 때문이다. 이는 스타벅스가 나와 만들어 놓은 관계이다. 그냥 무시하고 잊어버리자니 단골고객이 되고 나면 무료쿠폰이 거의 한 달에 한 번꼴 이상으로 지급된다. 관계가 형성된 멤버십이다. 별과 포인트 간의 차이가 크지 않다고 말할 수도 있지만, 별은 그 가치가 느꺼지고 포인트는 느껴지지 않는다는 아주 명백한 차이가 있다.

언급했던 아마존 프라임의 경우, 제공되는 전체 가치를 계산하면 연간 800달러 정도의 가치가 있다고 한다.* 일 년 멤버십의 경우 119달러를 지불하고 평균적으로 800달러의 가치를 가져가니 '혜자'스러운 것이 사실이다. 하지만 여기서 중요한 것은, 연간 119달러를 통해 얻을 수 있는 아마존 쇼핑몰에서의 배송이 무료라는 사실이다. 그래서 추가로 제공되는 비디오 스트리밍, 음악, 전자책 등의 서비스 가치가 있더라도 대부분의 프라임 멤버십 고객들은 배송비의 가치에 집중한다. 그들은 이미 지불한 119달러 때문에 모든 쇼핑을 아마존에 집중하려 노력한다. 결국 한 달에 몇 번이건 배송이 무료라는 사실은 모든 온라인 쇼핑을 아마존에 의존하는 결과를 낳는다. 역설적으로 아마존 프라임 고객들은 돈을 지불하고 스스로를 구속하고 있는 것이다.

언뜻 보기에 나이키가 나이키 트레이닝클럽Nike Training Club을 무료로 제공하는 것은 파격적인 멤버십으로 보이지는 않는다. 하지만 NTC의 프리미엄 서비스가 월 14.99달러의 유료 프로그램이었다는 것을 생각하면 이 역시 파격적인 혜택이다. 운동 프로그램을 제공하는 앱을 보면 무료 앱이 거의 없다. 혹 있다 하더라도 그 품질 수준이 형편없는 경우가 대부분이다. 유료 앱들은 대부분 콘텐츠를 매번 업데이트하고 추가하기에 무료제공이 쉽지 않다.

---

* 이 숫자는 분명 재산정이 필요하다. 아마존의 배송이 당일배송으로 바뀌고 있고 아마존 프라임 비디오의 내용물도 충실해지고 있다. 이 숫자가 올라가야 한다는 의미이다.

NTC의 기본 트레이닝 영상은 무료로 제공되었지만 유명 트레이너의 운동 프로그램과 영양관리가 포함되어 있는 프리미엄 버전은 유료로 제공되고 있었다. 그러다가 2020년 3월, 코로나 창궐로 야외운동이 힘들어지자 3달간 한시적으로 무료제공을 시도했고, 7월에 영구적인 무료화를 선언하였다.

NTC에는 Nike.com으로 이어지는 트레이닝 스토어가 있다. 또한 NTC에서 발급된 QR 코드를 가지고 오프라인 매장을 방문하면 할인과 더불어 운동에 대한 큐레이션을 받을 수 있다. NTC나 NRC^{Nike Run Club}에서 운동하는 나이키 멤버십 회원들은 자신의 사이즈, 운동 유형, 취향 등을 NTC와 NRC에 제공하면서 나이키가 제공하는 다양한 프로모션에 반응한다. 무료로 제공되는 멤버십의 성공은 결국 Nike.com의 실적으로 나타난다.

멤버십이라는 도구는 모바일 앱 가입이나 SNS 가입과는 별개로 이해하는 것이 좋다. 모바일 앱이 직영망으로서 거래를 목적으로 한다면 멤버십을 목적으로 하는 앱은 고객과의 관계 맺음에 목표가 있다. 거래를 위해 가입하는 행위와 관계를 위해 이용하는 앱은 목적이 명확히 다르다. 수많은 기업들이 의미 없는 회원을 모아 놓고 그 가치를 활용하지 못하는 것은 구독이라는 시각에서 멤버십을 생각하지 않기 때문이다. 의미 있는 멤버십 가입자들은 고객 네트워크의 일원이 되고 이들이 만들어 내는 데이터 혹은 정보는 향후 사업전략의 핵심이 된다는 것을 이해해야 한다. 그러기 위해서는 멤버십이 제공하는 혜택이 충분히 커야 한다.

너무 친절한 큐레이션

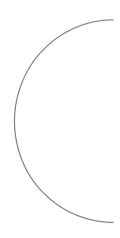

큐레이션은 고객에게 추천이라는 서비스를 제공한다는 의미에서 언제나 매력적인 구독의 도구이다. 하지만 정기배송이나 멤버십과 마찬가지로 큐레이션이라는 구독 도구 역시 이제는 밋밋한 상품추천이나 어디서든 볼 수 있는 인공지능^Artificial Intelligence, AI 기반 추천만으로는 고객과 관계 맺기가 힘들다.

소비자 입장에서 큐레이션이 주는 가치는 두 가지로 생각해 볼 수 있다. 첫 번째는 선택의 귀찮음을 줄여주는 것이고 두 번째는 전문가의 추천을 통해 구매하는 제품/서비스의 카테고리에 대해 지식을 습득하고 취향을 만들어 나가는 것이다. 다시 말해 두 번째 가치는 친절한 가이드를 받아가면서 브랜드의 충성고객, 즉 마니아로 성장하는 즐거움이라 할 수 있다. 기업 입장에서는 가장 적극적인 형태의 고객과의 관계 맺기이다.

알고리즘을 활용한 큐레이션들이 그간의 기대만큼 만능 솔루션이 되지는 못한 이유는 그런 의미에서 고객과의 관계 맺기에 실패했기 때문일 것이다. 빅데이터를 갖춘 다음 AI 알고

리즘을 활용하면 무엇이든 최적화가 되고, 고객이 원하는 바로 그것을 제공할 수 있으리라 생각했던 환상이 생각만큼 쉽게 이뤄지지 못했던 것이다. 이것은 결국 우리의 구매 행위가 그렇게 단순하지만은 않았기 때문이다. 기업 입장에서는 고객이 제품을 고르고 돈만 지불하고 가면 그만이라 생각할 수 있지만, 고객은 상품을 고르는 과정에서 그 이상의 경험을 얻고 싶어 하기 때문이다. 나이키의 브랜드 스토리를 듣고 내가 사는 상품이 지닌 숨겨진 이야기를 들으면서 공감하고 싶은 것이 고객의 마음이다. 필자는 최근에 '나이키 에어맥스 95 Fig5.Cork'라는 제품을 구매했는데, 전체 재료의 20%를 친환경 소재로 만들었다는 스토리가 좋았기 때문이었다. 물론 그린을 상징하는 나뭇잎이 그려진 디자인도 여름 감각에 적절했다.

결국 큐레이션은 단순히 상품을 추천하는 그런 행위로 한정되지 않는다. 진정한 브랜드 마니아를 만들어가는 가장 적극적이면서 친밀한 구독의 방법이다.

따라서 현실적으로 가장 의미 있는 큐레이션은 오프라인 매장에서 전

문가가 제공하는 조언이다. 이보다 더 훌륭한 큐레이션이 존재할 수는 없다. 그래서 구독전략을 실험하고 있는 브랜드 기업들은 온오프라인을 모두 동원해서 고객의 고민을 들어보려 노력한다. 나이키가 스니커즈바 Sneakers Bar나 엑스퍼트 스튜디오Expert Studio를 운영하는 것이 가장 모범적인 모습이다.

스니커즈바는 그 이름이 의미하는 것처럼 고객에게 가장 적합한 운동화를 추천해주는 공간으로 나이키 라이브에도 존재한다. 대형매장이 아닌 소규모 직영망인 나이키 라이브에 상담기능을 강화한 것을 보면 고객과의 직접적인 커뮤니케이션을 얼마나 중요하게 생각하고 있는지 알 수 있다. 사전예약이 필수이고 1대1로 운동에 대한 상담을 무료로 제공하는 엑스퍼트 스튜디오는 NHI에서만 제공하기 때문에 기회는 한정적이지만, 나이키가 운동과 건강이라는 단어를 자신의 상징으로 만들어가겠다는

의지의 표출로 보인다. 즉 고객은 가장 전문적인 도움을 받으면서 충성심을 쌓아가게 된다.

미래의 나이키라 불리는 룰루레몬은 모든 오프라인 매장 직원을 에듀케이터^{Educator}라 부른다. 번역하면 교육자인데 즉 단순히 상품을 판매하는 직원이 아니라 운동이라는 영역에서 나에게 조언을 제공할 수 있는 전문가라는 인식을 주는 것이다. 실제로 삼성동 매장을 방문해보니 개인적인 느낌일지는 몰라도 뭔가 전문가다운 포스가 느껴졌다. 물론 다양한 질문에 전문적인 답변을 받을 수도 있었다.

나이키나 룰루레몬과 달리 오프라인 매장을 갖지 못하는 기업들도 구독전략에서 인간이 직접 관여하는 큐레이션을 많이 활용한다. 미국의 안경 제조사인 와비파커^{Warby Parker}는 큐레이션의 성공사례로 유명하다. 와비파커의 대상상품은 안경이다. 안경의 평균 구매빈도가 2년이라고 하니, 고객이 한 번 구입하고 나면 2년 후에나 다시 돌아온다는 뜻이다. 그만큼 고객은 안경을 구매하는 데 어려움을 갖고 있다는 의미이다. 즉 누군가의 도움이 필요하다. 와비파커는 이 니즈에 대응하기 위해 고객서비스팀, 전문 콜센터를 운영한다. 인터넷으로 안경을 구매하는 고객은 질문이 많기에 이에 대응하기 위한 팀이다. 이들은 모두 안경에 대한 전문가일 것이므로 고객은 자신이 가진 안경에 대한 모든 궁금증을 통화를 통해 해결하려 할 것이다. 큐레이션이라는 오프라인 안경점이라면 아주 쉽게 해결했을 서비스를 와비파커는 온라인에서 자신의 경쟁력으로 사용하고 있는 것이다. 이러한 사람을 통한 큐레이션과 더불어 와비파커는 고객의

선택을 통한 큐레이션을 함께 제공한다.

고객이 앱에서 안경테를 5개 고르면 와비파커는 그것을 집으로 배송해 준다. 실제로 착용해 보고 맘에 드는 것을 선택하게 하려는 프로세스이다. 물론 카메라를 통해 얼굴 형태를 인식하고 적합한 안경테를 추천한다. 얼마나 만족스러운 추천이 이루어질 것인가는 다른 이야기이고, 인공지능이라는 기술을 기반으로 얼굴형에 적합한 안경테를 추천하는 것은 현재의 기술로는 그리 어렵지 않다.

와비파커 큐레이션의 특징은 5개의 후보를 무료로 배송하여 직접 착용할 기회를 준다는 점이다. 물론 이 시착을 위한 배송비와 반송비는 모두 와비파커에서 부담한다. 안경테라는 산업은 산업구조상 엄청난 유통마진으로 유명하다. 시장에 개선요구^{Pain point}가 존재하고 있었던 것이다. 이를 와비파커는 극도로 친절한 큐레이션으로 극복해 냈다. 가격 또한 95 달러로 합리적이다.* 와비파커는 안경테와 같이 아주 다양한 디자인이 가능할 경우에는 제조사의 큐레이션도 가능함을 입증한 사례이다. 물론 성공적인 큐레이션이 되기 위해서는 무엇보다도 그 설계 자체가 파격적이어야 한다.

조금은 역설적이지만 와비파커가 시장에서 유명해지고 나서 시작한 것은 오프라인 매장을 여는 것이었다. 그리고 또 하나의 역설은 오프라인 매장이 들어서는 곳에서의 온라인 매출이 증가했다는 점이다. 오프라인 매장은 분명 훌륭한 전문가의 큐레이션이 가능한 곳이다. 단지 기존의 오프라인 매장은 합리적이지 않은 가격으로 고객의 신뢰를 받지 못했을 따름이다.

한국의 구독사례 중에 '월간 가슴'이라는 속옷 구독 서비스가 있다. 필자가 직접 사용할 수 없는 여성 대상 서비스라 연구원을 통해 구독해 본 결과는 긍정 반 부정 반이었다. 가입과 동시에 개인 사이즈에 대한 정보 제공, 측정용 키트 제공을 통한 상세 사이즈 제공, 첫 상품 수령 후 추가적인 정보 제공 등 속옷이라는 정보가 부족한 영역에서 다양한 방식으로 충분한 정보를 확보하려는 노력은 훌륭하다. 그러나 4개월의 구독기간 동안 상품에 만족한 경우가 2회, 즉 50%에 불과했으니 훌륭한 큐레이션으로는 보기 힘들다. 만약 와비파커와 같이 3개 아니 2개의 상품을 배송

---

* 와비파커의 창업자가 안경을 잃어버리고 새로 구입하려 했을 때 안경테의 가격이 250달러 수준이었는데, 이 높은 가격이 창업의 동기가 되었다고 한다.

하고 반송하는 프로세스를 넣었다면 어땠을까 하는 생각이 든다. 월간가습도 속옷을 직접 제작하는 제조사라면 충분히 가능했을 것이다.

구매의 과정에 전문가의 도움이 요구되는 영역에서 큐레이션은 분명히 좋은 도구로 작동한다. 그리고 그 도움이 적절하게 작용했다면 고객과 관계를 맺었다고 볼 수 있다. 안경의 구매 주기가 비록 2년이더라도 와비파커는 높은 재구매율과 기존 고객의 추천 비율을 자랑한다. 나이키가 오프라인 매장을 변화시키면서 가장 중점을 둔 것은 상담이 가능한 장소의 마련이었다. 그 장소는 신발이나 스포츠웨어에 대한 상담이 아니라 운동 그 자체에 대한 상담을 위한 곳이었다. 많은 사람들이 큐레이션을 이제는 아주 당연히 인공지능이 담당하는 영역으로 생각하고 있다. 매달 구매하는 상품이라면 고객도 상품에 대한 높은 지식을 가지고 있을 수 있고 또 구매를 위한 정보를 탐색할 수도 있다. 하지만 안경테나 매트리스, 자동차와 같은 구매 빈도가 아주 낮은 상품의 경우라면 전문가의 도움은 관계를 만들어 내는 데 핵심적인 역할을 한다.

유통사업자의 큐레이션

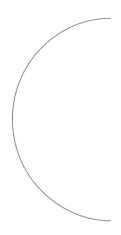

현실세계에서 큐레이션은 여전히 유통사업자의 영역이다. 한국에서도 화장품, 전통주, 꽃 등등 다양한 유통 영역에서 큐레이션을 기반으로 한 구독사업자들이 나타나고 있다. 이들은 자신이 제조하는 상품이 없이 다양한 상품을 소싱하여 고객에게 자신의 전문성을 바탕으로 큐레이션을 제공하고 있다. 문제는 이들이 제공하는 가치가 큐레이션에 한정된다는 점이다. 직영망이 주는 혜택에서 이야기했지만 구독의 진정한 가치는 전체 시장을 이해하면서 나타나는 재고절감, 원가절감에 있는데, 직접 생산을 하지 않는 유통사업자는 이러한 구독이 주는 진정한 실익을 누릴 수 없다.

쿠팡이나 아마존과 같은 유통사업자들이 큐레이션이라는 시장에의 참여보다 자신의 프라이빗 브랜드를 만드는 선택을 하는 것도 그런 이유 때문이다. 유통망이 큐레이션을 PB 영역에 제공하는 순간 제조기업이 누리는 재고절감, 원가절감의 혜택이 바로 나타난다. 더욱이 이제는 공룡이 되어 버린 종합유통 플랫폼에서 제공하는 큐레이션은 고객이 볼 때 당연히 제공해야 하는 서비스일 뿐이다. 그것을 무언가 대가를 받고 제공하는 서비스로 인정하는 고객은 없다.

이러한 유통의 구독을 의류에 적용한 것이 스티치픽스^{Stich Fix}이다. 스티치픽스는 스타일리스트의 조언을 바탕으로 5종의 옷을 보내어 준 뒤 그중 한 개 이상을 구입하게 하는 거래방식을 갖고 있다. 가입 후 스타일과 취향, 예산 등에 대한 설문이 진행되고 20달러라는 스타일링 비용이 지불되면 한 달에 한 번씩 5개의 옷이 인공지능과 전문가의 선택을 통해 배달된다.[*] 소비자는 3일 안에 배달된 옷을 입어 보고 맘에 드는 상품을 선택하면 된다. 고객이 상품을 지속적으로 구매하면 데이터는 분명 누적될 것이고 인공지능과 전문가의 추천능력은 올라갈 것이다. 하지만 스티치픽스가 갖고 있는 큐레이션의 가치는 추천의 정확성과 더불어 '5'라는 숫자에 있다.

다양한 브랜드의 옷을 다루는 유통사업자로서는 고객의 마음에 쏙 드는 상품을 선정하는 것이 쉽지 않은 일일 것이다. 하지만 스티치픽스로부터 배송을 시작한다는 메시지를 받은 고객의 감정을 상상해 보자. 배송된 상자를 열어 보는 즐거움은 누군가로부터 선물을 받는 그런 느낌일 것이

---

[*] 배송된 5개의 옷 중 한 개라도 구매하면 20달러의 스타일링 비용은 환불된다.

다. 하지만 패션에는 분명 취향이 있고 트렌드가 있다. 그 취향과 트렌드를 5번의 기회로 맞추지 못한다면 패션 업계를 떠나는 것이 옳을 것이다.

와비파커와 스티치픽스가 갖는 공통점은 '5'라는 숫자에 있다. 옷이든 안경테든 5라는 숫자는 실패의 가능성을 많이 낮춰 준다. 우리는 추천을 이야기할 때 언제나 전문가와 인공지능을 이야기한다. 하지만 넷플릭스는 언제나 현재 가장 인기 있는 영화를 모두에게 가장 먼저 추천하고, 넷플릭스가 한 화면에서 추천하고 있는 영화도 모바일에서는 3편, PC에서는 6편이라는 사실도 알아야 한다. 충분히 친절한 큐레이션은 실패하지 않는다.

넷플릭스는 PC의 한 화면에서 6편의 영화를 추천한다.

해지의 자유로움

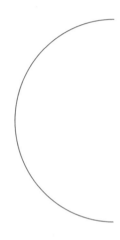

구독전략에 있어서 고객과의 관계 맺기는 가장 핵심적인 영역이다. 하지만 이 글의 처음에 이야기했듯이 구독은 고객의 입장에서는 구속이다. 물론 고객 스스로가 선택한 구속이다. 그런데 그 구독을 왜곡시키는 요소가 있다. 바로 해지의 제한이다. 고객은 정기적으로 구매를 약속했다. 그런데 어느 순간 상품이 맘에 들지 않는다. 그렇다면 해지는 자연스런 의사결정이다. 해지라는 결정의 원인인 '불만족'은 공급자인 기업이 제공했고 그 결과가 해지이니 기업은 이를 흔쾌히 받아들여야 한다. 구독전략이 실행이 아닌 과거의 사업방식에서 보면 불만족한 고객을 다시 잡는 것은 반드시 필요한 일이다. 이를 '해지방어'라 부르기도 한다. 하지만 해지방어가 의미하는 것은 해지의 원인인 서비스 그 자체의 개선이 아니기에 고객에게는 그저 번거로운 해명에 불과하다. 특히 자기주장이 강한 요즘 세대에게는 더더욱 그렇게 보일 것이다. 이런 이유로 구독전략에 있어서 '자유로운 해지'는 필수조건이 되어야 한다.

구독의 설계에 있어서 해지는 서비스의 핵심으로 설계되어야 한다. 고객이 이제 기업과의 관계를 끊고 싶다고 판단하면 이를 친절하게 돕는 것 역시 구독의 서비스여야 한다. 한국의 대표적인 음악 구독 서비스인 '멜론'을 보면 해지가 친절한 서비스가 아닌 것을 알 수 있다. 어느 블로거의 글을 보면 "질척거린다"라는 표현으로 일관하고 있다. 고객이 해지를 마음먹었더라도 방법을 찾기 불가능하도록 철저히 숨겨 놓았던 과거보다는 조금 나아졌지만 아직도 해지를 위해서는 10번 이상의 클릭이 필요하다. 아직도 많이 숨겨 두고 있고, 특히 모바일에 익숙하지 않은 고객이 해지하는 것은 매우 어렵다. 이러한 해지방어는 마케팅을 통해 모은 고객을 쉽게 잃고 싶지 않다는 표현으로 들린다. 하지만 구독은 고객과의 관계를 만드는 것이다. 고객에게 신용카드를 돌려주지 않는 것이 목표가 되어서는 안 된다.

물론 멜론의 해지에 따른 불이익은 존재하지 않는다. 즉 해지라는 결정이 비용을 수반하지 않는다. 이런 면에서 모든 구독전략의 성공사례들은 동일하다. 해지 과정이 어렵다는 것과 해지에 비용이 수반된다는 것은 다른 이야기이다.

해지가 불가능한, 혹은 해지에 비용이 수반되는 구독의 대표적인 예가 바로 '렌탈'이다. 아니 렌탈을 구독의 한 종류로 정의하고 싶지도 않다. 다만 한국에서는 렌탈이 이미 구독의 대표사례로 자리 잡았기에 렌탈이 해지라는 관점에서 어떤 의미를 갖고 있는지 살펴보자.

렌탈은 분명히 고객과의 직접적인 관계 맺기로 시작된다. 정수기 제조사가 고객과 직접 계약하므로 분명히 직접적 관계 맺기이다. 계약에 의해 2년 혹은 3년의 사용계약을 맺는다. 그리고 한두 달에 한 번씩 고객을 방문하여 정수기를 관리해 준다. 모양새로 보면 분명히 구독전략의 전형적인 모습이다. 하지만 여기서 우리가 관심을 두어야 할 영역은 바로 해지의 가능성이다. 모든 정수기 렌탈 계약은 해지가 가능하다. 가능하지만 해지를 위해서는 정수기의 계약가격을 지불해야 한다. 앞에서 언급된 성공한 구독전략의 사례들에서는 해지비용이 전혀 없다는 것과 큰 차이를 보인다.

렌탈은 일종의 상품 대금을 나누어 받으면서 추가적으로 서비스를 제공하는 서비스이다. 따라서 상품을 판매하는 시점에서 회계장부에 어떻게 정리하는가를 보면 그 서비스의 본질을 알 수 있다. 렌탈 회사들은 렌탈로 판매된 상품을 매출로 인식하고 아직 받지 못한 대금은 일종의 대출자산으로 정리한다. 은행의 대출상환과 유사하다. 매달 고객으로부터 월사용료를 받아 이 대출을 차감해 나가는 방식이다. 렌탈 사업을 영위하는 LG전자의 사업보고서를 보면 이러한 렌탈 사업을 '해지불가능운용리스 계약'으로 기재하고 있다. 기업의 입장에서는 불량채권이 발생하지 않는 자산이라는 의미이다. 정확히 '해지불가능'이라는 단어를 사용하고 있다.

만약 해지가 가능하다면 어떤 일이 발생할까? 먼저 고객이 사용하던 상품이 중고의 형태로 기업에게 돌아올 것이다. 이미 팔려 나간 상품이 돌아온 것이기에 회계상으로는 기업이 이를 처리할 수 있는 방법은 없다. 반품이 아니기 때문이다. 물론 자산으로 잡고 있던 대출은 이제 더 이상 자산이 아니다. 더 이상 대출상환이 이루어질 수 없기 때문이다. 따라서 렌탈한 고객은 남아 있는 대출을 모두 갚은 후에야 렌탈 해지가 가능하다. 어떤 각도에서 보더라도 우리가 생각하는 고객과의 관계 맺기와는 거리가 있어 보인다. 물론 렌탈 서비스가 정상적으로 활용된다면 구매 시의 자금부담을 줄여 준다는 면에서 고객입장이나 기업입장에서 모두 좋은 관계가 될 수도 있겠지만, 렌탈을 구독전략의 한 종류로 구분하는 것은 구독이 지향하는 방향성을 모호하게 만들 따름이다.

제조기업의 고객과 진정한 관계 맺기

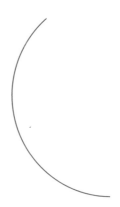

우리가 익히 알고 있는 서비스업은 본질적으로 고객과 관계를 맺고 있다. 통신업이나 방송업이 가입자라는 단어를 사용하는 것만 보아도 이미 고객과 관계를 맺고 있음을 알 수 있다. 또한 업의 본질이 서비스이기에 고객과 기업 사이에 중간자를 두지도 않는다. 그러기에 관계 맺기라는 단계에서 가장 어려움을 겪게 되는 대상은 제조를 업으로 삼는 기업이다.

제조기업이 기존에 함께 일했던 유통망과의 관계를 단절하는 것은 무척 어려운 일일 것이다. 하지만 고객과 새로운 관계를 맺는 것은 더 어렵다. 이 과정이 어려운 이유는 기업이 기존에는 해 오지 않았던 일이기 때문이다. 제조업만을 해 오던 기업이 고객과 만나는 서비스업을 하는 것은 무척 어렵다. 대부분의 매출은 총판에 맡기고 소수의 직영점만을 운영하는 것과, 전면적으로 모든 고객관리를 직접 담당하는 것은 차원이 다른 일이다. 책의 앞부분에서 언급한 것처럼 현대자동차가 구독전략을 선택한다면 스스로가 모빌리티 서비스를 제공하는 서비스 사업자가 되는 것이다. 삼성전자가 해지가능한 렌탈 사업을 본격화한다면 이 역시 마찬가지이다.

서비스업과 제조업은 완전히 다른 DNA를 요구한다. 그런데 시장은 완벽한 제품이 아니라 만족스러운 서비스를 원하기에 제조기업의 마인드로 구독이라는 서비스를 운영하는 것은 불가능에 가깝다. 따라서 구독전략의 수행을 위해서는 조직상의 강력한 변화가 필요하다.*

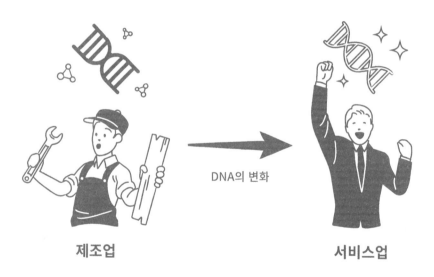

DNA의 변화

제조업　　　　　　　　　　　**서비스업**

---

* 일반적으로 제조기업의 목표는 완벽한 상품을 만드는 것이지 소비자가 만족할 상품을 만드는 것이 아니다.

롯데제과는 롯데ON이라는 롯데그룹 전체의 온라인 몰과는 별개로 스위트몰이라는 온라인 스토어를 열고 구독 서비스를 제공하기 시작했다. 롯데제과에서 만든 '월간과자'라는 구독상품은 홈쇼핑에서 판매되어* 1시간 만에 완판되었다. 상품의 가격은 만 원이었는데, 인터넷 최저가 기준으로 박스 안에 담긴 상품들의 가격을 계산해 보니 12,280원이 나왔다고 하니 가격 면에서도 어느 정도 매력이 있었다. 아이들이 있는 집이나 과자를 좋아하는 고객에게는 재미있는 구독 설계였을 것으로 보인다. 기사를 보면 향후 과자만이 아니라 빙과류, 빵 등을 포함한 통합구독으로 발전시키겠다고 한다.

하지만 실제 서비스로 들어가 보면 아쉬운 부분들이 많이 보인다. 먼저 구독을 위해서 3개월의 선결제가 필요하다. 즉 3달은 구매에 대한 약속을 해야 한다는 '해지의 불가'라는 요구가 있다. 무슨 이유에서 이런 선결제를 요구했는지는 정확히 알 수 없지만 구독이라는 결정을 하는 데 장벽을 한 개 만들어 둔 것이다.

두 번째 문제는 결제에 있었다. 신용카드라는 단 하나의 결제 옵션만을 제공하고 있었고, 요즘 많이 이용되고 있는 간편결제는 어디에도 없었다. 구독이라는 개념에서 앞으로 정기결제를 해야 하기에 신용카드 번호를 가지고 있으려는 시도로 보인다. 하지만 역시 고객이 원하는 다양한 결제 방식이 존재하지 않는 것은 구독을 그냥 판매의 한 가지 방식으로 생각하

---

* 아마도 홍보를 위해 이벤트성으로 홈쇼핑이라는 채널을 이용한 것으로 추측된다.

고 있는 기존 제조기업의 모습이다.

심지어 결제의 마지막에는 공인인증서를 요구한다. 2021년부터 공인인증서라는 단어는 세상에서 사라졌는데 여기서 다시 만난 것이다. 결국 스위트몰의 정기구독을 포기하고 말았다. 사무실에서 공인인증서를 쓰지 않기 때문이기도 하고, 공인인증서를 은행도 아닌 과자를 사기 위해 제공하기 싫었기 때문이다.

서비스업 아니 온라인 커머스에서 고객을 만나는 과정을 고객여정이라고 한다. 기업의 모바일이나 온라인 사이트에서 가입부터 구매, 마지막 결제까지의 과정을 고객의 입장에서 경험하고 살펴보는 것을 의미한다. 상품을 만들어 유통망에 보내고 나면 끝나는 제조업에서 서비스업으로의 변신은 그만큼 어렵기에 행동은 신중해야 한다.

🔔 | 블랙야크의 구독전략

블랙야크는 한국의 아웃도어 브랜드이다. 1973년에 설립되어 히말라야 등정 산악인을 후원하기도 하는 정통 산악용품 제조기업이다. 2013년 블랙야크는 창립 40주년을 맞아서 산을 좋아하는 사람들의 커뮤니티를 만들어 보자고 하는 의도에서 BAC를 만든다. BAC는 Blackyak Alpine Club의 약어로, 국내의 명산들을 소개하고 같이 산행하기 위한 목적으로 기획되었다. 아웃도어를 만드는 기업이 기획한 평범한 커뮤니티로 보이지만, 구독이라는 관점에서 보면 블랙야크가 산악인들과 어떻게 관계를 만들어 가는지가 보인다.

처음에는 등반 프로젝트라는 개념으로 3천 명을 모집했다. 한국의 명산 40곳을 오르는 일종의 등반도전 프로젝트였다. 이듬해 1월부터는 '명산 100'으로 확대 개편하고 누구나 가입하도록 했다. 가입자 수는 차근차근 늘어났고, 이제는 회원수가 14만 명을 넘어서고 있다.

먼저 BAC는 인증이라는 장치를 기본적으로 갖고 있다. 즉 '명산 100'과 같이 좋은 산을 소개하는 동시에 산의 정상에 올랐다는 것을 인증할 수 있게 해 주는 것이다. 일종의 도장 깨기처럼 다양하고 많은 산을 가 보고 싶고 그것을 기록하고 싶은 산악인들의 갈증을 해결해 주는 앱이었다. 최근에 개편된 뒤로는 GPS 인증이 추가되어, 산 정상에서 앱을 켜면 자동으로 GPS 인증이 뜬다. 위치 기반으로 내가 정상에 있음을 확인해 주고, 추가적으로 정상 사진으로 등정을 인증해 준다. 첫번째 인증에 성공하면 20% 할인권을 보내 줘서 구매와 자연스레 연결시켜 준다. 물론 앱 내에 클럽샵이 있어서 상품 구매도 가능하다. 구독이라는 관점에서는 나이키가 만들어 놓은 런클럽과 유사하다.

나이키처럼 블랙야크도 원래는 고객과 한 번 거래를 하고 나면 관계가 단절되는 제조기업이었다. 하지만 이제는 BAC를 통해서 14만 명의 고객과 관계를 맺고 있다. 고객과의 직접적인 관계가 만들어진 것이다. 하지만 현재의 BAC는 마지막 '자주 만난다'는 면에서 아쉬운 점이 많다.

먼저 블랙야크는 전문적인 산악인들을 위한 등산용품을 만든다는 이미지를 선호하는 것으로 보인다. 평상시에 거의 할인을 하지 않는다는 점을 감안하면 20%라는 할인쿠폰이 작지 않은 가치이기는 하지만, 이 쿠폰을 한 번 받은 뒤 블랙야크와 BAC를 통해 다시 만나기 위해서는 50개의 산을 더 등반하고 인증해야 한다. 그 다음은 100좌이다. 가입을 했고 첫 인증을 했다는 것은 고객이 블랙야크와 관계 맺기를 자처한 것이다. 그런데 그 다음 만남이 너무 멀리 있다. 필자의 입장에서 50개의 산을 오른다는 것은 불가능에 가까운 목표이다. 이제는 젊은 친구들이 레깅스를 입고 산행을 하는 세상이다. 이들은 가깝고 어렵지 않은 산을 선호한다. 이들에게는 똑같은 산을 여러 번 가는 것도 같은 산행이기에, 게임이나 오락과 같이 이들을 산으로 불러들일 수 있는 보다 자연스러운 접근이 필요하다.

두 번째는 전문가인 BAC가 아무런 추천을 해 주지 않는다는 점이다. 처음에 하남에 있는 검단산을 다녀와서 필자에게 가장 큰 고민은 다음 목적지였다. 결국 네이버를 통한 검색을 통해 천마산을 선택해서 두 번째 산행과 인증을 했다. 이 과정에서 블랙야크는 필자에게 아무런 대화도 시도하지 않았다. 충분히 많은 정보가 있고 전문가들이 가득한 회사에서 초보자들을 위한 추천은 어렵지 않은 일이었을 것이다. 물론 시스템상으로 만드는 것도 어렵지 않았을 것이다. 구독은 고객과의 관계를 영구히 만드는 과정이라는 인식이 블랙야크에는 아직은 좀 더 필요해 보인다.

🔔 | 렌탈은 구독전략인가?

구독과 렌탈은 어떻게 구분될까? 구독을 일단 서비스 구독과 상품 구독으로 나눈다면 렌탈은 상품 구독의 한 형태로 볼 수 있다. 실물상품을 대상으로 한다는 측면에서 보면 구독과 렌탈은 거의 유사하기 때문이다. 하지만 렌탈과 구독 간에는 어마어마한 차이가 존재한다. 그 중 가장 큰 차이점인 '자유로운 해지 혹은 이탈'이라는 특징이 가장 먼저 이 둘을 구분해 준다.

일반적으로 구독 서비스가 자유로운 해지를 기본 요소로 갖고 있는 데 반해 렌탈에서의 해지는 구입금액 모두를 납입한 후에 가능한 옵션이기에 구매자에게는 징벌적 선택이다. 따라서 현재의 렌탈 사업을 구독 사업의 일종으로 인식하는 것은 무리가 있다. 구독이 갖고 있는 가장 기본적인 개념인 고객과의 관계의 유지가 렌탈에서는 첫 번째가 아닌 두 번째 고려 요소이기 때문이다. 렌탈에서의 첫 번째 고려 요소는 금융적 관점에서는 판매대금의 회수이다. 물론 그 과정에서 고객과의 관계가 악화되는 것도 감당해야 할 일부이다.

하지만 판매대금의 회수라는 요소를 금전거래에서 당연히 지켜야 할 것으로 가정하면 렌탈도 일종의 구독 서비스로 이야기할 수 있다. 이 관점에서 현재 한국에서 주목을 받고 있는 렌탈에 대해 이야기해 보자.

렌탈을 가장 기본적으로 나눈다면 B2B와 B2C를 들 수 있 있다. 기업을 대상으로 하는 렌탈B2B은 사무기기, 건설장비, 행사기기 등을 빌려주는 영역으로, AJ 네트웍스, 롯데렌탈, 한국렌탈 등이 주요 사업자로 존재한다. 시장 자체가 한정되어 있는 특정 업체들의 과점시장이다. 가장 일반적인 사례가 사무실에서 빌려 쓰는 복합기 시장이라고 이해하면 된다. 물론 수익성은 좋다. 하지만 일단 지금의 논의에서는 제외하겠다.

B2C 시장으로 넘어오면 코웨이를 중심으로 한 영업조직 기반의 렌탈사들이 눈에 보인다. 정수기, 비데 등을 다루는 코웨이, SK매직 같은 방문판매 중심의 렌탈사들이다. 이들은 일단 제품을 직접 제조한다. 최근 SK매직의 광고를 보면 정수기, 식기세척기 등의 제품광고에 집중되어 있다. 제품을 자체생산하기에 흡사 삼성, 엘지와 경쟁을 하는 것으로 보인다. 유통방식이 다르기에 직접적인 경쟁이라 할 수는 없지만 여전히 동일한 소비자를 대상으로 경쟁하고 있는 것은 맞다.

이들은 세 가지 영역에서 수익을 창출한다. 첫째는 제조 마진이고, 둘째는 렌탈 이자 수익, 마지막으로 관리 수익이다.

상품을 직접 제조하니 일단 기본적인 제조 마진을 남길 수 있다. 제조원가로 판매하는 기업은 없으니 말이다.

둘째는 일단 렌탈의 형태로 판매하면서 일정 수준의 이자를 남기는 것이다. 당장 현금으로 판매하는 것이 아니니 소비자들은 일정 수준의 이자를 수용할 자세가 되어 있다. 이 상품의 판매를 한 번에 매출 인식할 것인가 아니면 월 단위 렌탈비로 매출 인식할 것인가에 따라 이자에 대한 인식은 달라지겠지만, 제조업체가 판매를 위해 별도의 자금을 조달하지 않는다는 가정하에 상대적으로 낮은 수준의 이자 비용 책정이 가능하다. 하여튼 이자 수익은 훌륭한 수익이다.

셋째는 관리 수익인데, 이는 비용이자 수익이다. 코웨이는 많은 숫자(약 1만 5천 명)의 코디가 존재한다. 이들은 렌탈 상품을 판매할 뿐만 아니라 판매 후에도 소비자 혹은 가입자를 정기적으로 방문하여 설치된 렌탈 상품들을 관리한다. 이 관리의 과정에서 또 다른 수익이 발생하는데, 바로 정수기 필터의 교환과 같은 추가적인 부가상품의 판매이다. 필터는 하나당 2만 원의 가격인데 제조원가는 20~30% 수준일 테니 이 역시 수익이 발생한다. 코디에게 일정 수준의 수익을 만들어 줘야 한다는 관점에서 보면 이 추가적인 수익이 영업직원이자 관리직원인 코디라는 업종을 유지하기에 충분한지는 알 수 없다. 하지만 코디의 주수입이 판매수수료와 관리수수료라는 점, 그리고 코웨이가 4,500억 원이라는 영업이익을 만들어 내고 있다는 점을 보면 코디를 통해 수익을 내고 있다는 판단이 충분히 개연성이 있어 보인다. 즉 코디라는 직업은 영업과 관리를 통해 유지되면서 코웨이에게 관리 수익을 추가로 제공한다고 할 수 있다.

가장 대표적이면서 모범적인(많은 수익을 내는) 코웨이의 사례를 보면 렌탈이라는 사업모델이 어떤 곳에서 수익을 창출하는지 알 수 있다. 즉 제조, 금융, 관리 세 가지 영역에서 수익을 창출하고 있는 것이다. 이를 이해했으면 우리가 쉽게 접할 수 있는 현대캐피탈의 자동차 렌탈 모델을 살펴보도록 하자.

현대자동차는 자동차를 생산해서 판매한다. 제조업이고, 제조업의 마진율은 한 자리 수 초반의 영업이익률을 갖고 있다. 판매가 일어나는 시점에 현대캐피탈이 개입한다. 즉 수천만 원의 차량 대금을 할부로 납부할 수 있는 금융상품을 렌탈이라는 이름으로 판매한다. 이때 적용되는 이자율은 코웨이에서 적용하는 숫자보다 조금 낮은 2.6~3.1%이다. 일단 금액이 크고 자동차라는 자산 성격의 담보가 존재하기에 리스크가 낮아서 낮은 이자율이 적용된다. 현대자동차의 자회사인 현대캐피탈의 금융 소싱 비용이 얼마일지 모르지만 높은 신용도를 바탕으로 2%대로 조달이 된다면 훌륭한 사업이다. 현대자동차는 렌탈을 통해 추가적인 수익을 확보하는 것이다. 하지만 현대자동차는 관리라는 영역까지는 들어가지 못하고 있다. 물론 외부에서 보기에 블루핸즈라는 정비망은 현대자동차의 자회사처럼 보이겠지만, 이는 모두 정비업을 하는 자영업자를 현대가 지원하는 모델이기에 현대자동차의 사업은 제조, 렌탈에 한정된다.

또 다른 렌탈업의 형태는 최근에 떠오르는 할부 방식의 렌탈이다. 주로 홈쇼핑, 인터넷 쇼핑몰을 통해 판매되는데, 고가의 가전제품을 할부 형태로 판매하는 것이다. 냉장고, 세탁기, 건조기, TV, 안마의자, 침대 등 고가의 제품을 렌탈로 살 수 있다. 이 렌탈 방식이 과거의 카드할부나 무이자할부 상품과 다른 점은 무엇일까? 소비자 입장에서는 카드할부보다 렌탈이 더 낮은 이자율을 제공한다면 렌탈을 통한 구입이 의미 있을 것이다. 무료 서비스가 제공되고 AS 기간을 지나서도 무상 수리가 된다는 점까지 감안하면 더욱 렌탈이 현명한 선택일 수 있어 보인다. 물론 이 경우는 실구입비용과 렌탈에 적용되는 소비자가가 동일하다는 전제가 있다.

일부 품목에 대해서는 10% 수준까지 올라가기도 하지만 현재 일반적인 렌탈 이자율은 4~5% 수준이다. 4~5%라는 렌탈 이자율은 소비자를 기준으로 산출한 것으로, 대부분의 가전제품에서 발생하는 유통과정에서의 할인을 제외한 이자율이다. 즉 실판매가를 기준으로 계산하면 이자율은 평균 10~20%까지 올라간다. 상당한 고리의 금융상품과 가전제품의 판매가 결합된 모습이다. 아래 안마의자의 렌탈 이자율에 대한 소비자협회의 비교평가를 보면 그 형태가 보다 명확히 드러난다.

소협 측은 "소유권 이전형 렌탈의 경우 약정기간 동안 렌탈비를 상환하는 방식이므로 렌탈과 일시불의 가격차는 소비자 입장에서는 할부거래에 대한 이자로 인식된다"고 설명했다. 이어 "원리금 균등상환 이자율 계산 방식에 따라 일시불 가격, 약정개월수, 월 렌탈료를 각각 대출원금, 상환횟수, 1회 상환원리금으로 가정하면 바디프렌즈의 퍼스트레이디와 프레지던트 플러스의 렌탈 할부이자율은 연 9.4%로 산출되고, 나머지 4개 제품 역시 6.4~10.2%의 이자율로 분석된다"며 "현재 저금리 기조인데다 제1금융권의 대출금리가 3%대인 것을 감안할 때 대출을 받아 구입하는 것이 더 저렴하다"고 제언했다.

물론 대출을 통해 가전제품을 구입한다는 시나리오는 현실적이지 못하다. 할부렌탈은 이런 번거로움을 공략해서 제품의 판매와 대출이라는 두 가지 요소를 결합해 놓고 이자율로 수익을 확보하는 모델이기 때문이다. 물론 이자율 외에 서비스 관리 모델로 수익을 창출할 수도 있지만 여기에는 한계가 있어 보인다. 먼저 제조업자가 아니기에 AS나 추가적인 서비스의 제공이 쉽지 않다. 그리고 서비스 제공을 위한 인력풀을 확보하는 것도 충분한 소득을 보장해 주지 못하기에 쉽지 않다. 할부이자라는 수익모델에서 비용을 만들어 운영해야 하기 때문이다. 결국 제조사가 아닌 유통 형태의 할부렌탈 모델은 기존 영업망을 가지지 못한 중소기업 제품에게 시장기회를 만들어 줄 수 있는 새로운 유통 모델로 자리 잡을 듯하다.

앞에서 이야기한 3가지 렌탈 모델을 보았을 때, 구독이라는 관점을 유지하고 있는 모델로는 코웨이와 같이 영업, 관리 조직을 가진 형태만이 적합해 보인다. 현대자동차의 구독 서비스나 유통형 렌탈은 고객과의 관계가 렌탈계약과 동시에 단절되므로 구독이라 이야기하기 어렵다. 물론 현대자동차도 현대 셀렉션^{Hyundai Selection}과 같은 조금 진보된 구독 모델을 지속적으로 시도하고 있다. 렌탈은 지극히 한국적이면서 구독이라는 현재의 흐름을 수용할 수 있는 준비된 모델이다. 하지만 여전히 해지가 자유롭지 않다는 점에서 진정한 의미의 구독이라고는 할 수 없다.

렌탈 비즈니스에 대해 구구절절 설명하는 것은, 렌탈은 구독전략이 아닌 하나의 사업모델이라는 점을 설명하기 위함이다. 무엇보다도 렌탈은 구독전략이 추구하는 고객 네트워크 형성을 최우선적인 목표로 갖고 있지 않다. 적어도 현재의 렌탈 사업은 그렇다. 렌탈이라는 사업모델은 정수기와 같이 설치, 관리가 필요한 상품에 한정된 특이한 사업모델이다. 그래서 사업의 핵심은 높은 가치를 제공하는 상품설계에 있는 것이 아니라 이 네트워크를 관리하는 '코디'들의 역량에 있다. 비록 상품의 가격이 '합리적으로' 계산하면 비싸고 중도에 해지하는 것이 어렵더라도, 누군가가 나의 먹는 물을 관리해 준다는 가치가 있기에 렌탈이 성립되고 있는 것이다.

6 장

자주 만나라

고객 네트워크를 만들자

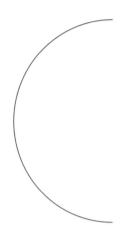

고객과 밀접한 관계 맺기에 성공했다면 이제는 그 관계를 보다 가치롭게 만드는 일이 남았다. 즉 이제 고객 네트워크를 만들어 내야 하는 단계가 된 것이다. 그러기 위해서는 자주 만나야 한다. 아무리 단단한 관계를 만들어냈다 해도 고객과의 만남이 제한적이라면 고품질의 네트워크를 만드는 것은 어렵기 때문이다. 구독전략의 목적은 고객을 잘 이해하고 이를 사업에 적용하는 것이기에 잦은 만남을 통해서 고객을 잘 이해할 수 있는 데이터의 축적이 필요하다.

하지만 디지털 콘텐츠의 구독이 아닌 이상 고객과 '자주 만나기'는 쉽지 않다. 특히 구독의 대상 상품이 실물상품일 경우 그 빈도에 '자주'라는 단어를 붙이는 것은 매우 어렵다. 또한 자주 사는 상품이라면 데이터로의 가치가 떨어진다는 역설이 존재한다. 자동차와 생수를 비교해보면 쉽

게 이해할 수 있다. 따라서 자주 만나기 위해서는 나의 고객이 누구인가를 명확히 해야 할 뿐만 아니라 내가 알고자 하는 데이터가 무엇인지도 명확히 해야 한다. 다시 한 번 강조하지만 우리가 고객 네트워크를 통해 얻고자 하는 것은 고객 개개인을 위한 정보가 아닌 시장에 대한 인사이트이다.

고객과 시장 데이터에는 두 가지 종류가 있다. 첫 번째는 개개인별로 수집된 추천을 위한 데이터로, 하나하나의 고객에게 가장 적합한 제안을 해주기 위한 데이터이다. 개인화를 위한 데이터이고 이 역시 물론 중요하다. 하지만 브랜드들이 집중해야 할 곳은 두 번째인 시장 데이터이다. 내가 갖고 있는 고객 네트워크가 알려주는 시장 전체에 대한 인사이트가 바로 그것이다.

개별적인 고객 개개에 대해 브랜드들이 플랫폼보다 더 자세하고 정교하게 알 수는 없다. 근본적으로 갖고 있는 데이터가 다르기 때문이다. 하지만 고품질의 고객 네트워크를 만들어 냄으로써 브랜드가 가질 수 있는 최고의 데이터는 시장의 변화를 말해주는 그런 데이터다. 전문가로서 이미 시장을 이해하고 있고 시장에서 벌어지고 있는 모든 현상을 바라보고 있기에 나이키가 새롭게 얻게 되는 데이터는 미래에 나이키의 시장이 어떻게 변할 것인가를 예측할 수 있는 가장 중요한 정보원인 것이다. 그리고 고객과 자주 만나는 이유는 이 데이터의 품질을 올리기 위함이다. 이 목적을 이해하는 순간 고객 데이터를 모으고 품질을 올리는 데 할 수 있는 모든 노력을 투자해야 하는 것은 분명하다.

고객을 다시 정의하자

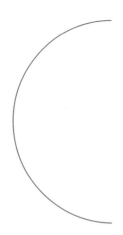

자주 만난다는 관점에서 가장 먼저 필요한 일은 고객에 대한 정의를 다시 하는 것이다. 여기서 고객 정의는 고객 네트워크 구축을 위한 정의이다. 즉 고객 네트워크 구축을 위해서 가장 먼저 해야 하는 것이 어떤 고객을 나의 구독전략의 대상으로 할 것인가를 정하는 것이다.

한국의 인구는 대략 5천만 명이다. 경제활동인구만을 보아도 대략 4천만 명 수준이 될 것이다. 그런데 회원을 2천만 명씩 갖고 있는 서비스가 많다. 전통적인 은행처럼 사업의 연혁이 오래된 까닭도 있고 제공하는 가치가 편리해서 단기간 내에 많은 고객을 모아낸 서비스도 있다. 하지만 이 숫자가 갖고 있는 오류를 직시해야 한다. 특히 구독전략을 실행할 경우 고객의 정의를 제대로 하는 것이 필수적이다. 그저 숫자만 몇 천만 명인 것은 이제 의미가 없을 뿐더러 고객 네트워크 형성에 장애가 될 뿐이다.

토스는 현재 1,800만 명의 회원을 갖고 있다. 토스가 제공하는 송금 서비스는 너무도 간편하기에 단기간에 1,800만이라는 회원을 모을 수 있었고, 이를 바탕으로 신용조회 서비스, 보험청구 서비스 등을 회원들에게 제공했다. 즉 고객과 직접적인 만남이 이뤄진 것이다. 앱이 고객의 스마트폰에 설치되었고 종종 송금을 위해 혹은 보험처리를 위해 토스가 사용되었다. 하지만 아직은 정규적인 관계설정이 되지 않았다. 현재 토스가 제공하는 서비스들은 토스와 고객 간의 관계라고 규정하기에는 너무도 간헐적이기 때문이다.

그런데 토스는 토스증권의 출시에 맞춰 모든 고객에게 무료로 주식을 제공했다.*

개설 주식구좌수를 단기간 내에 확보하려는 노력으로는 의미가 있지만 고객 네트워크라는 맥락에서 보면 낭비라는 느낌이 든다. 어쩌면 1,800만 명이라는 고객이 토스에게는 향후 사업을 전개해감에 있어 무거운 짐이 될 수도 있을 것이다.

토스는 그런 맥락에서 과거의 메신저 '네이트온'과 유사하다. 네이트온은 2천만 명이라는 가입자를 갖고 있었고 동시에 7백만 명이 접속하던 서비스였다. 하지만 이 서비스를 통해 축적되는 데이터는 거의 없었고 새로운 서비스를 붙여 가기에도 기존 고객들의 사용성이 부담스러웠다. 결국 네이트온은 거의 아무것도 해보지 못하고 카카오톡에게 자리를 내주

---

* 물론 선착순이라는 제한이 있었지만 주위의 권유를 통해 한 주 혹은 두 주의 주식을 받으려고 시도한 사람들 중에 실패한 사람은 한 명도 없었다.

었다.

　결론적으로 고객에 대한 재정의가 필요하다. 쿠팡은 2021년 미국 거래소에 상장하면서 몇 가지 중요한 사실을 발표했다. 첫째는 적자폭이 줄었다는 점이고 둘째는 연간 거래액이 20조 원을 넘었다는 점이다. 하지만 이보다 더 중요한 정보는 2020년 쿠팡에서 상품을 한 개라도 구매한 고객이 1,485만 명이라는 사실과 그 중 32%인 470만 명이 로켓와우 회원이라는 점이다. 로켓와우 회원은 한달에 2,900원을 지불하고 로켓배송 대상상품의 무료배송을 즐긴다. 아마존이 아마존 프라임을 통해 고객을 Lock-in시켰던 것과 동일한 방식을 쿠팡이 모방해 운영해 왔고 그 결과 470만 명이라는 쿠팡의 충성고객을 모은 것이다. 쿠팡은 이 470만 명의 고객 네트워크를 열심히 연구하고 분석할 것이고 이 데이터는 쿠팡의 미래를 준비하는 기반이 될 것이다. 쇼핑의 필수과정으로 네이버의 가격비교가 존재하는 한국의 전자상거래 시장에서 470만 명만은 분명한 쿠팡의 고객이기 때문이다.*

　고객 네트워크를 설계하는 것은 의미 있는 시장과 고객에 대한 인사이트를 읽어 낼 수 있는 원천을 설계하는 일이다. 그래서 고객에 대한 정의가 중요하고 그 네트워크의 품질을 올리기 위한 접촉이 중요한 것이다. 먼저 기업 입장에서 고객 네트워크에 포함시켜야 할 고객의 기본 조건을

---

* 　한국의 전자상거래 시장이 플랫폼의 교차네트워크 효과가 충분히 발휘되지 못하는 이유는 네이버라는 포탈의 상품검색, 가격비교검색이 존재하기 때문이다. 이에 대해서는 필자의 전작 《플랫폼의 생각법 2.0》 6장 '한국의 플랫폼'을 참조하기 바란다.

정해야 한다. 이벤트 할인을 통해 일 년에 한번 나이키를 구매하는 고객을 네트워크에 포함시킬지 결정해야 하는 것이다.

나이키의 트레이닝 클럽에 가입하고 매주 운동을 하고 있는 고객이나 SNKRS 앱의 추첨에 매주 참가하는 고객이라면 네트워크에 포함시켜야할 것이다. 물론 쿠팡의 470만이라는 로켓와우 고객이나 이베이 코리아의 스마일 클럽 고객 270만은 유료 멤버십이라는 관점에서 고객 네트워크를 정의하는 것이 편리하다. 넷플릭스가 2억 명의 고객을 갖고 있지만이 전체 고객을 신규 콘텐츠 기획을 위한 대상으로 삼는지는 알 수 없다. 다만 2억 명 전체는 아닐 것이다. 콘텐츠의 종류, 지역에 따라 다른 종류의 고객 네트워크를 정의할 것으로 보인다.

구독전략의 목표는 고객 네트워크를 만드는 것이고 그 마지막은 고객네트워크의 품질을 지속적으로 올리는 것이다. 그러기 위해서는 고객 네트워크를 의미 있는 규모로 한정해야 한다. 고객 네트워크를 만드는 이유는 시장을 이해하기 위함이지 보여주기 혹은 신규투자를 받기 위함이 아니기 때문이다.

고객 네트워크의 정의

고객을 재정의하고 나면 이제 고객과 자주 만날 방법을 만들어야 한다. 고객 접점이 있다면 자연스레 고객과의 접촉이 만들어질 것이고 이를 통해 생성되는 데이터를 어떻게 축적할 것인가도 고민해야 할 것이다. 하지만 아무런 목적 없이 수집되는 데이터는 공간만 차지할 것이고 시간이 흐르면서 무게만 나가는 쓰레기로 변하게 된다. 그래서 고객과의 잦은 만남을 설계하기 전에 어떤 고객 네트워크를 만들 것인가를 명확히 하고 이에 필요한 만나기를 설계하는 것이 필요하다.

고객 네트워크의 설계는 이후 데이터 분석가들이 시장을 이해하기 위한 목적을 분명히 함으로써 보다 효율적으로 설계될 수 있다. 이 단계에서 가장 중요한 것은 우리가 시장에 대해 알고 싶은 것이 무엇인가를 먼저 정의하는 것이다.

예를 들어 생각해보자. 디즈니 입장에서 디즈니 플러스를 출시하면서 처음으로 기획한 프로젝트가 〈만달로리안〉이다. 만달로리안은 스타워즈라는 세계관 안에서 은하 내전 이후, 그리고 제국이 몰락한 직후 시대에 활약한 무명의 만달로리안 현상금 사냥꾼의 이야기를 다룬 시리즈물이다. 이 프로젝트 기획에 있어 고객은 당연히 스타워즈의 팬들이다. 루카스필름은 2011년까지 'Hyperspace'라는 팬덤 커뮤니티를 운영했고, Starwars.com이라는 사이트를 운영하고 있다. 따라서 〈만달로리안〉을 기획함에 있어 고객 네트워크 설계의 대상 선정은 어렵지 않았을 것이다. 문제는 어떤 질문을 이 고객 네트워크를 통해 알아 낼 것인가이다. 훌륭한 질문이 있어야 훌륭한 답이 가능해지는 것이다.

결론적으로 〈만달로리안〉은 TV시리즈물 답지 않은 특수효과로 큰 인기를 끌었다. 즉 어떤 요소에 보다 많은 자원을 투자할 것인가를 아마도 고객 네트워크에 물었으리라 예상한다. 물론 스타워즈라는 기본 스토리와의 정합성과 팬서비스의 정도 역시 고민했을 것이다. 시즌2의 마지막에 스카이워커가 등장하는 그런 모습 말이다.* 고객 네트워크로 얻어 낼 수 있는 시장에 대한 답들은 무한정하다. 무엇이 알고 싶은지 정하고 나면 고객 네트워크에게 묻는 과정이 필요하다. 그 과정이 바로 자주 만나는 것이다. 답을 얻기 위해서는 질문이 던져져야 한다.

---

* 시즌2의 마지막에 루크 스카이워커가 나타나서 모든 문제를 해결해준다. 스타워즈 팬이라면 일종의 카타르시스를 느낄 수 있는 순간이었다.

이제 만남을 기획하자

자주 만나는 방식에는 두 가지가 존재한다. 하나는 고객이 시작하는 것이고 또 하나는 기업이 시작하는 것이다. 고객은 거래를 위해 기업과 접촉한다. 구매를 위해 모바일 사이트를 접속하고 오프라인 매장을 방문한다. 구매 데이터가 쌓이고 리뷰나 댓글이 누적된다. 하지만 고객이 시작하는 만남은 기업에게는 수동적인 기다림이다. 따라서 잦은 만남을 위해서는 기업이 주도적으로 만남을 만들어가야 한다. 이는 새로운 상품을 소개하는 프로모션일 수도 있고 할인 쿠폰을 발급하는 일일 수도 있다. 단지 목표는 고객이 느끼기에 이 기업, 이 브랜드가 고객과 적극적으로 소통하려 한다는 평가를 받는 것이 중요하다.

기업이 고객 네트워크를 갖고 있다는 가정하에서 이제는 고객에게 직접 묻는 것이 가능해진다. 우리는 예전에 시장조사를 하면서 우리 제품을 인지하는지를 질문하곤 했다. 시장에는 한 번도 우리 제품을 써보지 않은 고객도 존재하기 때문이다. 하지만 이제 그런 질문이 필요 없다. 우리는 이 고객이 어떤 상품을 구매했고 어떤 리뷰를 보았는지 아는 상태에서 질문을 하는 것이다. 그리고 이제는 고객의 스마트폰에서 직접적인 커뮤니케이션이 상시적으로 가능하다. 물론 고객의 동의가 있다면 말이다.

그래서 SNS라는 도구의 가치가 다시 빛이 난다. 과거 그저 친구의 일상을 엿보던 도구에서 SNS는 기업이 고객과 자주 만나기 위한 핵심도구로 재등장한다. 맺어진 관계가 느슨하다면 이를 강하게 만드는 방법으로 활용될 수도 있고 아직 소원한 관계라면 무언가 프로포즈를 통해 새로운 관계를 만들 수도 있다. 그러기 위해서는 SNS라는 만나는 통로가 필요하다. SNS는 모바일 앱과는 결이 다른 역할을 한다. 나이키의 모바일 앱이 최종 거래를 목표로 하고 NTC, NRC가 고객과의 관계를 만들어준다면 나이키의 페이스북 페이지나 인스타그램 페이지는 그 관계를 복합적이고 다채롭게 만들어주는 역할을 한다. SNS는 뉴스, 사진, 동영상, 이벤트, 행사 등 아주 다양한 방식으로 가볍고 경쾌하게 고객과의 관계를 유지하는 역할을 담당하는 것이다. 그리고 풍부하고 복합적인 데이터를 만들어낸다. 물론 이를 통해 얻고자 하는 목표는 아주 다양하다.

SNS를 활용함에 있어서 가장 중요한 것은 제공하는 콘텐츠의 가치이다. 정보가 넘쳐나는 세상에서 기업이 제공하는 콘텐츠를 온전히 받아줄 만큼 한가한 고객은 많지 않다. 나름의 존재 이유가 없으면 기업의 SNS 노력은 그냥 자신만의 이벤트나 행사 안내에 그치고 만다. 따라서 존재 목

나이키의 인스타그램 페이지

적을 분명히 할 수 있는 테마가 필요하다. 나이키는 건강과 운동을 그 테마로 삼았고, 디즈니는 자신이 이미 갖고 있는 스타워즈나 마블 히어로가 그 테마가 될 것이다. 룰루레몬은 요가나 필라테스, 그리고 그를 통한 건강한 아름다움이 테마일 것이고 애플은 아마도 애플이 만들어 내는 새로운 변화 그 자체가 테마일 것이다.

이미 1.4억 명의 팔로워를 가진 나이키의 인스타그램 페이지를 보면 상품에 대한 정보는 전혀 찾아볼 수 없다. 모두가 다 사람에 대한 이야기이다. 임신한 엄마들의 운동하는 모습도 있고 아마추어 여성 롤러 스케이트 팀, 서핑 팀의 사진과 영상도 있다. 지역적으로도 중국, 인도를 비롯하여 다양한 국가의 사진들이 올라온다. 운동을 통해 만드는 건강한 삶에 대한 이야기를 나누고 싶은 것으로 보인다. 나이키는 현재 우리가 관심을 두어야 할 사안에도 나이키의 생각을 적극적으로 표시한다. #StopAsianHate, #BlackLivesmatter 등의 해시태그로 알려진 아시아인에 대한 혐오나 흑인 폭행에 반대하는 메시지를 영상을 통해 공유하기도 했다. 나이키에 있어 인스타그램 페이지는 나이키가 세상과 동떨어진 브랜드가 아닌 함께하는 브랜드라는 이미지를 제공하려 하고 있다. 구독전략이라는 관점에서 나이키 모바일 앱과 NTC, NRC, 그리고 SNKRS가 충분히 역할을 하고 있기에 SNS 채널들은 이들의 역할을 돕는 이미지 메이커 역할에 집중하고 있다.

애플의 인스타그램 페이지

또 애플의 인스타그램을 보아도 비슷한 모습이 보인다. 역시 애플의 제품에 대한 이미지는 단 한 장도 보이지 않는다. 단지 애플의 아이폰으로 촬영한 것으로 보이는 사진들로 페이지는 모두 채워져 있다. 애플 역시 나이키와 마찬가지로 애플스토어와 다양한 모바일 서비스로 고객과 만나고 있기에 SNS 채널을 브랜드의 이미지를 관리하는 용도로 활용하고 있다. 역설적으로 구독전략이 어느정도 완성된 기업의 SNS 채널은 고객과의 추가적인 접촉보다는 비상업적이면서 무언가 함께하는 이미지를 만드는 데 집중하고 있는 것으로 보인다.

최근 인스타그램 마케팅으로 관심을 받고 있는 빙그레는 구독전략을 본격적으로 전개하는 기업은 아니다. 과자와 아이스크림이 주력 상품인 빙그레의 인스타 활용은 상품의 핵심 타깃인 MZ세대에게 빙그레라는 브랜드의 존재감을 높이면서 동시에 빙그레 핵심 상품의 인지도를 올리는 데 중점을 두고 있다. 최근 큰 주목을 받은 이유는 만화 캐릭터라는 일반적이지 않은 접근이 대중의 큰 호응을 받았기 때문이다. 빙그레왕국의 왕자 빙그레우스라는 캐릭터가 왕위계승을 위해 빙그레의 인스타를 관리한다는 설정을 통해 재미있는 B급 콘텐츠들을 제공하고 있다. 투게더, 비비빅, 레모나 등 기억 속에는 있지만 빙그레 제품임을 이미 망

빙그레왕국의 왕자 빙그레우스

각한 제품들을 투게더리고리경, 비비빅군, 옹떼 메로나 브르장 등의 캐릭터로 재탄생시키는 경쾌함은 MZ세대들의 공감을 얻어내고 있는 것으로 보인다. 만약 빙그레가 롯데제과가 했던 구독상품을 만들어 낸다면 그 파급력은 분명히 다를 것이다. 구독상품을 판매하는 주체가 빙그레우스일 것이기 때문이다.

반면에 화장품과 같은 상품을 가진 기업이 인스타를 활용하는 방식은 보다 직접적이다. 즉 인스타가 모바일 앱의 거래 기능의 일부를 보조하는 모습을 보인다. 인스타나 페이스북은 아웃링크를 적극적으로 지원하므로 상품광고, 이벤트홍보 등의 기능이 인스타에서 적극적으로 노출되고 있다. 소비자에게 직접적인 가치를 제공하는 샘플제공이나 이벤트에 대한 홍보 역시 인스타의 이미지에 맞춰서 고급스러운 이미지를 통해 제공한다는 점이 기존 방식과는 좀 다르다. 즉 상업적이더라도 추구하는 이미지를 놓치지 않겠다는 노력이 많이 보인다.

구독에서 데이터의 의미

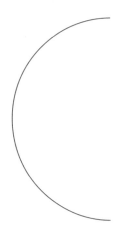

고객과 밀접한 관계 맺기에 성공했다면 이제는 그 관계를 사업에 활용하는 것만 남았다. 여기서 우리는 먼저 데이터의 개념에 대해 이해해야 한다. 수많은 사람들이 데이터에 대해 이야기하지만 정확히 우리가 말하는 데이터가 무엇인지 알고 있는 사람은 많지 않다.

과연 기업경영에 있어서 어떤 데이터가 필요할까?

나이키와 같은 상품을 제조하여 판매하는 기업의 입장에서 생각해보자. 충성고객이라 해도 일 년에 나이키 상품을 수십 번 사지는 않는다. 따라서 시장이 나이키에게 제공하는 데이터는 많지만 실제로 사업에 활용될 만큼 필요한 데이터는 분명하지 않다. 데이터라는 개념이 사업전략에 적용하려는 순간 조금 모호해진다. 하지만 본질적으로 무엇을 알고 싶은가에 질문을 던지기 시작하면 그 답은 그리 어렵지 않다.

이 질문의 답으로 가장 먼저 떠오르는 것은 시장에 대한 예측이다. 제조업은 시장이 원하는 상품을 정확히 예측해서 생산, 판매하는 것이 그 무엇보다 중요하다. 보다 정확히는 SKU 단위별로 얼마나 팔릴 것인지를 알 수 있다면 가장 좋을 것이다. 거의 주문생산에 가깝게 시장이 예측된다면 나이키와 같은 제조기업의 경영효율은 아주 좋아질 것이다. 하지만 미래를 예측하는 것은 누구에게나 쉬운 일이 아니다. 그래서 우리는 시장조사를 시기마다 수행한다. 시장의 표본을 결정하고 고객을 만나 고객이 원하는 것이 무엇인지 물어본 후 이를 바탕으로 시장이 원하는 바를 추정하는 것이다.

하지만 넷플릭스와 같은 디지털 기업의 경우는 약간 다르다. 이미 수많은 데이터들이 누적되어서 굳이 시장에 물어보는 과정이 필요 없다. 데이터를 기반으로 추정하면 된다. 아니 이는 추정이 아니라 시장이 원하는 바를 해석하는 것이다. 이들은 이미 고객과 직접거래하고 있고 정기구매나 멤버십이라는 관계 맺음이 되어있기에 시장에 대한 정확한 정보들을 가지고 있다. 매력적인 콘텐츠를 제공하고 이를 고객이 시청하는 순간 데이터가 생성된다. 즉 그 데이터를 해석하는 것 자체가 시장을 이해하는 행위이다.

하지만 나이키와 같은 제조판매 기업들은 이런 정보들과 거리가 있다. 그 거리감이 구독전략이 필요한 이유이다. 구독전략의 완성을 통해서 나이키도 설문이 아닌 자신의 고객들에게 직접 물어보고 그들의 행위를 관찰하면서 시장을 해석할 수 있게 되는 것이다. 물론 충분히 큰 고객 네트워크를 확보했다면 말이다.

그런 의미에서 나이키와 같은 상품을 제조 판매하는 기업은 고객과 어떤 관계를 맺고 있느냐가 가장 중요하다. 소망하기로는 매분기마다 고객이 원하는 운동화를 보내주는 나이키 어드벤처클럽^{Nike Adventure Club}이 성공하고 성인시장까지 확대된다면 더 할 나위 없이 좋을 것이다. 하지만 실험을 통해서 우리는 이미 그러한 정기구매가 쉽지 않다는 것을 알고 있다. 따라서 나이키는 약한 관계를 가진 네트워크 안에서 최대한 데이터를 만들어내야 한다. 그를 통해 시장을 정확히 예측하는 것이 구독의 혜택을 극대화시키는 방법이기 때문이다.

추론을 통한 인과관계 정보

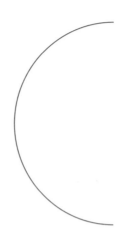

기업들은 시장조사^{Market Survey}를 진행하고 고객에게 묻기^{Focus Group Interview}도 한다. 이 조사를 기반으로 미래 시장의 니즈를 추측하는 것이 일반적인 시장조사의 과정이었다. 이 추론을 통해 시장을 이해하려는 시도는 이미 빅데이터라는 새로운 기법이 등장하면서 자리를 잃어가고 있다. 물론 이런 조사과정이 완전히 마케팅 세상에서 사라진 것은 아니다. 하지만 전체 시장을 이해하기 위해 통계적으로 의미 있는 샘플을 추출한 후 이 고객에게 질문을 통해 얻어낸 정보를 기반으로 하는 추정은 빅데이터라는 엄청나게 다양한 데이터를 통해 해석하는 방법보다 왠지 열등해 보이기 시작했다. 물론 추정이라는 단계에서 발생하는 수많은 오류 역시 빅데이터라는 새로운 방식에서는 거의 찾아보기 힘들다.

수많은 SNS와 검색 키워드를 통해 얻을 수 있는 시장변화의 트랜드도 있고 나의 포스POS 데이터와 결제 데이터로 고객의 행위를 예측하는 것도 가능하다. 하지만 내가 활용할 수 있는 데이터를 얼마나 신뢰할 수 있는가의 문제는 조금 다르다. 데이터 분석을 통해 얻는 결과를 사업에 활용한다는 것은 조금 더 높은 믿음을 요구한다. 하지만 구독전략을 통해 만들어진 고객 네트워크가 주는 데이터는 한 차원 높은 사고를 가능하게 해준다. 데이터가 제조업에게는 생산계획을, 유통사업자에게는 구매계획을 변경시킴으로써 실질적인 기업의 원가구조를 바꾸는 역할을 하는 것이다. 즉 기존의 빅데이터에 고객 네트워크라는 보다 정확한 팩트Fact를 가진 데이터의 원천이 더해지면 그 정확도는 훨씬 더 상승한다. 구독고객이 제공하는 데이터는 단순히 일회성으로 발생한 데이터가 아니라 앞으로도 정기적으로 발생할 데이터이기 때문이다. 만약 구독고객이 나이키의 특정라인을 올해 1만 켤레 구매했다면 내년에도 유사한 구매가 발생한다고 예측이 가능하기 때문이다. 즉 고객 네트워크는 추측된 인과관계가 아니라 수치가 제시되는 상관관계를 우리에게 제공한다.

상관관계가 주는 의미

브레드 피트 주연의 〈머니볼〉이라는 영화를 보면 추론과 데이터 간의 싸움이 극명히 보인다. 경험과 제한된 데이터를 통해 선수를 뽑던 세상에서 게임의 승리와 직접적으로 관련된 데이터와 연봉과의 연관성을 선수선발의 원칙으로 바꿔 놓은 이야기는 과거 추정을 통한 시장이해에서 데이터를 통한 인식의 변화를 말해준다.

　여기서 중요한 것은 경험과 데이터 간의 싸움이 아니라 브래드 피트가 갖고 있었던 데이터가 메이저리그 야구 선수들에 대한 '전수 데이터'였다는 사실이다. 브래드 피트는 전수 데이터를 가지고 선수 시장을 분석했고 그 결과를 바탕으로 예산이 허용하는 최고의 승률을 올려줄 팀을 만든 것이다. 전수 데이터가 제공하는 것은 추정이 아닌 분석이고, 그 분석은 사실Fact과 근접하기 때문이다. 즉 브레드 피트가 활용한 데이터는 매일 모든 결과가 정리 누적되는 고객 네트워크 데이터였다.

영화 안에서 예일대 경제학과를 졸업했던 조나 힐(극중 이름 피터)은 두 가지 데이터와 연봉과의 관련성을 분석한다. 첫 번째는 OBP$^{On\ Base\ Percentage}$로 선수가 얼마나 자주 출루하는가를 보여주는 수치다. 한국어로 번역하면 출루율이다. 계산식을 보면 타석에 몇 번 섰고 몇 번 출루했는지를 알 수 있다. 두 번째는 SLG$^{Slugging\ Percentage}$이다. 장타율로 번역되는 SLG는 타석에서 얼마나 많은 베이스를 얻어 냈는가를 의미한다. 홈런은 4개의 베이스를 얻어낸 것이고 단타는 1개로 계산된다. 즉 타자의 타격능력을 평가하는 것이다.

$$OBP = \frac{H+BB+HBP}{AB+BB+HBP+SF}$$

$$SLG = \frac{(1B)+(2\times 2B)+(3\times 3B)+(4\times HR)}{AB}$$

〈머니볼〉에서는 두 데이터와 선수가 받고 있는 연봉과의 상관관계를 분석하고 그 상관성이 일치하지 않는 선수들을 중심으로 트레이딩을 한다. 연봉대비 낮은 OBP와 SLG를 가진 선수를 방출하고 높은 선수를 영입하는 방식으로, 주인공 두 사람을 제외하면 아무도 이런 방식을 믿지 않았지만 그 결과는 엄청난 성공으로 나타난다. 이제는 전체 데이터를 바탕으로 성과지표를 분석하고 이를 제한된 예산과 맞추는 것이 메이저리그 야구 운영의 핵심으로 자리잡고 있다.

〈머니볼〉이라는 영화가 주는 메시지는 두 가지다. 첫째는 데이터를 통한 분석이 인간이 느낌^{intuition}을 이긴다는 것이고, 둘째는 전수 데이터를 가지고 분석을 할 경우 이는 추정이 아니라 시장이 제공하는 사실을 해석한다는 것이다.

데이터의 중요성에 대해서는 모두가 이견이 없을 것이다. 하지만 전수 데이터라는 개념에 대해서 명확한 이미지를 갖고 있는 사람은 많지 않다. 전수 데이터라는 뜻은 내가 갖고 있는 전체 고객 네트워크를 의미하고 그 네트워크를 갖고 있다면 더 이상 추정이 필요하지 않다는 것을 의미한다. 물론 여기서 고객 네트워크의 의미는 우리가 새로이 정의하는 자주 만나고 있는 고객을 의미한다.

나이키가 고객 네트워크를 갖고 있다면 이는 그 네트워크에서 현재 가장 선호되는 스타일이 무엇인지를 알고 있다는 뜻이다. 시장이 어떻게 나뉘어 있고 어떻게 변화하고 있는지를 알 수 있으므로 더 이상 추정이 필요 없다. 데이터가 이미 시장의 사실^{Fact}를 말해주고 있기에 데이터를 읽을 뿐이다. 나이키가 자신의 고객과 직접적 관계 맺기를 이뤄냈다면 이제는 그 고객 네트워크가 원하는 것을 만들어 제공하면 되는 것이다. 전체 고객 네트워크의 20%가 에어맥스를 원한다면 전체 생산규모의 20%를 에어맥스에 맞추면 되는 것이다.

이 고객 네트워크가 보여주는, 현재 가장 많이 팔리고 있는 상품이 시장이 가장 원하고 있는 상품이고 장바구니에서 기다리고 있는 상품은 갖고 싶은 상품이다. 클릭은 이뤄지지만 구매가 되지 않는 상품은 무언가 문제가 있기에 수정이 필요한 상품이다. 즉 나이키는 고객 네트워크 안에서 벌어지고 있는 모습을 해석하고 이를 기획, 생산에 반영하면 되는 것이다.

나이키의 이런 모습은 Nike SNKRS라는 앱에서 여실히 드러난다. SNKRS는 나이키가 스포츠 스타나 아티스트와의 콜레보레이션을 통해 만들어내는 레어템을 판매하는 앱이다. 수많은 나이키 팬들이 매달 참여하고 투표를 통해 한정판 스니커즈를 구매한다. 현재 SNKRS는 나이키 디지털 매출의 20%를 차지할 정도로 만만치 않은 규모를 자랑한다. 하지만 SNKRS가 가진 더 중요한 역할은 시장이 원하는 바를 읽을 수 있다는 점이다. 비록 SNKRS에는 나이키의 충성고객만이 참여하지만 스니커즈 세상은 그들이 이끌어 가고 있기 때문이다.

물론 어떤 디자인의 어떤 운동화를 기획 생산해야 하는가도 중요하지만 보다 중요한 것은 얼마나 생산해야 하는 점이다. 시장을 정확히 해석하면 무엇이 얼마나 팔릴지 몰라 대충 생산해야 했던 과거와는 다른 생산과 재고 시스템을 운영할 수 있다. 따라서 나이키의 재고가 획기적으로 줄어들 수 있다. 미래에는 나이키의 고객들이 무엇을 원하는지 나이키의 모바일 앱들이 나이키에게 알려줄 것이기에 이에 맞춘 생산이 가능할 것이다. 물론 SNKRS의 경우 제품을 생산하여 판매하는 방식으로 재고를 거의 제로로 만드는 판매방식이다.* 모든 판매를 SNKRS와 같은 형태로

---

* 2020년 말 기준으로 SNKRS는 나이키 매출의 대략 6%를 점유하고 있다.

하는 것은 불가능하지만 시장을 정확히 해석하고 있다면 재고를 줄일 수 있는 가능성은 분명히 크다.

나이키는 2020년 기준 73억 달러의 재고를 보유하고 있다. 2015년 42억 달러에 불과하던 재고가 코로나 팬더믹 상황으로 급증한 것이다. 재고가 늘어난 것도 문제지만 2020년 매출이 370억 달러이니 재고가 매출의 20%에 육박하고 있다. 이 재고의 50% 감소는 나이키에게 30억 달러 이상의 현금을 만들어주는 효과가 있을 것이고 대출이자를 5%로 가정했을 때 매년 1.5억 달러의 비용절감이 가능해질 것이다. 또한 재고의 감소는 단순히 30억 달러라는 금융비용뿐만 아니라 재고관리, 재고운송 등의 부대비용을 절감할 수 있기에 그 규모는 결코 작지 않을 것이다. 재고는 기업에 있어서 동맥경화를 일으키는 주범이다. 고객 네트워크는 기업의 순환기를 건강하게 만들어준다.

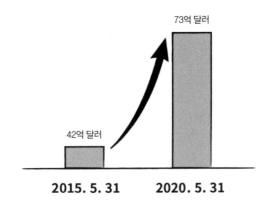

나이키의 재고 추이

고객과 자주 만난다는 것은 이미 만들어진 고객 네트워크의 품질을 올리면서 고객과의 관계 속에서 의미있는 데이터를 만들고 찾아내는 행동을 의미한다. 그러기 위한 첫 번째 단계는 나의 고객을 다시 정의하는 것이다. 나와 관계를 맺고 있는 고객이 나의 진정한 고객이라는 것이 이해되었다면 이제는 이들과 이제 자주 만나려는 노력을 해야 한다.

이벤트 하나하나도 구독전략이라는 목표에 근거하여 어떤 데이터를 목적으로 하는지 명확한 인식하에 진행돼야 한다. 기업들의 수많은 브랜드 마케팅과 매출 증대를 위한 행위들은 이제 구독전략에 집중돼야 한다. 고객과의 관계를 유지하기 위해 하는 행동도 있지만 이왕 만들어진 관계 속에서 미래를 준비하기 위한 힌트들을 찾아내야 하기 때문이다.

이제 고객과 직접 만나고 관계를 구축했으면 그 관계 속에서 고객이 원하는 바를 찾아야 한다. 그러기 위해서는 자주 만나야 한다. 진정으로 고객이 나의 연인이라면 말이다.

🔔 ︱ SNS가 다시 필수가 되고 있다

현재 우리가 사용할 수 있는 SNS 도구로는 페이스북, 카카오 채널, 인스타그램, 유튜브 등이 있다. 이 중 어떤 플랫폼이 더 효과적인지는 대상상품의 특징과 추구하는 목표에 따라 다르다. 이 책에서 이야기하는 SNS는 일종의 고객관리 도구로서의 역할을 의미한다. 하지만 퍼포먼스 마케팅에서 보이듯이 SNS상에서의 온라인 판매를 위한 활동과 고객관리 활동을 완전히 구분하는 것은 불가능하다. 따라서 고객관리 혹은 브랜드관리와 퍼포먼스 마케팅이라는 관점에서 SNS 플랫폼들이 구독전략에 어떻게 활용될 수 있는지 간단히 살펴보도록 하자.

페이스북 페이지

페이스북 페이지는 어쩌면 이제는 한국에서 가장 덜 사용되는 SNS 도구일지도 모른다. 많은 젊은 사용자들이 인스타그램으로 이동하고 있어 예전보다 마케팅의 효율이 떨어진다는 평가를 받고 있다. 하지만 여전히 가장 많은 사용자를 갖고 있고 인스타그램 마케팅 역시 페이스북의 시스템에 의존한다는 점을 고려하면 아직은 남겨 주어야 하는 플랫폼이 페이스북이다.

페이스북은 상대적으로 자세한 정보를 전달하기에 좋은 구조를 갖고 있다. 인스타그램이나 카카오 채널 대비 좀 더 길고 자세한 정보가 큰 부담 없이 전달될 수 있다. 그렇기에 일종의 홈페이지와 같은 역할이 페이스북에 부여된다. 특히 전체적인 광고 캠페인이 진행된다면 페이스북은 일종의 허브로서 중요한 역할을 담당하게 된다. 예를 들어 이벤트 진행과 같은 기능은 인스타그램보다 페이스북에 더 맞아 보인다. 과거 홈페이지가 담당했던 기능이 이제는 페이스북으로 많이 옮겨 온 모습이다.

특히 영상이라는 매체를 만들어 활용할 때는 페이스북이 더욱 적합하다. 영상이 매우 길다면 유튜브가 적절할 것이고 아주 짧다면 인스타그램이 더 적합할 수 있지만, 일반적인 3분 정도의 영상이 가장 잘 맞는 플랫폼은 역시 페이스북이다. 브랜드의 이미지를 바꾸기 위해 영상을 기획하고 제작하여 배포하려고 한다면 그 행위의 중심을 페이스북에 두는 것이 좋다. 물론 페이스북의 광고 집행을 통해서 고객과의 접촉을 늘리는 것도 언제나 가능하지만, 많은 지인들의 글을 접하는 페이스북의 특성상 광고보다는 무언가 정보 중심의 콘텐츠를 전달하면서 관계를 유지하는 역할이 보다 적합하다.

인스타그램 페이지

인스타그램은 현재 가장 적극적으로 활용되는 SNS 수단이다. MZ세대의 특성을 감안하여 사진이나 아주 짧은(1분 미만) 동영상 콘텐츠로 구성되어 있는 인스타그램은 브랜드를 관리하거나 새로운 상품을 알리는 목적의 마케팅에 가장 적합하다. 젊은 세대를 대상으로 한 이미지 광고에 적합한 것이다. 과거 15초짜리 TV 커머셜이 해 오던 역할을 인스타그램이 대신하고 있는 느낌이다.

인스타그램의 운영은 그런 이유로 트랜드에 민감한 마케터들 간의 전쟁이다. 현재 젊은이들의 세상에서 어떤 일이 벌어지고 있는지를 잘 이해하고 있어야 하고, 이를 사진과 짧은 동영상이라는 아주 정제된 포맷에 녹여 내야 한다. 소비자의 관심을 끌 수 있는 앰버서더*의 섭외가 필요하고 소비자들의 주목을 얻어낼 만한 기획이 필요하다.

고객을 관리한다는 측면에서 인스타그램의 역할은 가벼움에서 가장 빛이 난다. 페이스북처럼 링크를 타고 들어가 내용을 확인할 필요가 없이 그냥 제공된 콘텐츠를 보는 것만으로 과정이 종료되기에 매우 가볍다. 내가 팔로우를 하고 있다면 그냥 스와이프 한 번으로 넘어가면 된다. 부담 없는

---

* 일종의 모델을 일컫는 말이다. 과거 홍보대사라는 표현이 이제는 앰버서더라는 영어로 정착된 듯하다.

관계이기에 유지하는 것이 어렵지 않다. 즉 해지가 페이스북이나 카카오 채널만큼 자주 고려되지 않는다. 현재는 고객관계관리라는 맥락에서는 가장 적합한 도구로 보인다.

카카오 채널

카카오 채널은 우리가 일상적으로 사용하는 카카오톡의 대화 리스트에 한 줄을 차지한다. 내가 대한항공의 채널을 친구로 수락하면 나의 친구리스트에 존재한다. 만일 그 자리에 계속 남아 있을 수 있다면 분명 아주 좋은 관계 유지 도구가 될 것이다. 문제는 수많은 대화창과 대등한 가치를 증명해야 한다는 점이다. 현재 카카오 채널이 가장 눈부신 역할을 하는 곳은 배송 영역이다. 배송의 진행 상황을 알려주는 것은 카카오톡에 있는 것이 왠지 적절해 보인다. 하지만 그 외의 브랜드 마케팅 채널이 내 카카오톡 대화창을 차지하고 있는 것은 왠지 부담스럽다. 어떤 이유에서건 그런 부담을 떨치고 대화창에서 한 자리를 차지할 수 있다면 더할 나위 없이 좋을 것이다.

카카오 채널은 아직은 본격적인 마케팅 수단으로 활용되고 있지는 않다. 하지만 많은 커뮤니케이션 행위가 카카

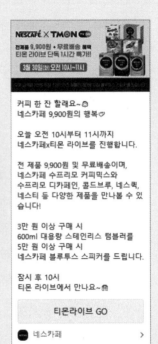

오톡상에서 이루어지기에 그 잠재력은 무궁무진하다. 특히 거의 모든 마케팅 행위, 예를 들어 쿠폰 발급, 라이브 커머스와의 연결 등과 같은 행위가 카카오톡 안에서 모두 해결되기에 매우 편리하다. 하지만 나의 채팅창에 존재하면서 카카오 채널을 통해 이루어지는 커뮤니케이션은 명확한 가치가 전달되어야 한다. 그림을 보면 티몬에서 네스카페를 판매하고 있다. 이때 제공되는 가치가 충분히 매력적이지 않다면 고객들은 반응하지 않을 뿐만 아니라 오히려 카카오톡에서 네스카페

를 삭제할 가능성이 높다. 그래서 카카오 채널은 분명 높은 가치를 제공해야만 관계가 유지될 수 있다. 현재는 새로운 화장품의 샘플 제공과 같은 명시적인 가치를 제공하는 마케팅 활동이 가장 적합해 보인다.

SNS는 자주 만나기 위한 도구이다. 자주 만난다는 것은 그 관계가 계속 유지됨을 의미한다. 이전 장에서 언급한 '관계를 맺는다'는 것은 무언가 정규적인 관계를 의미한다. SNS는 그 정규적인 관계를 부드럽게 만들어 주기도 하고 끊어진 관계를 다시 이어 주기도 한다. 이제 다시 SNS 관리에 대한 관심을 불러일으켜야 하는 순간이다.

구독전략의 실험자들

7 장

나이키의 구독전략

나이키의 선택

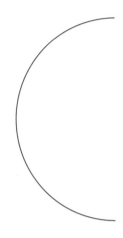

나이키는 스포츠용품을 만들어 판매하는 전형적인 제조기업이다. 나이키에게는 아디다스, 언더아머, 퓨마 등 전통적인 경쟁자들이 있고, 이제는 특정 영역에서 자신만의 경쟁력을 만들어 내고 있는 룰루레몬과 같은 작은(?) 신흥 경쟁자들도 있다. 나이키는 이들과 경쟁하면서 가능한 한 많은 곳에서 고객들에게 나이키의 스우시Swoosh라는 로고를 보이려 노력해 왔다. 3만 개라는 유통채널이 우리의 뇌리에 나이키 로고를 각인시켰고, 이미 최고의 스포츠 브랜드로 자리 잡고 있다. 나이키를 판매하는 유통망들은 고객에게 나이키의 브랜드를 인식시키는 데 큰 역할을 담당해 왔다. 하지만 이제 그 상황이 달라질 것으로 보인다. 나이키의 경쟁자가 기존의 동종 기업에서 플랫폼으로 바뀌면서 나이키의 선택이 달라졌기 때문이다.

　여의도 IFC에 있는 나이키 매장은 필자도 거의 한 달에 한 번은 방문한다. 나이키라는 브랜드에 애정도 있고, 에어맥스^{Airmax}라는 운동화를 언제나 애용하는 까닭이다. 그런데 머지않아 이 매장이 사라질지도 모른다. 나이키는 앞으로 전 세계 40개의 주요 유통망*을 제외한 모든 간접유통망을 없앨 예정이다. 한국에서도 나이키라는 브랜드가 차지하는 비중이 압도적으로 높지만, 나이키의 본고향인 미국에서는 나이키의 이러한 선택이 시장에 미치는 영향이 결코 작지 않을 것으로 보인다. 거의 한 세기 동안 나이키를 팔아 오던 매장이 더 이상 나이키를 취급하지 못하게 되는 상황은 그 운영자와 시장에게는 작지 않은 변화일 것이다. 물론 나이키를 핵심 상품으로 취급해 온 한국의 신발전문점들도 타격이 엄청날 것이

---

* 　예를 들어 미국에서는 Foot Locker나 Dick's Sporting Goods 등이 있다.

다.[3] 마이클 조던^{Michael Jordan}을 포함해 나이키라는 스포츠의 상징물을 더 이상 쉽게 여러 곳에서 찾아보기 힘들어지는 것이다. 하지만 나이키는 이런 선택을 해 나가고 있다. 나이키는 왜 이런 선택을 하는 것일까?

이 선택은 2019년 11월 나이키가 아마존과의 결별을 선언한 것과 궤를 같이한다. 나이키는 2017년부터 파일럿 프로그램으로 아마존에서 1P 셀러^{First Party Vender}로서 자신의 브랜드 스토어를 운영하고 있었다. 1P 셀러라는 말은 시장에서 존재감 있는 브랜드 기업과 아마존이 맺는 관계를 나타내는 것으로, 아마존에서 나이키라는 브랜드는 나이키 브랜드 스토어^{Nike Choice}에서만 판매됨을 의미한다. *

정확한 통계가 발표되지 않았지만 나이키는 무시할 수 없는 매출을 아마존이라는 플랫폼을 통해 판매하고 있었을 것이다. 그런데 나이키는 이 관계를 단절하고 더 이상 아마존에서 나이키를 판매하지 않기로 선언한 것이다.

나이키는 이 선언과 더불어 Direct to Consumer라는 새로운 유통전략을 발표한다. 나이키의 재무임원^{CFO} 앤디 캠피온^{Andy Campion}은 2020 실적발표에서 다음과 같이 말하고 있다.

"Our vision is to create direct, unbreakable relationships with our consumers. And we know the most direct connection is through

---

the mobile device they carry with them everywhere they go."

　"우리의 비전은 고객과의 직접적이면서 끊어지지 않는 관계를 만드는 것입니다. 그리고 대부분의 직접적인 연결은 고객이 어디를 가든 갖고 있을 모바일 디바이스를 통해 이루어질 것입니다."

　나이키는 이제 고객과 직접적이면서 영속적인 관계를 만들어 갈 것이고, 그 핵심은 모바일 디바이스를 중심으로 한 온라인 상점이 될 것이라는 말이다.

　나이키의 새로운 전략 방향을 살펴보기 전에 2017년 나이키가 아마존과의 협업을 선택하던 당시의 상황으로 돌아가 보자. 원래 나이키는 스포츠의류 산업에서 1등의 브랜드 위치를 갖고 있었음에도 아마존이라는 새로운 초대형 유통채널에서는 자신들의 공식 스토어가 없었다. 이는 나이키의 경쟁자인 아디다스나 언더아머가 1P 사업자로 브랜드 스토어를 운영하고 있던 상황과는 달랐다. 다수의 판매자들이 독립적으로 나이키 제품을 판매하고 있었기에 수억 명의 고객을 갖고 있는 아마존에서 나이키는 일관되지 못한 고객경험을 제공하고 있었던 것이다.

2017년 나이키는 아마존의 1P 사업자가 됨으로써 아마존 온라인 스토어에서 고객경험을 개선하였고 또 브랜드 품질을 저하시키는 위조품과 불법 리셀러 문제를 해결할 수도 있었다. 하지만 1P 셀러라는 위치만으로 아마존에서 나이키가 원하는 모든 것을 얻을 수는 없었다. 나이키도 아마존에게는 하나의 셀러에 불과했기 때문이다.

게다가 나이키는 간접망 중심의 유통망정책을 갖고 있었고, 이 때문에 아마존의 'Nike Choice'에서 나이키 상품을 판매하는 주체도 제3자 셀러 즉 또 하나의 간접유통망이었다. 즉 온라인 유통권을 가진 파트너를 통해 나이키를 판매한 것이지, 나이키가 직접 고객에게 판매한 것은 아니었다. 이후에 자세히 설명하겠지만 나이키는 1P 사업자가 누려야 할 가장 큰 매력인 기존 유통망을 배제함으로써 얻을 수 있는 이익의 상승이라는 단물을 향유할 수 없었다.

또 하나, 필자의 추측이지만 나이키는 보통의 셀러들이 알고 있는 아마존이라는 유통망에서 해야 할 일을 잘 모르고 있었다. 아마존이라는 유통망은 단순히 상점을 열고 상품을 노출하는 것으로 끝나는 곳이 아니라, 어떤 상품이 누구에게 추천되는 것이 가장 적합한가를 고민하는 데이터 비즈니스의 장소였다. 3P 셀러들은 아마존의 추천 알고리즘을 사용하기도 하지만 아마존 검색엔진^{SEO, Search Engine Optimization}을 공부해서 어떤 상품을 언제 어떻게 노출해야 하는지를 알아내려는 노력을 지속해 왔다. 대기업인 나이키는 상대적으로 이런 노력을 게을리했을 것이다. 결론적으로 나이키는 아마존이라는 새로운 유통망에서 자격과 권력만을 갖춘 초보자였던 것이다.

품질유지라는 하나의 목표는 달성했지만 아마존이라는 거대 유통망은 나이키에게는 그냥 받아들이기에는 쉽지 않은 선택이었을 것이다. 아마존이라는 시스템을 이해해야 했을 것이고, 아마존에 광고비를 집행하면서 아마존이 정해 놓은 원칙에 따라 사업을 하는 것이 나이키와 같은 '슈퍼 브랜드'에게는 자존심 상하는 일이기도 했을 것이다. 또 하나, 왠지 아마존을 통한다는 것이 모든 고객정보에 대한 소유권을 잃어버리게 되는 것이라는 생각을 떨치지 못했을 것이다. 이런 이유로 나이키가 아마존과의 협업이 궁극적으로는 아마존에게 더 득이 되리라는 판단을 내리는 데는 긴 시간이 걸리지 않았다. 나이키는 결국 2년 만에 아마존과의 결별을 선언한다.

나이키의 새로운 구독전략

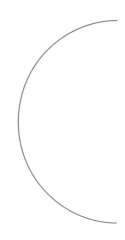

나이키가 아마존을 떠나 Direct to Consumer라는 구독전략을 선택할 수 있었던 가장 큰 이유는 브랜드가 갖고 있는 힘 때문이었다. 아마존에의 입점과 상관없이 나이키는 여전히 스포츠의류 시장에서 최고의 브랜드였고, 아마존에 입점했던 이유는 아마존이 급격히 커지면서 만들어진 다양한 시장 운영상의 문제를 해결하기 위함이었다.[*]

하지만 아마존과의 경험을 통해 나이키는 이제는 나이키가 스스로 고객과 직접적인 관계를 만드는 것이 가능하다는 판단을 내린 것으로 보인다.

나이키는 더 이상 자기 고객과의 관계를 아마존과 같은 새로운 유통망[**] 혹은 뉴욕의 브롱스나 여의도 IFC에 있는 기존의 유통망에 의존하고 싶

---

[*]   위조, 계약위반, 품질저하, 가격통제, 동일상품 다른 가격 등의 문제
[**]   그냥 단순히 새로운 유통망이라 치부하기에는 아마존이 너무도 강력한 유통망인 것은 사실이다.

지 않았다. 새로운 비전에서 보이는 고객과의 직접적이고 끊어지지 않는 관계라는 말은 나이키가 직접 고객과 소통하면서 지속적으로 고객과 커뮤니케이션하겠다는 의지의 표현이다.

생각해 보면 나이키와 같은 제조기업은 원래 상품을 제조하여 유통망에 판매하는 것을 자신의 사업영역으로 정의했었다. 고객과의 접점은 계약된 3만 개의 유통망이 담당하고, 나이키 자신은 제조를 담당하고 그들의 영업을 돕기 위해 마이클 조던 같은 모델을 섭외해서 TV광고를 만들기만 하면 됐다. 하지만 이제는 자신의 사업 영역을 고객 접점까지 확장하겠다는 생각을 명확히 하고 있는 것이다.

이를 단순히 경영 의사결정상의 변화로만 바라본다면 '직접유통의 비중 증대'로 해석할 수도 있다. 하지만 나이키의 CFO인 앤디 캠피온은 단순히 'Direct'만이 아닌 'Unbreakable'이라는 단어를 사용했다. 즉 고객과의 관계를 영속화시키겠다는 생각을 표현한 것이다.

2020년 실적보고[*]에서 나이키의 매출구조를 보면 도매유통망과 직접

나이키 매출 구분

(단위: 백만 달러)

매출	2020	2019	변화율
간접망 매출(Wholesale)	23,156	25,423	-9%
직영망 매출(Nike Direct)	12,382	11,753	5%
글로벌 브랜드 부문	30	42	-29%
총매출	35,568	37,218	-4%

---

[*] 나이키는 6월 결산 법인으로, 매년 6월 말을 기준으로 연간실적을 산출한다.

유통망의 비중 변화를 확인할 수 있다. 도매상을 통한 매출인 Wholesale 은 -9%의 마이너스 성장을 한 반면, Direct로 명기된 직접매출은 5% 성장한 모습을 보이고 있다. 2020년 결산 기준 Direct 매출이 전체 매출에서 차지하는 비중은 34.8%로, 나이키는 이 비중을 지속적으로 상승시킬 계획이고 그 상승분의 대부분은 모바일(디지털 포함)이 차지할 것이라 말하고 있다.* 2020년 3사분기** 기준 나이키의 모바일 매출은 전체 매출의 30%를 넘어서고 있다.*** 또 하나 주목할 만한 사실은 Direct 매출의 증가가 온라인과 오프라인 직영망의 결합이라는 새로운 시너지를 만들어 내고 있다는 점이다. 나이키 CEO 존 도나호John Donahoe는 2021년 첫 분기보고****에서 나이키의 진정한 모습은 O2Oonline to offline에서 나타난다고 하면서, 나이키 디지털이 성장할수록 매장에서 Nike Plus 멤버임을 밝히는 고객이 늘어나는 등 나이키 표현으로 연결된 거래Linked Transaction가 증가하고 있다고 밝히고 있다. 모바일상에서의 나이키 이용과 오프라인 나이키 매장 방문이 연결되면서 실질적인 매출로 이어지고 있는 것이다.[4]

나이키의 목표는 모바일을 중심으로 한 Direct 매출의 비중을 100%로 만드는 것이다. 즉 모든 나이키 고객과의 거래를 직접거래로 만들고, 이를 통해 고객과의 관계를 만들어 가겠다는 의지이다. 이는 단지 아마존

---

* 2020년 3사분기 보고에 따르면 나이키의 직접 매출은 36.1%까지 상승했다.

** 나이키 회계 기준으로는 2021년 1분기를 의미한다.

*** 혼동을 방지하기 위해 설명을 추가하면, 2020년 3사분기(2019년 6월 말 기준) Direct 매출 34.8%는 전체 매출 100% 가운데 모바일 매출 30%와 오프라인 직영망 매출 4.8%를 합한 값이다.

**** 2020년 3분기 실적보고 기준

과의 거래를 종료했던 하나의 이벤트와는 완전히 다른 수준의 변화이다. 모든 거래를 직접 관리하고 고객과의 커뮤니케이션을 만들어 간다는 것은 나이키가 기존까지 영위해 왔던 사업과는 완전히 다른 모습이기 때문이다.

전형적인 제조기업이었던 나이키는 고객을 직접 만나보는 일이 거의 없었다. 물론 직영점이 있었기에 완전히 없었다고는 이야기할 수 없지만, 나이키에게 있어 고객을 직접 상대하는 서비스업은 핵심 역량이 아니었다. 그런데 이제 그 역량이 나이키의 핵심으로 변화하고 있는 것이다.

나이키의 두 가지 직영망

2020년 현재도 나이키는 대부분의 매출(65.2%)을 간접망 즉 유통망에 의존하고 있다. 나이키가 직영망을 통한 직접판매 비중을 늘려 나가겠다는 것은 두 가지 직영망, 즉 모바일과 오프라인 직영망을 통한 매출을 늘려 나가겠다는 생각이다. 여기서 모바일 직영망을 통한 매출을 강화하겠다는 것은 이해하기 쉽다. 이미 세상의 대세는 모바일로 가고 있고 나이키는 이미 30%의 매출을 모바일을 통해 만들고 있으니 말이다. 그런데 나이키는 모바일 외에도 우리가 기존에 익히 알고 있던 오프라인 직영망을 강화하겠다는 의지를 보인다. 즉 4.8%라는 오프라인 직영망의 매출 비중을 키우겠다는 것이다. 모바일이 직영망의 구축 및 운영에 큰 비용이 들지 않는데 비해 오프라인 매장은 그렇지 않다. 특히 플래그십 스토어를 운영하는 것은 엄청난 적자를 감수해야 가능한 일이다. 하지만 나이키의 생각은 다르다. 모바일이 진정한 직영망으로 작동하기 위해서는 오프라인 매장이 지금보다 더 강력해져야 한다는 것이 나이키의 생각이다.

　나이키는 구독전략의 첫 번째 행보로 나이키 오프라인 직영망을 변화시키고 있다. 과거 전 세계에 3만 개의 나이키 로고를 붙이고 있는 스토어가 존재했지만, 이는 나이키 상품을 판매하는 판매점이었지 나이키의 스토어는 아니었다. 지금도 많은 스니커즈 상점들은 나이키만을 판매하고 있지는 않다. 그래서 나이키는 나이키라는 브랜드를 새로운 직영망을 통해 팔고 싶은 것이다.

나이키 코리아 판매망 조직도(2020)

　나이키 코리아의 판매망 조직도를 보면, 나이키의 직영 스토어는 인라인 스토어In-line Store와 팩토리 스토어Factory Store로 나뉜다. 인라인 스토어는 나이키가 직접 운영하는 진정한 의미에서의 직영 스토어로, 주로 대도시 도심에 위치한다. 한국에는 아직 서울의 명동과 강남 두 곳에만 있다. 이후 설명하겠지만 나이키가 새로이 만들어가고 있는 라이브^{Live}, 하우스 오브 이노베이션(이하 이노베이션센터)^{House of Innovation}, 라이즈^{Rise} 같은 다양한 스토어들도 모두 인라인 스토어로 분류할 수 있다. 팩토리 스토어는 미국에서는 많이 볼 수 있는 개념으로, 출시 후 1분기 정도 지난 제품을 할인해서 판매하는[*] 매장이다. 한국에는 전국에 14개의 매장이 존재하는데, 여기에는 최근 새로이 커뮤니티 특화 매장으로 지정된 유나이트^{Unite} 매장과 인천의 클리어런스 매장도 포함된다.

직영망 중심 확대 전략은 대도시 도심을 중심으로는 인라인스토어인 '라이브'를, 도시 외곽에는 '팩토리 스토어'를 확대해 나가는 것으로 요약된다. 나이키의 이러한 행보는 조직도의 가장 오른쪽에 있는 파트너사 운영 매장의 감소라는 결과를 만들어 내고 있다. 이들은 매분기 나이키로부터 제품을 구입하여 판매하는 간접유통망인데, 나이키는 이들에게 제공하는 물량을 감소시켜 나갈 계획이다. 나이키의 생존전략이 미들맨의 생존을 위협하고 있는 것이다. 플랫폼 경제가 발전하면서 플랫폼 노동자 문제가 나오듯이, 구독전략의 집행은 미들맨들의 자리가 사라진다는 또 다른 문제를 만들어 낸다.

---

[*] 정상가로 신제품도 판매한다.

판매망이 아닌 커뮤니케이션 공간

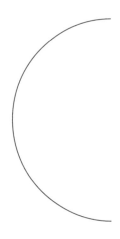

나이키는 아직 오프라인 직영망을 만들어 가는 계획을 공식적으로는 밝히지 않고 있다. 글로벌 기업인지라 모든 계획이 본사 중심으로 진행되고 있기에, 현재 진행되고 있는 프로젝트를 중심으로 추론하는 것이 최선이다. 하지만 나이키의 현재 움직임은 분명해 보인다. 먼저 나이키 이노베이션 센터를 글로벌 중심도시에 만들어 나가고 있다. 현재 이노베이션센터가 설립된 곳은 뉴욕, 상하이, 파리로, 우리가 상상할 수 있는 도시들이다. 나이키 이노베이션센터는 대도시의 애플스토어와 유사하게 도시를 대표하는 시그니처 스토어라는 이미지를 목표로 만들어지고 있다. 단순한 판매망이 아니라, 나이키를 좋아하는 고객들을 포함해서 도시를 방문하는 관광객들마저도 끌어들일 수 있는 그런 공간으로 기획되고 있다.

먼저 2018년 10월과 11월에 오픈한 뉴욕과 상하이의 센터를 보면 나이키 박물관이라는 평가가 있을 정도로 거대하다. 나이키 아레나Arena라는 애플스토어와 흡사한 전시공간을 1층에 두고 거의 모든 나이키 제품을 기능과 브랜드 별로 구분하여 전시하고 있다. 이 공간은 나이키 박물관이라는 별명처럼 판매가 아닌 전시를 위한 공간으로 구성되어 있다. 아마도 관광객들이 반드시 들러야 할 필수공간으로 설계한 것으로 보인다. 뉴욕이든 상하이든, 애플스토어에 이어 또 한 군데 반드시 방문해야 할 곳으로 이노베이션센터를 설계한 것이다.

뉴욕의 나이키 하우스 오브 이노베이션

물론 실질적인 기능도 판매와 더불어 고객과의 대화라는 기능이 강조되어 설계되었다. 예약이 필요한 엑스퍼트 스튜디오Expert Studio는 운동 관련 상담이 필요한 고객과 대화할 수 있는 공간으로 설계되었다. 단순한 판매점이 아니라 고객의 운동에 대한 궁금증을 풀어주기 위한 큐레이션

공간이라는 콘셉트이다.

아울러 이노베이션센터에서 나이키 회원들에게 제공하는 디지털 서비스로는 카운터 계산이 필요 없는 인스턴트 체크아웃^{Instant Check out}, QR을 이용한 상품정보 탐색, 피팅룸으로의 배달 서비스 등이 이루어지고 있다. CEO 도너휴가 이야기했던, 나이키의 오프라인 스토어와 온라인 스토어를 연결시키기 위한 O2O전략이 어떻게 활용되고 있는지 보여 주는 것들이다. 나이키는 디즈니와 달리 실제 상품을 만져 보고 입어 봐야 가치가 올라가는 상품이기에, 디지털이라는 커뮤니케이션 수단과 오프라인이라는 보다 밀접한 접촉이 가능한 공간을 연결하는 데 초점을 맞추고 있다.

나이키는 이노베이션센터들을 늘려가면서 나름의 콘셉트를 각 센터마다 만들겠다고 발표했다. 오프라인 유통망을 혁신해서 보여 주는 공간으로 만드는 과정이라는 가설에 확신을 더해 준다. 2020년 7월에 오픈한 파리 센터는 여성과 아이들을 위한 공간 그리고 나이키의 지속가능성* 에 대한 노력을 보여 주는 공간으로 설계되었다. 특히 프랑스라는 국가가 지닌 다양한 종교적 특징을 반영하여 히잡존을 별도로 만든 모습은 더 이상 오프라인 유통망이 매출을 위한 공간이 아니라는 확신을 들게 한다.

이노베이션센터가 대도시를 중심으로 한 플래그십 스토어라면 나이키 라이브^{Live}는 고객의 근처에 존재하는 나이키의 직영망이다. 2018년 미국 로스앤젤레스 멜로즈의 나이키 오브 멜로즈^{Nike by Melrose}를 시작으로 나이

---

* 혹은 요즘 강조되고 있는 ESG의 상징 센터로 만들어지는 듯하다.

키는 간접망을 줄이면서 직접 운영하는 오프라인 매장을 만들어 가기 시작했다. 나이키는 이 새로운 포맷의 매장의 특징을 지역 기반Localization, 개인화Personalization, 디지털 통합Digital Integration 그리고 편리Convenience로 정의하고 있다. 간단히 해석하면 그 지역에서 잘 팔리는 상품을 중심으로 빠르게 움직이면서 고객과의 서비스를 강화하겠다는 뜻이다. O2O로 제공되는 서비스로 고객을 보다 편리하게 만들고 2주마다 상품의 25%를 교체함으로써 신선도를 높여가겠다는 것이다. 멜로즈에 이어서 롱비치, 그리고 도쿄의 시부야에 나이키 라이브를 설치하면서 자신감을 얻은 나이키는 이러한 소형 직영망을 수년 내 전 세계에 150~200개까지 늘려 갈 계획을 갖고 있다.

일본 도쿄 시부야의 나이키 바이 시부야 스크램블

두 번째 직영망, Nike.com

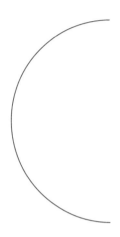

아쉽게도 아직 한국에는 나이키 모바일 앱이 존재하지 않는다. 하지만 한국에 모바일 앱이 나오는 데 긴 시간이 걸리지는 않을 것이다. 물론 네이티브 앱이 존재하지 않을 뿐이지 모바일 웹 버전의 Nike.com은 이미 존재하고 있고, 또 상품의 구매라는 면에서 큰 불편은 없다. 나이키의 모바일 앱은 다른 모바일 앱들인 NTC, NRC, SNKRS에서 만들어 유지하는 고객관계를 금전적 가치로 전환시키는 거래 앱이기 때문이다. 나이키의 최종 거래를 담당하는 나이키 앱은 큰 설명이 필요 없다. 요구되는 기능 그 자체가 거래이고, 이는 이미 아마존과 같은 상거래 사이트에서 충분히 학습했기 때문이다.

나이키의 모바일 직영망은 거래를 위한 나이키 앱과, 나이키 트레이닝 클럽과 런클럽 그리고 다양한 SNS 계정의 조합으로 구성된다. Nike.com

은 언제나 가장 후미에 서 있다. 가장 앞에서는 NTC와 NRC가 있으면서 고객들과 건강과 운동에 대해 이야기하고, 그 옆에서는 나이키의 페이스북과 인스타그램이 정보와 이미지로 고객과 소통하려 노력한다. 거래는 가장 뒤에 위치하면서 고객이 원하는 상품을 제공한다. 이것이 나이키의 기본적인 모바일 스토어의 모습이다.

나이키의 고객과 관계 맺기

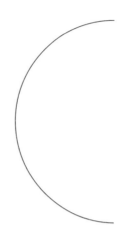

나이키의 구독전략을 한마디로 이야기하면 고객과의 관계를 재정의하는 것이다. 과거에는 고객과의 관계를 유통망에게 맡겼다면 이제는 직접 관리하는 것으로 변화하는 것이다. 물론 이러한 변화는 인터넷과 디지털 그리고 모바일이라는 새로운 환경이 있었기에 가능한 것이었다. 새로운 환경은 모바일 커머스라는 새로운 직접유통망을 가능하게 하면서 동시에 고객과의 관계를 직접 관리할 수 있는 기회 역시 제공해 준다. 그래서 나이키의 고객과의 관계 맺기는 거래가 아닌 멤버십을 통해 이루어진다. 거래는 Nike.com에서 진행하지만 고객과의 관계는 나이키의 다른 모바일 애플리케이션들을 통해 이루어진다.

　고객과의 관계를 재정의함에 있어 가장 중요한 것은 고객과의 접촉을 늘려 고객이 무엇을 원하는지 알아내는 것이다. 우리는 이를 고객 데이터라 말한다. 아마존과 같은 거대 유통 플랫폼은 고객의 구매 데이터를 바탕으로 무엇을 원하는지 추측할 수 있지만, 브랜드는 자신의 제품이 아닌 다른 제품에 대한 고객의 니즈를 알아낼 수 있는 방법이 없다. 따라서 브랜드는 자신의 제품 즉 자신의 영역에 집중하여 고객의 데이터를 수집해야 한다. 나이키는 운동, 헬스를 자신의 영역으로 정의하고 고객과의 관계를 재정의하고 있다. 이는 단순히 나이키 제품을 언제 얼마나 구입했느냐가 아니라, 고객들이 건강과 운동에 대해 어떤 생각을 갖고 있는가를 이해하는 것이다. 따라서 나이키의 런클럽Run Club과 트레이닝클럽Training Club은 고객 데이터라는 관점에서 아주 중요한 역할을 한다. 나이키는 단순히 구매라는 전장에서는 아마존을 이길 수 없기 때문이다.

나이키 런클럽, 트레이닝클럽

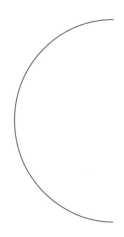

나이키의 중국 비즈니스는 코로나가 창궐하기 전까지는 두 자릿수 성장을 지속하고 있었다. 하지만 코로나가 중국을 집어삼키기 시작하면서 중국의 나이키 매장들은 문을 닫기 시작했다. 이 순간 중국시장에서 나이키의 고객과의 접점은 온라인으로 옮겨 간다. 고객들은 나이키를 사기 위해 Nike.com 혹은 모바일 나이키 앱으로 이동한 것이 아니라, 나이키가 집안에서의 운동을 위해 만들어 놓은 운동 앱 나이키 트레이닝클럽으로 모여들기 시작한 것이다.

2020년 1분기 중국에서 나이키 트레이닝클럽은 주간 사용자 수가 80% 증가하는 실적을 경험한다. 즉 코로나가 만들어 낸 격리의 답답함과 건강에 대한 관심으로 운동 애플리케이션인 나이키 트레이닝클럽이 주목받기 시작한 것이다. 운동 앱의 성공은 나이키 이커머스e-Commerce 애플리케

이션으로 연결되는 현상이 나타났고, 나이키의 중국 매출은 다시 성장하기 시작한다. 나이키는 이러한 중국에서의 성공을 전 세계로 확장하면서 새로운 방식의 고객 네트워크를 만들어 내기 시작했다. 물론 코로나로 인해 록다운Lock Down이 지속되고 있는 미국에서도 말이다.

운동 앱인 나이키 트레이닝클럽은 고객의 운동을 도와주는 앱이다. 코로나 상황이 아니더라도 운동을 좋아하는 사람들에게는 유용한 앱일 것이다. 원래 운동을 도와주는 콘텐츠 제작에는 비용이 들기에 무료 앱은 사용할 수 있는 수준이 아니었고, 그래서 이런 피트니스fitness 앱은 일반적으로 거의 모두가 유료로 제공되고 있었다. 나이키 역시 그것을 유료로 월 14.99달러에 제공하며 건강과 피트니스 영역에서 나름의 성공을 거두고 있었다.

2020년 초 나이키는 코로나로 야외활동이 힘들어진 상황을 감안하여 나이키 트레이닝클럽을 무료로 전환한다. 코로나라는 특수상황에 따른 이벤트성 기획이었을 수도 있지만, 이 전환은 나이키 구독전략의 성공적 시작이라는 결과를 낳았다. 많은 고객들이 나이키와 모바일 앱을 통해 가치를 주고받는 관계를 맺기 시작했고, 고객이 어떤 운동을 좋아하고 얼마나 열정적인지를 공유하기 시작했다. 운동 추천을 위해 제공되는 신체 사이즈나 취향은 나이키의 고객정보가 되었고, 이는 온오프라인 직영망에서의 판매에 직접적인 도움을 제공했다. 나이키 트레이닝클럽에 가입을 하면 나이키 멤버패스^{Nike Member Pass}라는 개인 QR이 발급되는데, 이는 모든 나이키 매장과 이벤트에서 사용이 가능하다. 매장 방문 시에 QR로 회원인증을 하면 매장은 고객의 정보를 바탕으로 다양한 정보와 제안을 할 수 있게 된다. 물론 온오프라인 직영망에서 고객의 쇼핑 정보는 지속적으로 누적되어 관리된다. 운동이라는 테마를 바탕으로 고객과 나이키를 연결시키는 것이다.

또 다른 나이키의 운동 앱인 나이키 런클럽은 러닝에 특화되어 있다. GPS를 통해 뛴 곳을 지도로 표시해 주고, 목표관리도 가능하다. 친구와 함께 경쟁도 할 수 있고, 뛰고 난 뒤의 누적 거리와 소모된 칼로리도 표시해 준다. 좀 더 나아간 기능으로는 음성으로 실시간 러닝을 코치해 주는 기능도 제공한다. 나의 러닝을 기록하고 관리해 주는 단순한 앱이지만 이 역시 나이키가 만들었다는 점이 차이를 만들어 낸다. 나이키 트레이닝클럽과 달리 GPS 정보의 제공은 고객의 커뮤니티 정보를 제공해 준다. 나이키 런클럽을 통해 나이키는 고객이 어디에 사는지 알 수 있게 되는 것이다.

두 개의 운동 앱 모두 개인의 신체 수치와 발 사이즈도 입력할 것을 권장하기에 자연스레 쇼핑 추천이 이루어질 수 있다. 물론 두 개의 앱에는 쇼핑 기능이 있어 언제든 나이키 매장으로의 이동이 가능하다.

또한 나이키의 우수고객이라면 SNKRS에서 한정판 운동화를 우선적으로 살 수 있는 패스SNKRS PASS도 받을 수 있다. 여기서 우수고객은 기존 마케팅의 개념에서는 자주, 많이, 최근에 구매한 고객이 될 수 있지만, 이제는 운동 앱을 통해 꾸준히 운동한 고객이 될 수도 있다.

나이키의 모바일 비즈니스를 책임지는 론 패리스Ron Faris는 나이키의 이 두 가지 운동 앱을 통해 일정 거리를 뛰거나 주어진 미션을 완성하면 한정판 운동화를 살 수 있는 프로그램이 언제가 나오게 될 것이라고 이야기했다. 일종의 게임처럼 나를 위한 운동과 한정판 구매권이라는 보상이 연결되는 모습은 나이키가 바라는 고객과의 단절되지 않는 관계를 의미한다.

마니아들의 앱 나이키 SNKRS

팬덤을 만드는 것은 무척 어렵다. 어렵지만 동시에 누구나 갖고 싶은 것이 팬덤이다. 그런데 팬덤을 만드는 과제가 상대적으로 나이키에게는 어렵지 않은 일이었다. 이미 스포츠라는 영역에서 나이키는 가장 선호되는 브랜드였기 때문이다. 다만 그 팬덤을 구체화시키는 것이 과제였다. 나이키는 사람들이 갖고 싶어하는 제품의 희소성을 구체화시키고 보다 갖기 쉽게 제도화함으로 이를 이루어 냈다. 이는 SNKRS라는 앱을 통해 구현되었다.

SNKRS는 운동화를 의미하는 영어 sneakers를 줄인 것으로, 운동화 마니아, 영어로는 'sneakerhead' 들을 위한 앱이다. 2015년에 시작된 SNKRS는 한정판 즉 'limited edition' 시장을 대상으로 한다. 한정판은 유명 디자이너 혹은 운동선수와 협업하거나 디자인에 숨은 뜻이 있는 버전을 의미하며, 높은 수요로 인해 시장에서의 재판매 가격이 치솟는 등 '슈테크*'의 도구로도 활용되고 있다. 2020년 나이키와 크리스챤 디올이 콜라보로 내놓은 에어조던1 모델은 발매가가 300만 원이었는데 현재는 4~5배 증가한 1,200만 원에 거래되고 있다. SKNRS의 성공으로 이제는 스톡엑스StockX와 같은 슈테크 전문 플랫폼까지 나타나고 있다.**

SKNRS의 참여는 모바일 앱을 통해 이루어지는데 리미티드 에디션을 얻는 방법에는 FLOW, LEO, DAN***의 방식이 있다. 가장 일반적인 방식

---

* 신발을 재테크에 사용한다는 의미로, 한정판의 가격이 계속 오름에 따라 신발을 보유하고 있다가 일정 시간 후에 판매하여 수익을 얻는 재테크를 의미한다.

** 국내에도 Kream과 무신사가 만든 Soldout 등이 있다. 번개장터에서도 BGZT Lab라는 오프라인 리셀링 샵을 여의도 더현대서울에 오픈하기도 했다.

*** FLOW는 선착순 방식이고, DAN은 한정된 시간 안에 참여한 신청자를 대상으로 추첨으로 뽑는 방식으로 매우 희귀한 한정판 추첨에 주로 사용된다.

은 LEO로, 일종의 추첨 방식이다. 매주 열리는 한정판 추첨에 참여하여 운을 기대하는 것이다. 물론 당첨되면 구매 프로세스가 열리고 한정판을 구매할 수 있다.

나이키가 이 한정판 마케팅을 적극적으로 시작한 것은, 이 한정판에 참여하는 운동화 마니아들이 고객과의 관계 마케팅에서 핵심적인 역할을 담당한다는 점을 이해했기 때문이다. 마니아들은 애플이 주도하던 팬덤 마케팅이 나이키에서도 가능함을 보여 준 것이다. 한정판을 갖게 된 마니아들은 이를 SNS상과 오프라인 커뮤니티에서 자랑하고, 자연스레 수많은 팔로워들의 관심이 이어진다. 그리고 이 프로세스는 매주 계속된다. 즉 지속성이 생기면서 마니아들과 나이키 간의 관계가 계속해서 이어지는 것이다. 언뜻 보기에 스니커헤드sneakerhead들을 위한 시장은 절대적으로 크지 않아 보인다. 하지만 나이키의 최근 발표[5]에 따르면 SNKRS 앱은 최근 1년 동안 사용자 수를 배로 늘리면서 나이키 전체 디지털 매출의 20%를 차지하고 있다고 한다. 단순히 팬덤 유지를 위한 도구가 아니라 실질적인 매출 증대에도 중요한 역할을 하고 있는 것이다.

나이키의 실험은 계속된다

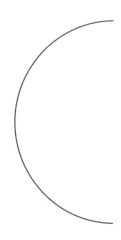

나이키는 이제 고객과 직접적인 관계를 맺기 시작했다. 2020년 말 현재 나이키는 1억 7천만 명의 모바일 사용자를 가지고 있다.[6] 물론 나이키가 운영하고 있는 모바일 앱의 회원들을 모두 합한 숫자이다. 1억 7천만이라는 숫자 중에 얼마나 많은 고객이 나이키와 밀접하게 커뮤니케이션하는지는 알 수 없다. 하지만 이 숫자는 충분히 의미 있는 수준에 이르렀다고 볼 수 있다. 우리가 익히 알고 있는 아마존 프라임의 1억 8천만 명이나 넷플릭스의 2억 명, 그리고 마이크로소프트의 2억 2천만 명이라는 숫자에도 충분히 견줄 만한 숫자이기 때문이다.

나이키는 이제 고객들과의 수많은 대화들을 통해 상품을 기획하고 개선하기 시작했다. 이미 기존 버전에서 새로운 색상의 조합을 만드는 데에도 SNKRS 사용자들의 의견이 반영되고 있다고 한다. 문제는 나이키의 구독전략의 성공이 무엇을 의미하는가이다.

　MZ세대들은 가성비를 중요하게 생각한다고 한다. 그렇다면 언뜻 보기에 그들은 절대 삼다수나 에비앙을 마시지 않고 쿠팡이 제공하는 탐사수만을 마실 것이다. 하지만 결코 그런 결과는 만들어지지 않는다. MZ세대 역시 단순히 가성비만 추구하는 그런 인류가 아니기 때문이다. 만년필은 몽블랑을 쓰고, 신발은 페라가모를 신고, 에르메스 넥타이를 매고 제냐 양복을 입으면서 무똥 로칠드 와인에 코히바 시가를 피는 것이 어쩌면 인류가 가장 원하는 삶일지도 모르기 때문이다. 나이키의 구독전략이 성공하기를 바라는 것은, 인류의 삶 자체가 가성비만 추구하는 그런 삶이 되지 않았으면 하는 바람과 더불어 결코 그렇게 되지는 않을 것이라는 확신 또한 있기 때문이다.

　필자는 최근 애플의 애플워치를 구입했다. 알루미늄 버전과 티탄 버전의 가격 차이는 두 배였는데, 내가 왜 티탄 버전을 구입했는지 아직도 이유를 알지 못한다. 어쩌면 그것이 나이키의 구독전략이 성공할 수 있는 가장 큰 이유일지도 모르겠다.

🔔 룰루레몬의 구독전략

룰루레몬은 피트니스계의 샤넬이라 일컬어지는 요가복 브랜드이다. 물론 피트니스나 다양한 용도의 운동에 활용되는 옷을 판매하는 기업이다. 창사 이래로 지속적인 성장을 기록하면서 시장을 리드하고 있는 룰루레몬은 2020년 6월 '미러MIRROR'라는 스타트업을 인수한다. 이 선택은 요가복을 만드는 제조기업인 룰루레몬이 고객과 어떤 관계를 만들어 가려 하는지를 잘 보여 준다. 바로 룰루레몬의 구독전략인 것이다. 룰루레몬이 미래의 나이키가 될 것이라는 이야기가 결코 그냥 해 보는 소리는 아닐 것이다.

창업 초기부터 룰루레몬이 단순히 요가복만을 만드는 전문 제조기업을 지향한 것은 아니다. 그들이 전문 제조기업의 길로 들어선 것은 단순히 좋은 제품을 만드는 것만으로는 운동복이라는 영역에서 나이키나 아디다스 같은 대기업들이 장악하고 있는 스포츠웨어 시장에 진입하는 것이 어려웠기 때문이다. 이제 룰루레몬은 온오프라인 커뮤니티 서비스를 통해 고객들과 직접 만났고, 앰배서더라고 불리는, 자신의 상품을 사용하고 홍보해 줄 파트너를 육성함으로써 큐레이션의 가치를 만들어 냈다. 주로 강사로 이루어진 앰배서더들은 룰루레몬의 제품을 직접 착용하고 운동할 뿐만 아니라 제품의 개선에 직접 참여하는 모습까지 보이고 있다.

커뮤니티 서비스는 오프라인 매장이나 요가센터, 심지어 한강공원 같은 야외장소까지도 활용하여 함께 운동하는 커뮤니티 가치를 만들었고, 온라인으로 제공되는 Digital Sweat Hub는 요가, 필라테스, 트레이닝, 명상 등의 다양한 운동에 대한 홈트레이닝 튜토리얼을 제공한다. 콘텐츠의 품질은 나이키와 비교해도 손색이 없는 수준이며, 한 걸음 나아가 운동 시의 스타일링에 대한 조언

도 제공하고 있다.

고객관계지향적인 룰루레몬의 미래 모습은 미러의 인수를 통해 더욱 명확하게 드러난다. 코로나 팬데믹으로 야외활동이 어려워진 상황에서 보다 본격적인 운동을 하고 싶어하는 고객을 위해 개인화된 홈 트레이닝을 제공하는 도구로 '미러'를 활용하겠다는 것이다. 미러는 거울 디스플레이를 통해 구독자의 홈 트레이닝을 도와주는 홈 피트니스 서비스이다. 미러의 디바이스는 작동하지 않을 때는 일반 거울처럼 보이다가 프로그램을 작동하면 사용자에게 수업을 해 주는 강사가 디스플레이에 등장한다. 사용자는 자신이 원하는 요가, 필라테스, 명상, 근력운동 등 다양한 운동을 15분, 30분, 60분 단위로 선택할 수 있으며, 미러 구매 시에 같이 발송되는 심장박동측정기는 사용자의 맥박을 측정하고 미러에 부착된 카메라는 사용자의 자세를 모니터링해서 올바른 운동이 수행될 수 있도록 도와준다. 또한 실시간으로 다른 미러 사용자와 함께 클래스를 수강할 수 있는 커뮤니티 기능 또한 제공한다.

미러의 월 회비는 39달러이고, 미러라는 기기를 구입하기 위해서는 1,495달러가 필요하다. 룰루레몬의 요가복이 타 브랜드보다 두 배 이상 비싼 점이나, 타깃으로 하는 고객 세그먼트가 슈퍼걸 Super Girl인 것을 감안하면 진입장벽이 높은 것은 아니다. 자전거에서 펠로톤이 2,000달러(약 2백만 원)의 기기 가격이 필요한 것과 동일하다. 룰루레몬은 미러를 통해 고객과 직접적인 관계를 맺게 될 것이고 자신의 제품을 마음껏 홍보할 수 있을 것이다.

룰루레몬은 모든 오프라인 스토어를 직영으로 운영하고 있는데, 간접망을 통해서는 커뮤니티 가치를 만들기 어렵기 때문이다. 매장 내의 모든 직원을 점원이 아닌 에듀케이터(일종의 교육자 혹은 지도자)로 부르는 것은 이들이 운동에 대한 조언을 할 수 있다는 사실을 대변한다. 운동을 좋아하고 그에 대해 대화를 같이 나눌 수 있는 오프라인 매장이 룰루레몬이 지향하는 바일 것이다. 고객과 더불어 운동 콘텐츠로 가득한 온라인 커뮤니티를 만들어 왔고, 이제는 미러를 통해 본격적으로 고객과의 관계를 만들어 가고 있다.

룰루레몬의 현재 마케팅 전략은 모범적인 구독전략이라 불러도 손색없어 보인다. 직영 스토어를 통해 고객과 직접 만나고, 온라인 콘텐츠와 오프라인 커뮤니티를 통해 멤버십을 만들고 있으며, 이제는 미러라는 기기를 통해 보다 많은 만남을 만들어 가고 있는 것이다.

8장

디즈니의 구독전략

코로나 팬데믹에서 더 뛰어오른 디즈니의 주가

디즈니의 2020년 결산보고를 보면 코로나가 디즈니의 각 사업 부문에 어떻게 영향을 미쳤는지 알 수 있다. 디즈니는 사업을 방송국^{Media Networks}, 테마파크^{Parks, Experiences and Products}, 콘텐츠 제작^{Studio Entertainment}, 넷플릭스와 같은 스트리밍 서비스^{Direct-to-Consumer & International} 사업으로 나눈다. 매출 면에서 보면 코로나의 영향을 직접적으로 받은 테마파크의 매출이 작년 대비 37% 감소했고 콘텐츠 제작 부문 역시 13% 감소했다. 반면에 방송국 사업은 재택근무가 증가하면서 14% 증가했고, 새로운 사업인 DTC는 81%의 성장률을 보였다.

이익 측면에서 보면 전통적인 흑자사업이었던 테마파크가 적자로 전환됐고, DTC는 아직 사업 초기여서 제법 큰 규모의 적자를 기록하고 있다. 전체적으로 매출은 소폭(6%) 감소했지만 이익은 무려 45%나 감소했다.

디즈니의 부문별 매출 및 손익

(단위: 백만 달러)

이익	2020	2019	변화율
방송국(Media Networks)	28,393	24,827	14%
테마파크(Parks, Experiences and Products)	16,502	26,225	-37%
콘텐츠 제작(Studio Entertainment)	9,636	11,127	-13%
스트리밍 서비스(Direct-to-Consumer & International)	16,967	9,386	81%
기타(Eliminations)	-6,110	-1,958	
합계	65,388	69,607	-6%
부문별 영업 이익	2020	2019	변화율
방송국(Media Networks)	9,022	7,479	21%
테마파크(Parks, Experiences and Products)	-81	6,758	nm
콘텐츠 제작(Studio Entertainment)	2,501	2,686	-7%
스트리밍 서비스(Direct-to-Consumer & International)	-2,806	-1,835	-53%
기타(Eliminations)	-528	-241	
합계	8,108	14,847	-45%

그런데 놀라운 것은 디즈니의 주가 변동이다. 디즈니의 주식은 미국에서 코로나가 창궐하기 시작한 시점의 85달러에서 2021년 5월 현재 180달러가 되어 110% 이상 상승하는 모습을 보이고 있다. 동일 기간 넷플릭스의 주가상승률인 80%를 뛰어넘은 것이다. 굳이 넷플릭스의 주가상승률과 비교한 이유는, 디즈니의 주가 상승을 이해하는 데 가장 중요한 요소는 디즈니의 DTC 서비스인 디즈니 플러스[Disney+]를 시장이 어떻게 받아들였는가이기 때문이다. 만약 디즈니가 2019년 11월 디즈니 플러스 출시

와 같은 공격적인 선택을 하지 않은 채로 팬데믹 상황을 맞았다면 어떻게 되었을까? 숫자상으로 적자폭은 줄어들었을 것이나 시장은 디즈니의 미래를 지금처럼 긍정적으로 보지는 않았을 것이다.

디즈니는 2019년 11월에 디즈니 플러스를 오픈하고 하루 만에 천만 가입자를 모으는 기염을 토했다.* 서비스 개시 후 1년이 지난 시점에서는 공식적으로 8,689만 명을 모았고, 이 책이 출판되는 시점에는 아마도 1억 명을 돌파했을 것이다.

---

* 물론 이는 기존 디즈니 멤버십인 D23를 이용한 사전판매의 역할도 컸다. 2019년 D23 엑스포에서 1년 구독권을 46.99달러, 3년 구독권을 141달러에 판매하였다. 한 달 이용료가 8달러임을 감안하면 디즈니 팬들에게는 매력적인 제안이었다.

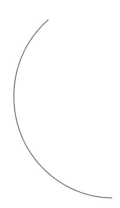

디즈니는 왜 플러스를
선택했을까?

2017년 디즈니의 CEO 밥 아이거가 넷플릭스와의 관계를 청산하고 직접 스트리밍 서비스로의 진출을 선언했을 때 시장의 반응은 엇갈렸다. 장기적인 비전이야 누구나 동의하지만, 현실적으로 왜 지금의 편안한 삶을 버리고 힘든 길을 택하는가에 대한 답변이 명확하지 않았기 때문이다. 그 당시 디즈니와 넷플릭스는 아주 좋은 관계를 유지하고 있었다.

2012년 디즈니는 과거의 파트너들이었던 HBO나 SHOWTIME이 아닌 넷플릭스에게 자신의 영화를 판매하기로 결정한다.[*] 매년 3억 달러씩 받는 조건이었다. 시장은 이를 쉽게 번 돈easy money이라 불렀다. 넷플릭스가 새로운 영화 유통망으로 등장하면서 흡사 돈 많은 아버지를 둔 것처럼

---

[*] 계약의 대상은 2016년부터 3년간 디즈니가 개봉하는 영화였다. 이 계약은 2018년에 종료됐고, 연장되지 않았다.

시장에 돈을 풀고 있었기 때문이다. 콘텐츠 시장의 풋내기인 넷플릭스는 디즈니로서는 만만한 상대였고, 이를 통해 벌어들일 수 있는 돈의 규모도 매력적이었다. 비록 넷플릭스의 성장이 디즈니의 케이블TV 매출을 갉아먹고 있었지만 디즈니는 여전히 넷플릭스를 적이 아닌 친구로 생각하고 있었다.

하지만 5년 만인 2017년 디즈니는 넷플릭스와 헤어지는 선택을 한다. 시장은 디즈니가 자체 스트리밍 서비스를 운영한다면 2019년과 20년에 각각 40억 달러, 50억 달러의 손실이 발생할 것으로 예상했다.[*] 넷플릭스뿐 아니라 다른 기존 콘텐츠 판매 업체들을 통해서 벌어들였던 모든 돈들이 사라질 것이고, 대신 새로운 서비스를 위해 수십억 달러가 추가로 필요했기 때문이다.

그렇다면 디즈니는 왜 이런 선택을 했을까? 아니 어떤 시장변화가 디즈니로 하여금 이런 선택을 하게 만들었을까? 이에 대한 대답은 넷플릭스가 만들어 낸 '두 가지 공포'에 있다. 첫째는 넷플릭스가 플랫폼과 유사한 독점력을 갖추게 되면서 최고의 크리에이터들이 이제 넷플릭스로 향하고 있다는 것이고, 둘째는 넷플릭스가 점차 고객을 장악해 가고 있다는 현실이다. 이 공포는 디즈니를 포함한 모든 콘텐츠 사업자들이 스트리밍 서비스에 뛰어들도록 만들었다. 그만큼 넷플릭스의 성장은 무서웠고 기존의 양상과는 달랐다. 디즈니만이 아니라 워너미디어^{WarnerMedia}, NBC

---

[*] 이 예상은 조금 빗나가 2019년 18억 달러, 2020년 28억 달러의 손실로 줄어들었다. 예상보다 가입자 수의 증가가 빨라 매출이 더 발생했기 때문이다.

출처: 디즈니 플러스

유니버설Universal, 파라마운트Paramount 등도 같은 느낌을 받았을 것이다. 그 결과 모두가 OTT라는 새로운 시장에 뛰어들게 된다.

넷플릭스가 만들어 낸
첫 번째 공포

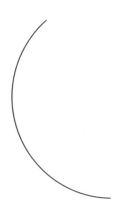

필자가 처음 플랫폼에 대한 글을 쓰기 시작하면서 가장 신경 쓰인 기업이 있다면 바로 넷플릭스였다. 많은 사람들이 넷플릭스나 그 유사한 서비스를 동영상 '플랫폼'이라고 부르고 있기 때문에, 가능하다면 강의를 할 때마다 넷플릭스는 플랫폼이 아니라는 점을 강조하곤 했다. 넷플릭스가 플랫폼이라면 호텔 뷔페식당도 플랫폼이라는 비유를 들면서 말이다. 플랫폼의 기본 특성인 양면시장과 개방이라는 관점에서 보면 넷플릭스는 플랫폼이 아니라 서비스 사업자이다. 구매, 라이선스, 제작 등의 방법으로 모든 콘텐츠를 직접 소싱하여 고객에게 제공하기 때문이다.

그런데 재미있는 것은 넷플릭스가 급성장하여 2억 명이라는 가입자를 확보하면서부터 플랫폼 기업과 유사한 모습을 보이고 있다는 점이다. 2020년 JD Power의 조사[7]에 따르면 미국 가구당 가입 OTT의 수는 평균

3.3개이고, 이들 중 넷플릭스를 시청하는 가구는 81%에 달한다.* 이 정도면 넷플릭스가 이미 거의 모든 미국 가구를 접수했다고 말할 수 있을 것이다. 합리적인 수준의 가격과 계정공유** 같은 수단 등을 통해 유료라는 실질적인 장벽을 많이 제거해 준 덕에 넷플릭스는 개방을 하지 않은 상태에서도 소비자 시장을 거의 장악했다.

이 수요자 시장에서의 준독점에 가까운 시장 장악은 교차 네트워크 효과를 통해 공급자(창작자) 시장에 영향을 미치고 있다. 플랫폼은 아니지만 플랫폼과 같은 독점적 지위를 넷플릭스가 차지해 가고 있는 것이다. 넷플릭스와 디즈니와의 관계도 앞서 이야기했던 아마존과 나이키, 즉 플랫폼과 브랜드의 전쟁이라는 양상을 그대로 보여 주고 있는 것이다.

이는 넷플릭스의 사업 영역인 전문 제작자들에 의해 만들어지는 콘텐츠 시장의 특성을 살펴보면 더 쉽게 이해된다. 대부분의 상업적인 콘텐츠의 경우 높은 제작비와 흥행 리스크로 인해 제작과 유통이 완전히 분리되어 진행되기 힘들다. 즉 영화산업에서 유통은 단순히 유통채널이라기보다는 투자자이자 제작자의 역할을 해 왔다. 주요 방송국과 스튜디오를 중심으로 투자 및 제작이 이루어지고 첫 방영이나 극장개봉 이후 케이블 채널 등 부가적인 윈도우로 순차적으로 판매되는 체계에서, 디즈니와 같은 회사는 자금과 선구안, 브랜드와 배급력을 바탕으로 공급의 요소들을 실

---

* 2등인 아마존 프라임 비디오의 가입률은 68%이고, 뒤를 이어 hulu 56%, Disney+ 47%, HBO max 22%, Peacock 18%, Apple TV+ 14%를 각각 기록하고 있다.

** 미국 시장에서 기존 케이블 유료채널 요금은 50달러인데 반해 넷플릭스의 월 요금은 10달러이다.

질적으로 장악해 왔던 것이다.

넷플릭스와 같은 OTT 서비스들은 초기에는 DVD 시장을 대체하는 또 하나의 유통망 정도로 이해되었다. 하지만 기존의 영화배급사나 방송국의 역할이 온라인 스트리밍으로 급격히 넘어옴에 따라 온라인이 또 하나의 윈도우가 아니라 전통의 강자들과 메인 윈도우 자리를 놓고 겨루고 있는 것이다.

넷플릭스가 전세계적으로 2억의 가입자를 확보하면서 어떤 일이 벌어지고 있을까?

역사상 박스오피스에서 가장 많은 수입을 얻은 마블 스튜디오의 〈어벤저스: 엔드게임〉은 2019년 개봉 후 2달 동안 9,500만 명이라는 관객을 극장으로 불러들였다. 〈아바타〉 이후 10년 만에 세운 신기록이었고, 앞으로도 쉽게 깨지기 어려운 기록일 것이다. 한편 2020년 넷플릭스에서 개봉한 〈익스트랙션〉이라는 영화는 한 달 동안 9,900만 명이 시청했다. 물론 두 기록을 단순히 관람자 수치만 놓고 비교하는 것은 큰 의미가 없다. 하지만 넷플릭스의 구독자 규모는 콘텐츠 창작자 입장에서 매우 매력적인 요소인 것은 틀림없는 사실이다. 기획안을 들고 가장 먼저 만나보고 싶은 대상이 넷플릭스가 될 수도 있다는 뜻이다.

2013년 〈하우스 오브 카드〉 이후 2019년까지 넷플릭스가 콘텐츠에 지출한 금액은 연평균 35% 수준의 증가율을 보였다. 2020년 코로나로 인한 특수상황으로 잠시 주춤했으나 올해는 다시 170억 달러가 넘는 투자계획을 밝히고 있다. 하지만 역시 콘텐츠 투자라는 관점에서 가장 많은

넷플릭스의 콘텐츠 투자

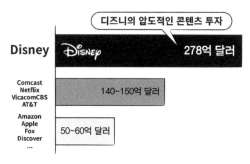

2019년 콘텐츠 투자비

금액을 투자하는 기업은 디즈니이다. 버라이어티^{Variety}에서 조사한 2019년의 미국 미디어&엔터테인먼트 기업들의 콘텐츠 투자금액을 보면 디즈니가 전체 투자액의 거의 1/4에 가까운 비중을 차지하고 있다.

하지만 더 놀라운 것은 넷플릭스의 투자금액이다. 아마존, 애플 등 다른 스트리밍 서비스와는 큰 차이를 보이면서 전통적 미디어기업들의 투자금액과 어깨를 나란히 하고 있다. 디즈니에는 한참 못 미치는 수치로 보이지만, 디즈니의 투자금액이 극장용 영화, 네트워크 및 케이블TV, 스트리밍 서비스를 모두 포함한 금액임을 감안하면, 넷플릭스가 콘텐츠 공급자 시장에서 어떤 영향력을 가지게 되었을지 짐작할 수 있다. *

한국 시장의 경우도 마찬가지이다. 넷플릭스는 2021년에 한국에 5억 달러의 콘텐츠 투자를 발표했다. 한국은 이미 4백만의 가입자가 있는 중요 시장인 동시에 한국의 콘텐츠들은 글로벌 시장에서도 충분히 통한다는 것이 〈#살아있다〉, 〈킹덤〉 등의 작품으로 이미 검증되었기 때문이다. 2019년 기준** 한국의 드라마 제작 시장의 크기는 연간 5,670억 원*** 정도이고[8], 개봉영화의 총 제작비 규모는 5,500억 원 수준이다.[9] 여기에 넷플릭스는 5,500억 원의 자금을 투입하는 것이다. 이제 한국의 모든 영화사, 드라마 제작사들은 KBS 같은 공중파 방송사나 CJ, 롯데와 같은 영

---

* 2021년 발표 기준으로 디즈니는 2024년까지 디즈니 플러스에 매년 80~90억 달러를 투자할 예정이다. 디즈니의 경우에는 총 투자액 278억 달러가 모두 디즈니 플러스에 투자되는 것은 아니지만 넷플릭스의 170억 달러는 온전히 OTT에 투자된다.

** 2020년의 콘텐츠 투자는 코로나 팬데믹으로 유의미한 비교가 되지 않기에 2019년 데이터를 사용하였다.

*** 지상파와 방송채널사용사업자의 자체제작 및 외주제작 비용을 합산한 금액

화투자배급사보다 넷플릭스에 먼저 자신의 기획안을 제시할 것이다.

디즈니가 넷플릭스에 대해 느꼈을 공포는 아마도 지금 한국 시장에서 CJ나 롯데 그리고 방송사들이 느끼고 있는 그것과 비슷했을 것이다. 바로 넷플릭스가 성장을 계속할 때 나타날 수 있는, 힘의 집중이 주는 공포이다. 알고 보면 디즈니도 넷플릭스에 콘텐츠를 제공하던 공급자였기 때문이다. 마블, 픽사, 스타워즈, 심슨가족 등을 보유한 콘텐츠 업계의 수장이라 할 수 있는 디즈니로서는 넷플릭스라는 유통사업자로 힘이 집중되는 현상을 그냥 방관만 할 수는 없었을 것이다.

넷플릭스가 만들어 낸
두 번째 공포

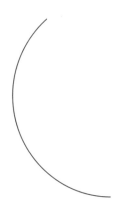

하지만 넷플릭스가 만들어 내고 있는 진정한 공포는 따로 있었다. 누가 보아도 글로벌 콘텐츠 시장의 리더는 디즈니라 할 수 있다. 디즈니는 밥 아이거라는 CEO 체제에서 픽사, 마블, 루카스필름, 폭스를 차례로 합병하면서 콘텐츠 생태계의 최대 포식자로 자리 잡았다. 그런데 그들의 콘텐츠는 새로운 시대에 넷플릭스가 만들어 내고 있는 콘텐츠들에 비해 경쟁력을 갖추지 못하고 있다. 분명히 픽사, 마블, 스타워즈 콘텐츠 하나하나는 재미있고 수많은 팬들을 갖추고 있다. 하지만 이들이 모두 홈런을 노리는 슬러거라면 넷플릭스의 콘텐츠들은 수많은 안타를 양산하는 교타자들인 것이다.

넷플릭스라는 서비스는 이미 2억 명의 시청자를 갖고 있고 'Netflix 오리지널'로 이름 붙여진 콘텐츠들의 한 달 내 소비율은 거의 50%에 달하고 있다. 즉 콘텐츠가 만들어지면 1억이 넘는 숫자의 시청자가 지체 없이 감상을 하는 시장이다. 이 감상은 수많은 리뷰를 낳고 이슈를 만든다. 비록 픽사, 마블, 스타워즈에 견주어 콘텐츠 제작자들의 브랜드는 떨어지지만, 시장에 자주 노출되고 단기간에 수많은 사람들이 시청한다는 것은 콘텐츠 제작자의 입장에서는 다른 차원의 세상인 것이다. 〈퀸스갬빗〉이라는 넷플릭스 오리지널은 한때 체스 붐을 다시 일으키기도 하고 드라마에 나오는 모든 체스 공식에 대해 설명하는 유튜브가 존재할 정도로 파급력이 컸었다. 콘텐츠는 보다 많은 이야기가 만들어질 때 그 가치가 배가되는 또 다른 네트워크 효과를 갖고 있다. 넷플릭스는 그 효과를 만들어 내고 있는 것이다.

단순한 SNS상의 파급력뿐만 아니라 에미상이나 오스카상에 노미네이트된 작품 숫자를 살펴보아도 넷플릭스의 도약이 두드러지게 나타난다. 공식적인 수상 이력에서도 콘텐츠 제작의 신입생이라 할 수 있는 넷플릭스가 선두 자리를 차지하고 있는 것이다. 물론 이런 어워즈들이 갖는 평가의 소구점이 어디 있는가에 따라 다른 해석이 있을 수 있지만 넷플릭스가 시장의 관심이라는 면에서 디즈니를 추월하고 있다는 명백한 신호이긴 하다. 보다 많은 사람이 볼 수 있기에 보다 쉽게 알려지고 보다 많은 기회가 생긴다는 의미로 시장은 해석할 것이다.

넷플릭스와 디즈니가 다른 점은 디즈니가 팬덤에 의존한다면 넷플릭스는 데이터에 의존한다는 사실이다. 넷플릭스는 보다 다양한 콘텐츠를 제공하고 이를 통해 데이터를 수집한다. 그리고 고객에 대한 이해도를 높

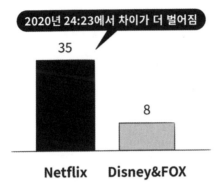

2021년 오스카상 노미네이트

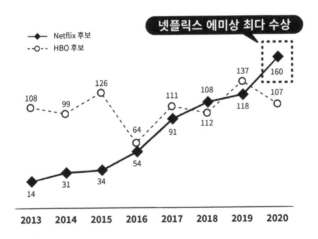

TV시리즈 에미상 수상 현황

인다. 콘텐츠와 고객 그리고 SNS 같은 뉴미디어를 통한 데이터의 순환은 계속해서 넷플릭스를 스마트하게 만들 것이다. 디즈니가 한 편의 영화를 만들 때 수억 달러를 투자한다면 넷플릭스는 그 10%의 돈으로 유사한 성과를 얻어 낼 것이다. 그 성과는 단순히 재무적인 성과만이 아니라 고객 데이터라는 또 다른 성과를 포함한다.

디즈니가 가장 무서워하는 것은 아마도 이 힘의 이동이 아닐까 생각된다. 수많은 아이디어와 크리에이티브가 이제 디즈니가 아닌 넷플릭스를 향한다는 사실과 더불어, 이제 그 넷플릭스가 고객의 데이터를 모아 가고 있고 현금도 벌고 있다는 사실이 공포로 다가오고 있는 것이다.

디즈니와 넷플릭스는
구독방식이 다르다

넷플릭스가 아마존이라면 디즈니는 나이키와 비슷하다. 나이키가 아마존과의 결별을 선언했듯이 디즈니의 넷플릭스와의 결별은 유통망과의 결별이다. 이 결별에 있어 디즈니가 선택한 도구는 디즈니 플러스라는 구독이다. 넷플릭스의 구독에서 벗어나 디즈니만의 구독서비스를 만든 것이다. 하지만 넷플릭스가 구독을 하는 방식과 디즈니가 구독을 하는 방식은 다르다. 바로 유통망의 구독과 브랜드의 구독이 다른 것과 같다. 외형상으로 보기에 디즈니의 행보는 넷플릭스와 같아 보인다. 디즈니는 흡사 넷플릭스와 같이 콘텐츠 유통에 뛰어든 것으로 보이기 때문이다. 하지만 디즈니는 넷플릭스와 달리 외부에서 콘텐츠를 소싱하여 판매하지 않는다. 물론 외부 스튜디오에 투자해서 콘텐츠를 소싱하는 경우가 완전히 없지는 않겠지만, 근본은 디즈니 자체의 콘텐츠로 스트리밍 서비스를 운영할 것이다. 이는 정확히 아마존과 나이키의 관계와 같다.

결국 디즈니는 자신의 상품만으로 유통망을 운영해야 하기에 브랜드가 가진 힘이 충분히 크지 않다면 넷플릭스와 경쟁하는 것이 쉽지 않을 것이다. 따라서 디즈니의 구독 방식은 분명히 콘텐츠 그 자체의 구독이 될 가능성이 높다. 즉 픽사, 마블, 스타워즈, 디즈니*, 내셔널지오그래픽스 등의 콘텐츠에 충성도가 높은 고객과의 관계를 만들고 새로운 콘텐츠들을 통해 보다 강화시키는 그런 전략이 될 것이다. 디즈니는 지난 투자자설명회에서 2021년 콘텐츠 전략을 발표했다. 이 콘텐츠 전략 발표는 시장에 큰 관심을 불러일으켰다. 그 주된 이유는 디즈니의 발표 내용도 내용이지만 워너미디어가 먼저 날린 '한방' 때문이었다.

---

* 여기서 디즈니는 Disney Television Studio와 Disney Animation Studio를 의미한다. 우리가 익히 알고 있는, 언제나 해피엔딩으로 끝나는 가족드라마와 미키마우스로 유명한 아동용 애니메이션 브랜드이다.

디즈니의 구독전략

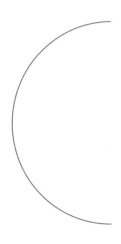

디즈니 외에도 전 세계적으로 알려진 미디어 그룹들이 스트리밍 시장에 뛰어들고 있다. 컴캐스트가 소유한 NBC유니버설[10]이 2020년 4월에 피코 크Peacock를 런칭했고, 5월에는 AT&T가 소유한 워너미디어[11]가 HBO Max 를 런칭했다. 아직 가입자 수에서 디즈니 플러스나 넷플릭스에는 미치지 못하지만 전통적인 글로벌 미디어&엔터테인먼트 업계의 강자들이다. 아

출처 : NBC 유니버설, 워너미디어

래의 익숙한 로고를 가진 영화 사업 역시 소유하고 있다.

이 영화사들에 대해 이야기를 하는 것은 최근 HBO Max가 시장에 던진 폭탄이 너무 강력했기 때문이다. 2020년 12월 워너미디어는 2021년 개봉 예정 라인업들을 모두 극장과 HBO Max에서 동시개봉하기로 발표한다. 코로나 팬데믹 상황에서의 어쩔 수 없는 대처라고 단순하게 받아들일 수도 있지만 영화계 안팎은 들끓었다. 2017년 〈옥자〉가 칸영화제에 출품되면서 일으킨 논쟁이 다시 점화된 것이다.[*]

이는 넷플릭스의 독주와 디즈니 플러스의 기대 이상의 성공을 바라보던 AT&T(워너미디어의 모회사)가 다급하게 내린 결정으로 보인다. 콘텐츠 시장의 경쟁이 이제 OTT 경쟁으로 바뀌었고, 앞서가고 있는 경쟁자들과의 거리를 지금 좁히지 못하면 영원히 따라가지 못할 것이라는 판단이었다. 물론 이 발표를 할 때에는 "This Year Only"라는 표현을 쓰면서 2022년에는 기존 방식으로 돌아가겠다는 의지를 분명히 하긴 했다. 하지만 시장은 AT&T의 이번 결정이 영화산업의 근간을 흔들었다고 받아들이고 있다. 극장의 입장에서 보면 하늘이 무너지는 결정이었고, 더불어 극장에서의 실적에 따라 보너스를 받던 영화감독, 배우 등의 표정도 밝을 수 없었다.

---

[*] 넷플릭스가 제작한 영화 〈옥자〉(감독 봉준호)는 극장 개봉을 중심으로 한 영화계의 오랜 질서를 뒤흔드는 논란의 출발점이 되었다. 〈옥자〉는 2017년 4월 제70회 칸 국제영화제 경쟁 부문에 공식 초청되었다. 하지만 프랑스 극장협회가 "극장 개봉을 전제로 하지 않은 작품을 경쟁 부문에 초청하는 것은 영화계 질서를 어지럽히는 것"이라고 반대 성명을 발표하는 등 논란이 일어났으며, 이에 칸 영화제 조직위원회는 논의 끝에 다음 해부터는 프랑스 내 상영관에서 개봉하는 영화들만 경쟁 부문에 초청하도록 규정을 변경한다고 공식 발표하기도 했다. 국내에서는 넷플릭스가 국내 대형 멀티플렉스들의 홀드백 요구를 거절하고 동시 개봉을 고수하면서 CJ, 롯데 등 대형 극장 체인을 제외한 일부 독립 극장에서만 〈옥자〉가 개봉되었다.

AT&T가 HBO Max에 이렇게 베팅하는 것은 워너브라더스와 HBO가 갖고 있는 콘텐츠의 힘은 충분하기에 지금 차이를 좁힌다면 이후 경쟁에서 거의 동등한 자리를 확보할 수 있을 것이라고 판단했기 때문이다. 오른쪽 그림만 보아도 우리가 쉽게 기억할 수 있는 콘텐츠들이 넘쳐나는 것을 알 수 있다. 원더우먼을 중심으로 그 옆으로 배트맨, 왕좌의 게임, 해리포터, 매트릭스, 아쿠아맨, 프렌즈, 그리고 구석에 슈퍼맨 등이 보인다. 이런 재료들을 가지고 디즈니의 1/10 수준의 가입자를 모으는 데 그쳤으니 무언가 게임을 바꿀 만한 선택을 해야 했음은 분명하다. [*]

AT&T의 선택은 2021년 예정된 워너브라더스의 영화들을 모두 HBO MAX에서 동시개봉함으로써 HBO Max의 가입자 수를 견인하겠다는 것이다. 〈원더우먼 1984〉를 극장과 스트리밍에 동시개봉하면서 HBO Max는 2020년 4분기 OTT 가입자 경쟁에서 선두를 기록한다. 온 가족이 집에서 〈원더우먼 1984〉라는 최신 영화를 보는 비용이 10달러 남짓에 불과했으니 HBO의 제안은 '혜자' 제안이었다.

AT&T는 〈원더우먼 1984〉를 극장과 HBO Max에 동시개봉하면서 극장에게 스트리밍의 일부 수익 공유를 약속했다. 이전까지 지켜 왔던 극장 선개봉의 원칙을 깨는 대가였다. 의외로 극장의 반발은 크지 않았다. 팬데믹으로 많은 대작들의 개봉이 미뤄지고 있는 상황에서 〈원더우먼 1984〉의 개봉 결정은 극장에게는 희소식이었기 때문이다. 비록 스크린

---

[*] HBO Max는 2020년 5월에 론칭하여 3분기까지 110만 가입자 확보에 그쳤다.

출처 : 워너미디어

과 스트리밍이 함께 이루어진다 해도 말이다. 그렇더라도 2021년 라인업을 모두 동시개봉한다는 것은 극장에게는 받아들이기 힘든 선택이었을 것이다. AT&T는 극장과 제작자, 그리고 감독이나 배우들과도 대립각을 세우는 결정을 한 것이다.* 게다가 〈원더우먼 1984〉에서 제시되었던 일부 수익의 공유 이야기도 슬그머니 사라졌다.

　어찌되었건 한국에도 만약 HBO Max가 런칭하게 된다면 우리는 이미 잘 알고 있고 극장에서 기꺼이 볼 만한 작품들인 〈매트릭스 4〉, 〈고질라와 킹콩〉, 〈컨저링〉, 〈톰과 제리〉 등 21편의 새 영화를 한 달에 15달러로 볼 수 있게 되는 것이다.** 단순계산으로도 한 달에 한 편 이상씩 신작 영

---

* 　여기에는 출연배우들과 감독들의 박스오피스 성적에 따른 보너스 이슈가 존재한다.

** 　한국에서는 유명하지 않지만 큰 기대를 모으고 있는 작품으로는 〈The Suicide Squad〉, 덴젤 워싱턴의 〈The Little Things〉 그리고 윌 스미스 주연의 스포츠영화 〈King〉 등이 있다.

화가 제공되는 셈이니, 이를 통해 HBO Max가 가입자 기반을 확보하는 것도 어느 정도 가능해 보인다.[*]

---
[*] 2021년 5월 17일, AT&T는 워너미디어를 분할하여 논픽션 TV채널의 강자 디스커버리(Discovery)와 합병하겠다는 계획을 발표했다. 시장에서는 AT&T가 2018년 타임워너(Time Warner)를 인수하면서 내세웠던 통신과 미디어의 수직결합이라는 전략을 포기했다고 평가하고 있다. AT&T로서는 과도한 부채부담을 덜고 5G 투자를 위한 재원을 확보하기 위해 어쩔 수 없는 선택이었다는 분석과 함께, 합병계획과 동시에 배당금 감소를 발표한 것도 이러한 분석에 힘을 실어주고 있다.

디즈니의 브랜드 구독전략, 콘텐츠 그 자체에 집중한다

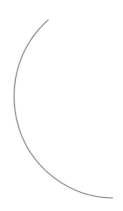

이런 HBO Max의 발표에 가장 당황한 것은 디즈니였을 것이다. 이 발표는 디즈니의 연례 투자자설명회Investor Day 바로 직전에 이루어졌기 때문에 디즈니는 워너미디어의 행보에 어떻게 대응할 것인가를 투자자들에게 설명해야 했다. 디즈니는 2020년 〈뮬란〉을 디즈니 플러스에서 개봉하면서 디즈니 프리미엄Disney Premium이라는 이름으로 30달러의 추가 비용을 요구했을 정도로 극장이라는 전통적인 사업모델과 스트리밍이라는 미래를 조절하면서 발전하는 전략을 운영하고 있었다. 여기에 워너가 찬물을 끼얹은 것이다.

결국, 12월 10일 연례 투자자설명회에서 디즈니는 엄청난 양의 콘텐츠 공급계획을 발표하는 것으로 대응한다. 그 내용을 살펴보면 디즈니가 디즈니 플러스를 어떻게 운영할 것인가를 알 수 있다. 이제 디즈니는 모든 것을 고객을 직접 확보하는 데 쏟아 붓겠다는 의지 즉 'All in'을 표방하면서 그 핵심이 콘텐츠 그 자체에 있음을 드러냈다. 디즈니의 구독전략은 우리가 익히 알아 온 잡지의 구독전략과 동일하다. 우리는 디즈니 플러스라는 만화잡지 혹은 주간지를 구독하는 것이고, 디즈니는 이 구독을 매력적으로 만들기 위해 언제 어떤 작품들이 출시될 것인가를 발표한 것이다. 디즈니의 구독전략은 양이 아닌 개별 브랜드 콘텐츠의 팬덤관리에 포커스가 맞춰져 있었다.

디즈니의 2021년 콘텐츠 계획 발표는 6개의 스튜디오별로 이루어졌는데 디즈니 홈 스튜디오, 스타워즈의 루카스필름, 디즈니 애니메이션, 픽사, 마블, 내셔널지오그래픽스가 각각 별도의 콘텐츠 공급계획을 발표했다.

먼저 가족 전체를 주로 타깃으로 하는 디즈니 스튜디오의 TV시리즈를 보면 2021년 방송 예정인 콘텐츠로는 〈The Mighty Ducks: Game Changers〉, 〈Big Shot', 'The Mysterious Benedict Society〉, 〈Turner & Hooch〉 등이 있고 현재 개발 중인 프로젝트로는 〈Beauty and the Beast^working title〉, 〈Swiss Family Robinson〉, 〈Percy Jackson and the Olympians〉가 있다. 〈마이티덕〉, 〈빅샷〉 등은 전형적인 디즈니 가족물이고, 〈미녀와 야수〉, 〈퍼시 잭슨〉 같은 콘텐츠들은 더 이상 설명이 필요 없는, 디즈니의 핵심 자산을 활용한 시리즈물이다. 디즈니가 만들어 내는 가족 콘텐츠는 가족이 함께 보는, 언제나 해피엔딩으로 끝나는 디즈니 콘텐츠의 전형을 유지할 것이다.

스타워즈의 고향인 루카스필름에서는 올해 런칭했던 〈만달로리안[*]〉에 이어서 스타워즈라는 오리지널을 기반으로 한 새로운 콘텐츠들을 대량 생산할 것으로 보인다. 〈Obi-Wan Kenobi〉, 〈Rangers of the New Republic〉과 〈Ahsoka〉 등이 그들이다. 만달로리안을 정신없이 봤던 스타워즈 팬들은 또 다른 스타워즈 스핀오프들의 개봉을 손꼽아 기다릴 것으로 보인다. 디즈니가 루카스필름을 인수할 때 가장 걱정한 것은 스타워즈라는 프로젝트가 갖고 있는 스케일의 문제였다. 스타워즈 시리즈는 저예산으로 만들 수 있는 영화가 아니었기 때문이다. 하지만 〈만달로리안〉을 보면 알겠지만 디즈니 플러스에서는 어느 정도 타협이 가능해 보인다. 스타워즈 팬들도 보다 자주 스타워즈 콘텐츠들이 나와 주기를 더 기대하기 때문이다.[**] 디즈니의 가장 큰 강점인 애니메이션 스튜디오에서는 디즈니의 첫 드래곤물인 〈Raya and the Last Dragon〉이 2021년 3월에 극장과 디즈니 플러스에서 동시에 개봉되었고 애니메이션 TV시리즈로는 〈Baymax〉, 〈Zootopia+〉, 〈Tiana〉, 〈Moana〉 등의 시리즈, 그리고 〈Iwájú〉 등이 디즈니 플러스에서 출격을 준비 중이다. 〈Baymax〉는 2014년 개봉한 〈빅히어로〉의 풍선로봇을 기반으로 제작하는 TV시리즈이고 〈주토피아〉, 〈티아나〉, 〈모아나〉 역시 극장용 애니메이션을 통해 익히 알고 있는 캐릭터들을 활용한 TV시리즈들이다. 디즈니는 이미 관객들의 기억 속에 존재하는 캐릭터들을 활용하여 플러스 독점 애니메이션

---

[*] 〈만달로리안〉은 현재 시즌 1, 2가 나와 있고, 2021년에도 두 편의 시즌이 예정되어 있다.

[**] 과거에는 스타워즈 시리즈 영화를 2년에 한 편도 보기 힘들었다.

콘텐츠들을 만들어 낼 계획인 것이다.

픽사 스튜디오에서도 디즈니 플러스를 위해 ⟨Win or Lose⟩라는 장편 애니메이션 시리즈를 2023년 예정으로 준비 중이다. 하지만 2021년 픽사의 장편 애니메이션 작품들은 극장에 집중할 것으로 보인다. 디즈니의 올인과 워너브라더스의 올인이 다른 점은 바로 이 부분이다. 디즈니는 픽사 애니메이션의 가치를 존중하며, 여전히 대부분의 픽사 작품을 극장에서 먼저 선보일 계획이다. 워너미디어의 HBO Max와 달리 디즈니는 스크린과 스트리밍 간의 균형을 어느 정도 조절하는 전략을 보여 주고 있다.

디즈니는 이를 'nice'와 'has to' 전략으로 이야기하는데, 디즈니의 미래인 디즈니 플러스에 중점을 두긴 하되 극장에서의 개봉이 반드시 필요한 has to 콘텐츠와 그렇지 않은 nice 콘텐츠를 구분하는 전략이다. 픽사의 많은 애니메이션들이 극장으로 향했고 마블의 대표적 프랜차이즈 영화들 역시 극장을 거쳐 디즈니 플러스로 올 것이다.

물론 픽사 스튜디오 역시 지난 크리스마스에 ⟨Soul⟩이라는 장편 애니메이션을 디즈니 플러스에서 독점 개봉했을 뿐만 아니라 ⟨Inside Pixar⟩, ⟨Pixar Popcorn⟩, ⟨Dug Days⟩, ⟨Cars⟩ 등의 디즈니 플러스를 위한 시리즈들을 지난 크리스마스부터 제공하고 있다.

마지막으로 마블 스튜디오에서는 플러스를 위해 3개의 새로운 TV 시리즈를 준비 중이다. 어벤저스의 대장인 닉퓨리가 주인공인 ⟨Secret Invasion⟩, 여자 아이언맨인 ⟨Ironheart⟩, 그리고 아이언맨의 또 다

른 스토리 〈Armor Wars〉가 그들이다. 마블 스튜디오는 이미 〈Wanda Vision〉, 〈The Falcon and The Winter Soldier〉, 〈Loki〉를 디즈니 플러스에서 제공하고 있다.

디즈니의 투자자설명회 소식을 자세히 나열한 이유는 이 발표 자체가 디즈니의 구독전략이기 때문이다. 디즈니의 구독, 픽사의 구독, 마블의 구독, 스타워즈의 구독이 모여서 디즈니 플러스의 구독이 되는 것이다.

디즈니의 멤버십 구독전략

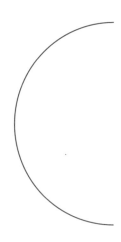

국내의 많은 미디어 전문가들은 디즈니 플러스가 언제쯤 넷플릭스를 추월할지를 이야기하곤 한다. 하지만 아무도 나이키가 아마존의 가입자를 추월할지 궁금해하지 않듯이 이는 적절한 비교가 아니다. 디즈니가 디즈니 플러스를 운영하는 것은 자신의 콘텐츠의 가치를 지키기 위해 것이지 넷플릭스와 싸우기 위해서가 아니기 때문이다. 만약 디즈니가 픽사, 마블, 스타워즈, 폭스를 인수하지 않았다 하더라도 각각의 콘텐츠들이 모두 각자의 서비스를 운영했을 가능성도 있다. OTT에서 넷플릭스가 콘텐츠의 양과 품질에 집중하는 전략을 선택했다면 디즈니는 콘텐츠 그 자체가 가진 팬덤에 집중하는 전략을 선택한 것이다.

한국에서는 유명하지 않지만 훌루라는, 역시 디즈니가 갖고 있는 OTT

가 있다. 다양한 콘텐츠 제조사들이 연합*으로 만든 OTT로, 이들 역시 세상이 변할 것으로 예상했기에 2007년에 진작 만들어 낸 플랫폼이다. 서비스가 아니라 유사 플랫폼이다. 하지만 연합에 의해 운영되었기에 훌루의 실적은 크게 뛰어나지 않았다. 넷플릭스처럼 애자일agile하지도 못했고 기술적으로 뛰어나지도 못했다. 하지만 플랫폼을 운영하기에는 충분한 양의 콘텐츠를 제공하는 파트너들이 있었기 때문에 유사 플랫폼으로 존재할 수 있었다. 디즈니가 넷플릭스와 경쟁한다면 아마도 훌루를 통해서일 것이다. 훌루의 구독전략과 넷플릭스의 구독전략이 유사하기 때문이다.

많은 사람들은 넷플릭스에 어마어마한 양의 콘텐츠가 있는 것으로 생각한다. 하지만 정작 알고 보면 넷플릭스는 매순간 수천 편의 콘텐츠만 유지한다. 비유하자면 음식이 줄어들지 않는(디지털이기에) 뷔페식당과 같다. 단지 적당하게 충분히 맛이 있는 뷔페식당이다. 매달 정기적으로 회비를 지불하는 방식으로 운영되고, 방문했을 때 무언가 새로운 음식이 없고 진부하다 느끼면 곧 떠나 버리는 손님들로 가득 차 있다. 회원들의 비위를 맞추기 위해 식당의 메뉴는 매주 바뀌어 나간다. 가끔 "와우"를 외치게 하는 콘텐츠들도 있지만, 그렇다고 수천억 원이 투입되는 그런 헤비급 요리는 나오지 않는다. 즉 넷플릭스 구독전략의 '정기구매' 전략이다. 정기적으로 구매라는 의사결정을 하는 손님들에게 충분히 높은 가치를 제공하려고 노력하는 것이다.

---

* 훌루는 컴캐스트, 폭스, 디즈니가 공동으로 소유하고 있다가 디즈니의 폭스 인수 이후부터 디즈니가 실질적으로 운영 중이다. 디즈니는 2024년까지 컴캐스트의 잔여지분을 인수할 예정이다.

또 한 가지, 넷플릭스의 콘텐츠들을 보면 많은 것들이 론칭되고 한두 달 내에 소비된다. 즉 소비자들은 넷플릭스의 콘텐츠들을 묵혀 두고 보는 것이 아니라 새로운 음식이 나온 것처럼 소비해 버린다. 소비할 시간은 있는데 소비할 대상이 없는 그런 소비자들의 시간을 위한 플랫폼인 것이다.

그러다 보면 넷플릭스는 훌륭한 시스템과 규모의 경제가 필수적이다. 뷔페식당에서 무언가 시스템이 적절히 돌아가지 않는다면 손님들의 불평이 하늘을 찌를 것이기 때문이다. 또한 인공지능을 기반으로 한 추천 같은 서비스는 경쟁력이기보다는 비용을 절감하기 위한 수단이다. 음식의 배치가 적절하지 않아 비싸게 준비한 음식이 남아 버리는 상황을 생각해 보면 된다. 이미 넷플릭스는 자신의 포지션을 정했고, 그 포지션의 이름은 요금제이다. 한 달에 10달러라는 가격에 맞추어 콘텐츠를 제공하면 된다.

반면에 디즈니를 보면 멤버십 전략이 보인다. 우리의 BTS에게는 아미Army가 있다. 물론 아미 멤버십을 구입하지 않고도 아미로 활동할 수는 있지만 그 비용이 크지 않기에 많은 아미들이 유료 멤버십에 가입한다. 무언가 그 멤버십을 통해 내가 누릴 수 있는 가치*가 있기 때문이다. 마찬가지로 디즈니 플러스의 구독전략은 개개 콘텐츠들이 갖고 있는 팬덤을 바탕으로 한 멤버십이다. 예를 들어 나는 마블의 콘텐츠를 좋아하기에 마블이 제공하는 콘텐츠를 한 달에 몇 편 본다는 생각으로 디즈니 플러스에

---

* 예를 들어 공연 예매 시의 우선권과 팬덤 키트 등이 제공된다.

가입하는 것이다. 물론 그 대상이 픽사일 수도 있고 디즈니 홈 드라마일 수도 있다. 이런 맥락에서 디즈니 플러스의 2021 라인업을 보면 이해가 간다.

디즈니 플러스는 2019년 11월 서비스를 론칭하기 전에 사전판매라는 행사를 진행했다. 미리 선구매로 36개월 회원권을 사면 할인을 해 주는 프로그램이었다. 팬이라면 미리 가입하고 할인을 받으라는 프로모션이다. 만약 넷플릭스가 이런 프로모션을 진행했다면 어떤 반응이 나왔을까? 물론 지금은 넷플릭스를 믿고 36개월 선구매하는 소비자가 있을 수도 있을 것이다. 하지만 넷플릭스가 서비스를 출시하던 당시에 이런 프로모션을 했다면 결과는 실패였을 가능성이 크다. 따라서 디즈니 플러스를 이해할 때는 디지털 디즈니랜드의 연간 혹은 월간 멤버십을 사는 것으로 이해해야 한다. 멤버십을 구매하고 스타워즈를 다시 보고 싶을 때 찾아보는 그런 디지털 디즈니랜드인 것이다.

프로핏웰^{Profitwell}이라는 마케팅 컨설팅 회사에 따르면 넷플릭스와 디즈니플러스의 서비스에 대한 지불 의향을 묻는 조사에서 넷플릭스는 10.89달러, 디즈니는 15.23달러라는 결과가 나왔다고 한다. 그런데 집안에 아동이 있을 경우 디즈니 플러스의 지불 의향은 아이들 숫자에 따라 13.48달러, 18.59달러, 24.59달러로 올라갔다.* 디즈니의 콘텐츠가 가진 패밀리 가치를 숫자가 표현해 주고 있는 것이다. 반면에 넷플릭스는 아이들이 있

---

* 아이가 한 명인 경우는 없을 때에 비해 오히려 하락하는 경향을 보인다.

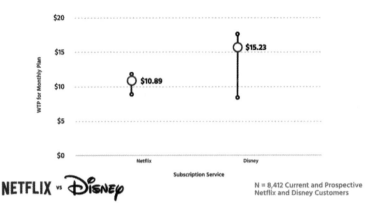

넷플릭스와 디즈니 플러스에 대한 월간 비용 지불 의향

출처 : www.profitwell.com[12]

어도 큰 변화가 없다. 10.53달러, 11.48달러, 15.11달러가 그 결과이다.

이 조사는 현재 이 서비스를 사용하고 있는 8,400명을 대상으로 한 것인데, 아주 명확한 한 가지 사실을 말해 준다. 현재 넷플릭스의 ARPU$^{Average\ Revenue\ Per\ User}$는 정확히 10달러 수준이다. 시장이 지불하고자 하는 수준과 정확히 들어맞는다. 이런 맥락에서 정기구매의 특성이 적용된다. 구매라는 관점이 가치와 지불 의향이 일치해야 하기 때문이다.

반면에 디즈니의 경우 아이들이 2명 있다고 가정하면 디즈니 플러스의 가치는 18달러이다. 하지만 현재 ARPU는 5달러 수준이다. 지불하고자 하는 의향과 지불하고 있는 금액 간의 차이가 제법 나타난다. 이는 팬덤에 의해 만들어진 가치와 실제 지불가치 간에 만들어진 차이다. 물론 디즈니가 갖고 있는 과거의 콘텐츠들이 제공하는 가치로 산정할 수 있지만 역시 정기구매와 같은 등가교환은 아니다. 5달러에 디즈니에 대한 접근권을 갖는 것이고, 이는 아마존의 아마존 프라임 멤버십이 10달러인 것과 같은 맥락이다.

그런 의미에서 디즈니 플러스의 멤버십은 다양한 확장 경로를 갖고 있을 것으로 보인다. 먼저 디즈니는 드디어 고객과 직접적인 만남을 이루어 냈다. 물론 매년 디즈니랜드를 방문하던 고객들이 있었고 이들은 관리하기 위한 노력도 있었을 것이다. 하지만 디즈니의 진정한 고객은 픽사, 마블, 스타워즈를 좋아하는 고객이고, 이제 이들과 모바일을 통해 연결된 것이다. 디즈니 플러스는 앞으로 콘텐츠의 제공과 시청습관의 분석을 통해서 6개 스튜디오별로 충성고객을 구분할 것이고, 이는 앞으로 다양한 고객과 빈번한 접촉을 만들게 될 것이다. 이는 그저 넷플릭스에서 새로운 영화나 드라마를 제공한다는 단순한 차원이 아니다. 그 제공 대상은 픽사Pixar라는, 스타워즈Star Wars라는, 콘텐츠를 기반으로 한 그 무엇이 될 것이다.

디즈니가 자신의 콘텐츠를 자지고 레고LEGO와 협력하고 타미힐피거Tommy Hilfiger와 협력한다면 팬들이 좋아할 만한 상품들은 무궁무진하게 탄생할 것이다. 과거 판매예측이 불가능해서 하지 못했던 그런 프로젝트들을 이제는 디즈니가 가진 고객과의 직접적인 관계를 통해서 얼마든지 할 수 있는 기회가 생기는 것이다. 나이키가 크리스챤 디올과의 협업으로 만들어 낸 스니커즈가 300만원에 팔리듯이, 디즈니 플러스에서는 스타워즈 광선검 시리즈가 1분 만에 완판되는 그런 일이 벌어질 것이다.

디즈니 구독전략의 진화 방향

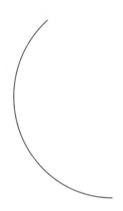

디즈니 플러스가 세상에 나온 지 이제 1년 반이 흘렀다. 디즈니 월드라는 테마파크가 있기는 하지만 디즈니 역시 소비자를 직접 상대하는 서비스기업이라기보다는 콘텐츠를 생산하는 제조기업이라 보는 것이 적절하다. 그 디즈니가 어떻게 고객지향 기업으로 변신할 것인가도 재미있는 관전 포인트가 될 것이다. 하지만 역시 디즈니가 갖고 있는 현재의 자산을 중심으로 그 변화를 예측해 보는 것도 재미있을 듯하다.

먼저 디즈니에는 D23라는 팬클럽 서비스가 있다. 2009년부터 2년마다 열리는 디즈니 엑스포를 위해 만들어진 멤버십 서비스로, 연간 회원권이 인당 99.99달러이다. 이 엑스포에는 디즈니가 가진 모든 콘텐츠 자산들이 등장하고 향후의 계획들이 발표된다. 멤버십의 혜택으로는 디즈니 호텔 할인, 엑스포 행사 우선예약 및 할인, 샵디즈니shop Disney 할인, 디즈니

| D23 | Disney+ | shopDisney |

잡지 제공 등이 있다. 디즈니는 D23를 디즈니의 스토리, 캐릭터, 노래, 경험 등이 주는 재미를 좋아하는 사람들을 위한 팬클럽으로 정의한다.[13]

하지만 실제 제공되는 서비스를 보면 많은 부분 오프라인 행사 참여가 주된 혜택이다. 이 D23가 디즈니 플러스와 결합되면서 팬덤 커뮤니티로 발전하지 않을까 예측해 본다. 디즈니는 디즈니 플러스라는 도구를 통해 이제는 1억 명이 넘는 고객들과 관계를 맺었다. 이제 이 고객들과 디즈니의 콘텐츠를 통해 보다 자주 만나는 것이 다음의 숙제일 것이다. 그 모습은 일방적으로 제공되는 서비스 형태일 수도 있고, 회원들이 서로 어울리게 만드는 커뮤니티일 수도 있다.

스타워즈는 2011년까지 독립적인 멤버십을 운영했었다. 마블 역시 만화책이라는 별도의 매체를 위해 멤버십을 운영 중이다. 약간은 산만하고 정리되지 못했던 디즈니의 커뮤니티 비즈니스가 이제는 좀 더 체계적으로 정비되면서 고객과 커뮤니케이션하는 모습을 보게 될 것을 기대한다.

여기에 샵디즈니가 일종의 새로운 비즈니스 모델로 자리매김할 것으로 보인다. 이미 커머스 사이트로 자리 잡았기에, 디즈니가 앞으로 만들어 낼 수많은 새로운 상품들을 소화해 내는 구조가 될 것이다. 나이키 모바일 앱이 담당하는 그런 역할로서 말이다.

디즈니는 그저 영화만을 제작하고 투자하던 기업에서 이제는 고객 한명 한명의 불평을 들어 주어야 하는 기업으로 변신하고 있다. 한국에서 VPN을 통해 디즈니 플러스를 시청해 보려 했지만 결과는 만족스럽지 않았다. 하지만 미국에서 경험해 본 친구들은 모두 훌륭하다고 했다. 단지 디즈니 플러스가 넷플릭스의 대안은 아니라는 것에는 모두 동의하는 듯했다. 넷플릭스와의 경쟁을 떠나 디즈니는 독립했고, 이제 1억 명이라는 자신의 고객과 직접 만나 거래하고 있다. 향후 디즈니의 이 구독전략이 어떻게 전개되고 발전할지는 모른다. 하지만 지금까지의 전개로 보면 충분히 자신만의 고객을 유지하면서 다양한 방식으로 사업을 확장해 나갈 수 있을 것이라고 생각된다.

디즈니랜드를 디즈니의 오프라인 매장으로 이야기하기에는 무리가 있다. 하지만 상상을 해 보면 디즈니가 온오프라인이 연계되면서 할 수 있는 시도는 무궁무진해 보인다.

🔔 ㅣ 하이브의 위버스^{Weverse}

2021년초 네이버와 하이브[*]는 두 기업이 갖고 있는 브이라이브^{V-live}와 위버스^{Weverse}의 사용자, 콘텐츠, 서비스 등을 통합한 새로운 글로벌 팬커뮤니티 플랫폼을 만든다고 발표했다. 하이브는 이어서 블랙핑크를 소유하고 있는 YG그룹과의 협업도 발표했다. 그리고 얼마 지나지 않아 저스틴 비버^{Justin Bever}, 아리아나 그란데^{Ariana Grande-Butera} 등을 소속 아티스트로 두고 있는 미국 종합 미디어기업 이타카 홀딩스^{Ithaca Holdings}를 약 1조 1,800억 원에 인수한다.

이를 보고 새로운 플랫폼의 탄생이라는 이야기하는 기사들이 많았다. 물론 하이브와 네이버의 발표를 보면 플랫폼이라는 단어가 눈에 뜨인다. 과연 하이브는 플랫폼을 지향하는 것일까? 하이브는 스타와 팬이라는 두 개의 시장을 위한 팬덤 커뮤니티 플랫폼을 만들어 낸 것일까? 그런데 왠지

---

[*]   빅히트엔터테인먼트는 2021년 하이브로 사명을 변경했다. 위버스를 개발하고 운영하는 비엔엑스^{beNX} 역시 위버스컴퍼니로 사명을 변경했다.

하이브의 무브를 보면 디즈니와 유사해 보인다. 디즈니가 픽사에 이어 마블, 스타워즈라는 콘텐츠를 사 모은 후 디즈니 플러스라는 자신만의 채널을 만든 것처럼 말이다.

공식 발표와는 달리 하이브는 플랫폼전략이라기보다는 구독전략을 전개하고 있는 것으로 보인다. 위버스가 궁극적으로 새로운 플랫폼으로 발전하기 위해서는 넘어야 할 산이 많기 때문이다. 위버스는 현재의 모습만으로도 디즈니 플러스와 유사한 팬덤 기반의 구독 서비스로 탄생할 것 같다.

아마 하이브가 불편하게 느꼈던 플랫폼은 유튜브였을 것이다. 콘텐츠와 팬 모두 하이브가 만들었는데 그 과실은 유튜브가 누리고 있는 것 같으니 말이다. 왠지 억울한 느낌과 더불어, 현재의 유튜브로는 자신이 원하는 많은 것을 제대로 할 수 없다는 불만도 있었을 것이다.

첫 번째는 유튜브가 너무 많은 수수료를 갖고 간다는 점이다. BTS는 글로벌 시장이 인정하는 훌륭한 콘텐츠이기에 빅히트와 더불어 유튜브 역시 엄청난 광고수익을 누리고 있었을 것이다. 유튜브에는 구글의 애드센스가 적용되기에 구글은 콘텐츠 제공자에게 68%를 나눠 주는 원칙을 갖고 있다. 즉 구글은 BTS를 통한 광고수익의 32%를 자신들의 몫으로 가져가고 있는 것이다. 기본적으로 빅히트는 이 32%에 동의하고 싶지 않을 것이다. 같은 맥락에서 또 하나, 이 수익을 만들어 주고 있는 고객에 대한 소유권(?)을 유튜브가 갖고 있다는 점이다. 유튜브의 영상을 클릭하고 시청하는 고객은 분명히 BTS의 팬들이기에 그 억울함이 컸을 것이다.

두 번째는 넷플릭스가 OTT라는 영상 스트리밍 서비스를 처음 만들었다면 빅히트는 코로나 상황에서 글로벌 팬들이 참여할 수 있는 온라인 공연문화를 만들고 싶었을 것이다. BTS도 로블록스Roblox에서 신보를 발표한 적이 있기는 하지만 지난해 11월 미국 래퍼 릴 나스 엑스LIL NAS X의 로블록스 공연에서와 같은 다양한 기술적 시도들은 해 보지 못했다. 메타버스라는 새로운 환경에 최적화된 사이버 공연장을 만들어 낸다면 이 역시 넷플릭스에 버금가는 새로운 서비스가 될 것이라는 상상이다. 이 새로운 공연장에서 BTS 공연을 하게 되면 공연이라는 사업이 갖고 있던 기존의 물리적인 한계들이 사라지면서 어마어마한 수익을 만들 수 있을 것이기 때문이다. 하지만 현재의 유튜브는 빅히트가 원하는 그런 환경을 구미에 맞게 만들어 주지 않을 것이다. 이는 로블록스도

출처: 소니뮤직

아니 어떤 플랫폼도 마찬가지일 것이기에 빅히트는 이러한 사이버 공연장이 가능한 플랫폼을 만들고 싶을 것이다.

디즈니는 넷플릭스의 확장을 두려워하면서 기술적인 측면에서 넷플릭스가 만들어 놓은 길을 따라가고 있다. 반면에 빅히트는 누구도 가지 않은 길을 넷플릭스처럼 만들어 가고 있다.

팬덤 커뮤니티 플랫폼이라는 맥락에서 위버스는 그 자체만으로* 이미 천만 가입자를 돌파했고 월 사용자 수도 수백만을 넘어서고 있다. 회원들을 대상으로 다양한 서비스가 이미 제공되고 있기에 서비스라는 관점에서 위버스는 분명 앞서 달리고 있다. 하지만 이러한 커뮤니티 서비스만으로는 분명한 차이를 만들어 내기가 쉽지 않을 것이다. 가능하다면 온라인 공연이라는 영역에서의 명확한 차이를 벌려 놓는 것이 방법이 아닐까 생각된다. 방방콘(온라인 공연) 같은 콘텐츠가 구현되기 위해서는 큰 팬덤을 가진 아티스트의 존재가 필수적이기 때문이다.

온라인 공연이 어떻게 이루어질 것인가에 대한 연구개발은 아직 진행중이다. 아직은 유튜브가 온라인 공연에 최적화된 플랫폼 기능의 개발에 적극적일 이유는 없다. 하지만 머지않아 유튜브 역시

---

* 네이버 브이라이브와 합병하기 전이라는 의미이다.

자신의 플랫폼에서 온라인 공연을 구현할 것이다. 유튜브의 시장에는 진화된 온라인 공연 환경을 원하는 아티스트들이 많을 것이고, BTS와 같은 몇몇 아티스트는 이러한 환경이 새로운 비즈니스가 될 수 있다는 것을 이미 입증했다.

유튜브가 플랫폼이라는 관점에서 수많은 아티스트의 니즈를 반영한 공연장을 만들어야 한다면, 위버스는 BTS와 자신이 보유한 스타들에게 최적화된 공연 플랫폼을 만들어야 한다. BTS의 팬들이 사용하는 아미밤이라는 형광봉과 방방콘을 연동시킨 시도는 위버스가 어느 정도는 앞서 갈 수 있다는 가능성을 보여 주었다. 따라서 어떤 기술을 사용하든 팬들의 지갑을 열 수 있는 공연장을 얼마나 빨리 만들어 내느냐에 따라 이 팬덤 플랫폼의 운명은 바뀔 것이다. BTS는 인간이고, 이들은 하루하루 늙어 가고 있기 때문이다. 따라서 빅히트의 위버스 시도는 넷플릭스에 대항하는 디즈니 플러스로 이해해야 한다. 즉 나의 콘텐츠를 나의 공연장을 통해 제공하는 모습이 될 것이다.

그리고 여전히 위버스가 진정한 플랫폼으로 성공하기 위해서는 풀어야 할 숙제가 많다. 그 중에서도 가장 큰 문제는 팬덤 커뮤니티의 특징인, 공급자와 수요자 간의 결합이 배타적이라는 점이다. BTS의 팬들이 저스틴 비버의 팬이 될 가능성이 적다는 뜻이다. BTS 팬덤 트래픽이 많다는 점이 다른 아티스트들이 위버스에서 팬클럽을 운영할 무조건적인 이유는 될 수 없다. 네이버의 브이라이브가 큰 영향력을 발휘하지 못했던 것도 아마 이 이유가 가장 컸을 것이다. 그렇기 때문에 플랫폼 성공의 특징인 교차 네트워크 효과가 발생하지 않는다. 보다 많은 아티스트가 위버스에 들어옴에 따라 전체 참여 팬들의 숫자도 늘어나는, 그런 승수효과가 발생하지 않는다는 것은 스타를 기반으로 한 팬덤 커뮤니티의 본질적인 문제이다.

빅히트가 갖고 있는 가장 큰 자산은 팬이다. 그리고 디즈니처럼 팬덤이라는 자산을 바탕으로 수익을 만드는 전략이 바로 구독전략이다. 현재의 빅히트는 과거 디즈니 플러스를 만들지 못하고 있을 때의 디즈니와 같다. 빨리 플러스를 만들어 내는 것이 유튜브라는 플랫폼으로부터 독립하는 길이고, 아직 유튜브가 손대지 못한 새로운 팬덤 커뮤니티 시장을 장악하는 길이다. 이 속도가 빅히트의 미래를 결정할 것이고, 현재는 위버스가 그 전략의 핵심에 있다.

9장

뉴욕타임스의 구독전략

페이스북이 만든 새로운 미디어 세상

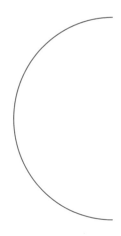

페이스북이 미디어 세상을 정복하면서 나타난 가장 큰 폐해는 황색언론 Yellow Journalism의 부활이다. 아니 황색언론이 사라진 적은 없었다. 하지만 페이스북은 그 상태를 확대시키고 고착화시켰다.

페이스북이 대상으로 삼은 미디어산업의 생태계는 두 개의 시장으로 나뉜다. 뉴스와 같은 콘텐츠를 만들어 내는 생산자 시장과 이를 읽고 즐기는 소비자 시장이다. 이들은 페이스북상에서 뉴스피드라는 도구에 의해서 연결된다. 뉴스피드는 과거 우리에게 신문이 배달되어 왔듯이 매일 다양한 이야기들을 전달하는 페이스북의 기능으로, 페이스북의 첫 번째 탭에 위치한다. 뉴스피드는 '엣지랭크'라는 알고리즘을 통해 어떤 콘텐츠를 제공할 것인가를 결정하는데 그 기준은 세 가지이다. 첫 번째는 나와

얼마나 관련이 있는가, 두 번째는 콘텐츠의 품질과 형식이 어떠한가, 마지막으로 얼마나 시의성이 있는가이다. 복잡해 보이지만 결국 내가 팔로우하는 페이지의 콘텐츠, 내 친구가 공유한 콘텐츠, 보다 많은 사람들의 '좋아요'를 받은 콘텐츠 등이 나의 뉴스피드 창을 채우게 된다. 여기에 뉴스의 포맷이 무엇인가에 따라 가중치가 부여된다. 동영상이면 좀 더 높고, 그냥 글로만 된 기사라면 낮은 점수가 부여된다.

나의 선택, 친구의 선택, 대중의 선택으로 결정되는 뉴스 전파의 알고리즘은 일견 공정하고 합리적으로 보인다. 모든 사람들은 각기 하나의 '좋아요'와 '공유'를 선택할 수 있기에 기존의 신문사가 결정했던 콘텐츠 선정과는 다른 차원의 공정성을 갖고 있다. 페이스북은 이런 알고리즘을 통해 28억 명의 회원을 모았고, 미국 성인의 50% 이상이 이제 페이스북을 통해 매일 아침 뉴스를 접하고 있다.

이 알고리즘 미디어가 만들어 낸 가장 큰 문제는 좋은 뉴스, 기사, 논설이 사라지고 있다는 것이다. 기존 언론사의 뉴스의 선택권은 '데스크'라 불리는 지식권력자가 갖고 있었다. 기자들의 우두머리인 편집장이 어떤 뉴스를 대중에게 제공하는 것이 올바른가를 결정했다. 다수의 대중보다는 소수의 엘리트의 판단에 의해서 우리의 읽을거리가 결정되었던 것이다. 하지만 이제는 뉴스 선택의 권력이 사람의 손을 떠나 알고리즘으로 이동했다. 이러한 변화는 훌륭한 언론에게는 나쁜 소식이었고 황색언론에게는 좋은 소식이었다. 알고리즘은 기사의 내용과 품질을 평가할 능력을 갖지 못한 채 단지 대중의 선택을 기준으로 뉴스의 가치를 평가하기에, 심각한 사회문제를 다루는 정통언론보다는 대중의 이목을 끄는 연예 기사가 보다 자주 노출되는 결과를 낳았다. 물론 잦은 노출은 보다 많은 광고와 높은 수익을 의미했다. 뉴미디어를 통해 우리는 미얀마 항쟁의 소식보다는 연예인 가십을 더 많이 접하게 된 것이다.

뉴스의 전달 방식이 종이신문에서 디지털로 빠르게 바뀌고 페이스북과 같은 광고를 비즈니스 모델로 하는 뉴스 플랫폼이 대세를 이루면서, 언론사들은 살아남기 위해 대중의 선택을 받을 수 있는 기사를 작성하는 데 혈안이 되었다. 가능한 한 많은 기사를 생산해야 하고, 내용보다는 어떻게 제목을 뽑아 내느냐가 중요해졌다. 모든 언론의 수익은 페이스북 뉴스피드에 의해 얼마나 많이 선택되는가에 따라 결정되었다. 이제 페이스북의 알고리즘이 언론사의 '보스'가 된 것이다.

이런 미디어 세상에서 뉴욕타임스는 구독을 통해 독립선언을 한다. 뉴욕타임스의 기사를 보고 싶으면 한 달에 일정액을 지불하고 뉴욕타임스 앱을 통해 읽으면 된다. 인터넷상에서, 아니 구글과 페이스북상에서 뉴스를 읽는 것은 당연히 무료라는 인식이 팽배한 시장에서 구독이라는 전략을 다시 선택한 것이다. 그것도 유료 구독의 개념을 말이다. 현재 뉴욕타임스의 성과는 괄목할 만하다.

콘텐츠에 투자하라

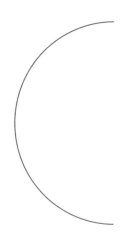

뉴욕타임스의 구독전략에서 상대방은 구글과 페이스북 같은 새로운 미디어 플랫폼이었고 또 이들이 만들어 낸 환경에서 살아남기 위해 만들어진 저급한 기사들이었다. 좋은 기사와 주장이 사라지는 시장에서 뉴욕타임스 구독전략의 중심은 자신들이 창사 이래로 추구해 온 저널리즘이라는 본질에 있었다.

2020년 뉴욕타임스의 턴어라운드를 만들어 냈던 전략은 두 가지 목적을 갖고 있었다. 하나는 저널리즘을 지키기 위해 저널리즘에 집중하는 것이었고, 다른 하나는 디지털과 모바일이라는 새로운 변화에 빨리 적응해 나가는 것이었다. 뉴욕타임스는 진정성 있는 스토리와 주장을 만들어 내기 위해 모든 것을 걸었던 것이다.

2021년 1사분기 기준 뉴욕타임스는 690만 명이라는 디지털 가입자를 갖고 있다. 이는 뉴욕타임스가 종이신문으로 만들었던 구독자 수의 4배가 넘는 숫자이다. 물론 재무적인 성적도 훌륭하다. 이 변화를 위해 뉴욕타임스가 선택한 전략은 콘텐츠를 강화하는 것이었다. 즉 좋은 기사를 만들어 낼 수 있다면 현재의 광고 중심의 수익모델에서 구독 중심 모델로의 전환이 가능할 것이라는 것을 믿었다. 그 믿음은 지속적인 뉴스룸의 확장으로 이어졌다. 거의 모든 신문사들이 인원을 줄여 갈 때 뉴욕타임스는 홀로 채용을 계속해 갔고, 시장으로 방출된 최고의 저널리스트들을 뉴욕타임스 안으로 끌어들였다. 그 결과 뉴욕타임스는 최고의 저널리스트가 가고 싶어하고 가야만 하는 그런 곳으로 자리 잡게 된다. 2010년부터 10년 만에 뉴스룸의 인력은 50% 늘어났고, 뉴욕타임스 리포터의 평균임금

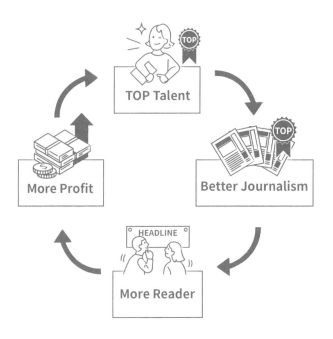

은 산업평균의 두 배를 상회하게 된다. 저널리스트로서 뉴욕타임스에서 일한다는 것 자체로 자신에 대해 아무것도 설명할 필요가 없도록 만들어 버린 것이다.

"The thing about working for the Times is that you never have to explain yourself."

　　　　　　　　　- Nicholas Confessore NYT Political Correspondent

"뉴욕타임스에서 일한다는 것은 이제 더 이상 당신이 누구인지 설명할 필요가 없다는 뜻입니다."

좋은 저널리즘을 만든다는 뉴욕타임스의 전략은 결국 구독자를 끌어들였고, 이는 높은 수익으로 이어졌다. 즉 고수익, 고비용, 고품질의 삼박자가 맞아 떨어지는 전략이 성공한 것이다.

디지털 기술에 투자하라

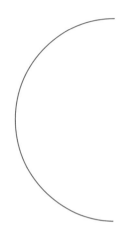

좋은 기사 즉 좋은 콘텐츠를 만들었다 해도 그 가치를 알아주는 고객에게 적시에 전달되어야 하는 것이 뉴스이다. 이를 위해서는 현재 미디어 세상을 지배하고 있는 플랫폼 운영자들의 원칙을 정확히 이해해야 했다. 아무리 좋은 기사를 쓰더라도 독자들이 기사를 보는 곳은 허핑턴포스트나 버즈피드였다는 것은 뉴욕타임스가 플랫폼의 운영원칙을 전혀 이해하지 못하고 있었다는 반증이다. 뉴욕타임스는 좋은 기사를 만들어서 경쟁자를 키우고 있었던 것이다.

구글에는 페이지랭크라는 알고리즘이 있었고 페이스북에는 엣지랭크라는 알고리즘이 있었다. 이들은 자신만의 원칙에 따라 가장 적합하다고 판단되는 콘텐츠를 가장 먼저 보여 준다. 뉴욕타임스는 자신의 고품질 콘텐츠가 이 원칙에 부합되어 황색언론이 만들어 내는 저급한 뉴스보다 더 상위에 더 자주 노출되는 것이 필요했다.

구글에서 가장 중요한 것은 콘텐츠가 보다 많은 곳에서 참조되는 것이다. 그러자면 독자들이 자신만의 읽을거리로 기사에 만족하는 것이 아니라 자신의 블로그나 페이스북으로 퍼 나를 수 있도록 장려하는 것이 필요하다. 이 과정은 고품질이라는 기사 그 자체의 본질을 통해서도 많은 부분 해결되었지만, 이 속도를 더욱 빠르게 만든 것은 기사를 작성한 리포터들의 참여였다. 과거와 달리 거의 모든 리포터, 저널리스트들이 트위터와 페이스북, 인스타그램을 통해 기사를 공유했고, 이 노력은 기사의 랭크 값을 올리는 역할을 했다. 이 결과 기사의 랭크 값이 올라가면서 구글 검색결과의 상단에 노출되는 빈도가 높아지기 시작했다.

페이스북의 경우도 마찬가지였다. 기사를 읽은 독자가 좋아요를 누르면 기사의 랭크 값은 상승한다. 더 나아가 이를 공유하기까지 하면 기사의 신뢰는 더욱 더 상승한다. 최고의 저널리스트들이 자신의 글을 페이스북과 인스타그램, 트위터 등에서 공유하면서 이 공유의 속도를 배가시켰다. 그 결과 보다 많은 뉴욕타임스 기사가 뉴스피드 상에 나타나기 시작했고, 보다 많은 사람들에게 좋은 기사가 전달되기 시작했다. 뉴욕타임스는 플랫폼이 만들어 놓은 나쁜 환경과 경쟁하면서 플랫폼을 적절히 이용했던 것이다.

고객과 연결되는 방식, 모바일

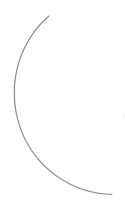

신문사는 과거 고객과 직접 연결되어 있었다. 신문은 고객의 집으로 배달되었다. 하지만 고객과의 연결은 일방향으로 한정되어 있었다. 독자는 옴부즈맨과 같은 아주 제한적인 경로로 신문사에 의견을 제시할 수 있었다. 이 대화의 창구는 뉴스의 주력 채널이 디지털로 넘어오면서 신문사가 아닌 포털이나 페이스북 같은 SNS로 이동했다. 뉴스는 신문사에서 만들어졌지만 이에 대한 평가와 토론, 논쟁은 신문사가 아닌 포털과 페이스북에서 이루어졌다. 콘텐츠를 만드는 곳은 신문사인데 배포의 권력과 고객의 데이터는 페이스북에 쌓이는 이상한 현상이 만들어진 것이다. 이러한 이상한 상황 속에서 뉴욕타임스의 구독은 시작되었다.

독자와의 직접적 관계를 만들려는 뉴욕타임스의 시도는 모바일 앱을 통해 시작되었다. 신문사가 뉴스를 자사 앱에서 제공하면 독자들이 그 안

에서 기사를 읽고 그에 대해 이야기하는 정상적인(이상하지 않은) 구조가 만들어진 것이다. 신문사와 고객 간에 직접적인 관계가 형성되었고, 사실과 이야기를 중심으로 하는 거래관계가 다시 만들어졌다. 즉 구독이 완성되었다.

뉴욕타임스의 기사 구조를 보면 한국의 신문사 앱의 구조와 다르지 않다. 단지 하나하나의 기사들이 우리의 기사들과 달리 좀 길다는 것이 가장 큰 차이점이다. 전문성을 가진 기자가 시간을 들여 작성한 기사의 느낌이 묻어난다. 뉴스에 대한 토론은 상단의 말풍선을 보면 547개의 댓글이 달렸음을 알 수 있다. 그 옆의 아이콘은 일종의 좋아요와 같은 독자의 기록을 위한 것이고, 마지막은 어디든 퍼 나를 수 있는 발행 아이콘이다.

복잡하지 않으면서 갖출 것만 갖춘 그런 설계다. 인상 깊은 곳은 댓글이다. 댓글의 내용을 보면 모든 댓글이 제법 길다. 대부분이 5줄을 넘어 간다. 한 페이지가 넘는 댓글이 부지기수이다. 욕설이나 무의미한 비판은 존재하지 않고 나름의 의견 개진과 토론이 이루어진다. 아, 여기가 진정한 언론, 논쟁이 존재하는 곳이구나 하는 느낌이 든다.

뉴욕타임스 성공의 가장 큰 이유는 페이스북이 만들어 놓은 새로운 미디어 세상 그 자체에서 찾을 수 있다. 황색언론이 만들어 놓은 가치 없는 기사를 읽는 것은 독자에게도 시간낭비이고 에너지의 낭비이다. 가장 중요한 것은 기사를 신뢰할 수 없다는 사실이다. 물론 그 아래 달려 있는 의미 없는 저급한 댓글을 읽는 것도 피곤한 일이다. 그런 일들이 뉴욕타임스가 만들어 놓은 미디어 세상에서는 다르게 펼쳐진다.

먼저 뉴욕타임스라는 백 년이 넘는 역사를 가진 언론사가 주는 신뢰도를 바탕으로 해서 믿을 수 있는 기사라는 가장 기본적인 가치를 제공한다. 구글이 알고리즘을 통해 검색결과에 신뢰를 제공했다면, 뉴욕타임스는 역사를 통해 신뢰를 만들어 온 것이다 물론 하나하나의 기사가 일정 수준의 품질관리 기준 하에서 쓰였기에 역시 훌륭하다. 또 하나 중요한 것은, 이 앱 안에 존재하는 커뮤니티는 돈을 내고 고품질의 기사를 읽기 위해 모여든 사람들의 것이라는 점이다. 따라서 저급한 욕설이나 근거 없는 비방이 별로 없다. 나름의 근거를 바탕으로 한 주장이 있을 뿐이다. 뉴욕타임스는 신뢰할 수 있고 정보로서 가치를 느낄 수 있는 이야기를 바탕으로 논쟁이 있는 커뮤니티를 만들고, 그 안에서 사실과 이야기를 통해서 고객과의 관계를 만들어 가고 있는 것이다.

뉴욕타임스의 CEO인 마크 톰슨^{Mark Thompson}은 2025년 뉴욕타임스 가입자 목표를 천만 명으로 이야기한다. 이 중에 미국 이외의 글로벌 가입자는 2백만이다. 뉴욕 안에, 아니 미국 안에 갇혀 있던 뉴욕타임스는 글로벌을 향하고 있다. 어쩌면 우리는 뉴욕타임스를 통해 저널리즘의 세계화를 볼 수 있을지도 모른다.

제공되는 가치가 중심인 구독

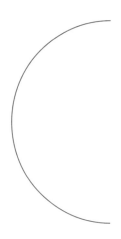

뉴욕타임스의 가입자 확보 전략은 단순하다. 먼저 무료로 제공되는 뉴욕타임스의 뉴스를 보기 위해서는 가입을 해야 한다. 가입을 하고 나면 일정량의 기사는 무료로 볼 수 있다. 하지만 곧 유료가입 요구가 시작된다. 단지 그 가격이 충분히 받아들일 만한 수준으로 낮다. 물론 작은 금액이라 하더라도 이 시점에서 콘텐츠의 가치를 느껴야만 지불하고 싶은 생각이 생긴다. 그런 맥락에서 뉴욕타임스의 구독전략의 핵심은 뉴스 콘텐츠 그 자체이다.

한국 독자를 대상으로 한 인터내셔널 버전은 1년 한정 프로모션으로 가격이 일주일에 0.75달러, 즉 한 달에 3달러다. 뉴스 콘텐츠를 제한 없이 읽는 대가가 한 달에 3달러이니, 부담스럽지 않은 가격이다(한국에서 신문 대금은 월 만 오천 원 수준이다). 그리고 일 년이 지나고 나면 가격은 한 달에

15달러로 인상된다. 이 시점에서 뉴욕타임스의 가치를 충분히 인정한다면 가입자로 남게 된다. 이 과정에서 얼마나 많은 데이터가 분석되고 인공지능을 통해서 기사가 추천되는지 알 수 없다. 누구나 쉽게 이야기하는 인공지능과 딥러닝이 분명 뉴욕타임스에서도 활용되었을 것이다. 하지만 이 구독전략의 성공은 고품질의 뉴스라는 콘텐츠 그 자체와 낮은 진입비용이라는 가격전략에 기인한다.

　뉴욕타임스의 이야기는 말 그대로 구독의 이야기이다. 구독이라는 단어는 신문사와 가장 어울리기 때문이다. 170년의 역사를 가진 뉴욕타임스는 처음부터 구독이라는 단어를 사업방식으로 갖고 있었다. 매달 구독료를 받고 매일 신문을 배달하는 방식이 신문사의 구독이었다. 그런데 그 방식이 인터넷의 등장으로 사라질 위기에 몰렸다. 많은 신문사들이 폐업을 선언했고, 광고를 끌어들이기 위해 진정한 저널리즘이라는 단어는 사라지는 듯했다. 그런 상황에서 뉴욕타임스는 다시 구독이라는 단어를 자신의 것으로 만들어 낸 것이다.

뉴욕타임스 구독의 부활은 플랫폼이 만들어 내고 있는 새로운 세상에서 과거의 영광을 가졌던 브랜드 맹주들이 어떻게 해야 하는가를 보여 준다. 언론이 시장에 제공해야 하는 것은 고품질의 사실이고 이야기이다. 그리고 그 고품질의 사실과 이야기를 원하는 시장은 언제나 존재한다. 뉴욕타임스는 자신의 업의 본질에 집중했고 자신을 인정해 줄 고객이 있다는 것을 믿었다. 과거 우리는 신문을 통해서 구독의 개념을 배웠다. 그리고 이제 뉴욕타임스를 통해 구독이 무엇인지 다시 배워야 한다.

10장

애플의 구독전략

애플 시총이 2조 달러를 넘어선 이유

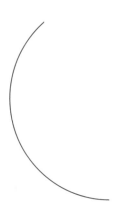

구독에 대한 이야기의 대부분은 상거래 플랫폼과 브랜드 간의 이야기이다. 아마존과 나이키 간의 이야기이고, 넷플릭스와 디즈니 간의 이야기이다. 물론 유튜브와 위버스Weverse 간의 이야기이기도 하다. 플랫폼이 거대해지면서 그 안에서 나의 가치가 파괴되고 있다고 느끼는 브랜드들의 저항방식이 구독이다. 그런데 이와는 한 차원 다른 수준의 구독을 하고 있는 기업이 있다. 바로 애플이다. 물론 이런 식으로 구독의 개념을 넓혀 버리면 그냥 고객을 장악한다는 개념과 동일해질 수도 있다. 하지만 결국은 구독의 본질이 고객장악이기에 애플에 대한 이야기를 하지 않을 수 없다. 애플의 이야기를 맨 마지막으로 하는 이유는, 애플은 플랫폼이자 브랜드이기 때문이다. 플랫폼이라는 의미는 모바일 플랫폼이 애플 비즈니스의 근본이기 때문이고, 브랜드라는 의미는 애플이 브랜드로서 플랫폼 간의 경쟁에서 살아남았기 때문이다. 좀 이상하게 들릴지 모르지만 애플은 안드로이드라는 모바일 플랫폼이 지배하는 세상에서 탈출한 사람들이 모여 사는 플랫폼 브랜드이다.

애플은 아이폰의 제조사이자 iOS라는 모바일 플랫폼의 운영자이다. 그리고 이제는 뉴스, 음악, 게임, 영상, 그리고 결제와 신용카드까지 제공하는 서비스 사업자이기도 하다. 하나의 관점에서 애플을 이야기하기에는 애플의 사업영역이 너무 넓고 복잡해 보인다. 하지만 플랫폼적 관점에서 바라보면 애플이 왜 서비스 영역으로 사업을 넓히고 있는지가 이해된다. 모바일 플랫폼이라는 영역에서 애플은 이해되지 않는 포지션을 만들어 냈기 때문이다.

플랫폼 간 경쟁의 본질은 누가 빨리 규모를 확보하는가에 있는데, 그 이유는 네트워크 효과 때문이다. 한번 규모를 확보하면 양면시장의 규모가 서로의 시장을 도우면서 경쟁자의 추격을 멀리 떨어뜨려 버리기 때문이다. 구글, 페이스북, 아마존 등 모든 성공한 플랫폼은 그 공식을 따랐다. 그런데 모바일 플랫폼이라는 영역에서는 그 이론이 조금 빗나갔다. 애플은 겨우 20%라는 시장을 가지고도 안드로이드라는 80%의 시장지배자와 여전히 경쟁하고 있다. 물론 처음에는 아이폰이라는 걸출한 스마트폰의 존재감이 이런 불가능을 가능케 하는 듯했다. 하지만 삼성과 구글의 협업으로 하드웨어 간의 차이는 얼마 지나지 않아 좁혀졌다. 여기에 더해 안드로이드의 주인인 구글은 검색, 지도, 유튜브 등 애플이 갖고 있지 못하는 우월한 서비스들을 갖고 있기에 미래에 애플이 20%라는 시장을 지켜 낼 수 있을지 의문시되기 시작했다. 그런데 2020년 7월 애플의 기업 가치는 2조 달러를 넘어섰다. 인류 역사상 처음 있는 사건이었고, 이런 가치를 증명해 낼 수 있는 기업이 앞으로 더 있을지 의문이다. 그 이유는 무엇이었을까?

전작인 《플랫폼의 생각법》에서 애플의 성공 원인을 '플랫폼'으로 이야기했다. 애플에 이어 마이크로소프트, 아마존, 구글이 모두 1조 달러의 벽을 넘어섰는데 이들의 공통점은 플랫폼이라는, 기존과는 다른 방식의 사업모델에 있었다. 그런데 돌이켜 보면 애플은 플랫폼이라는 관점에서 가장 허약한 구조를 갖고 있었다. 특히 개방성이라는 측면에서 완전히 반대되는 입장에 있었다. 모든 플랫폼들이 공급자 시장과 소비자 시장을 개방함으로써 규모의 경제를 만들어 낸 반면에 애플만은 양면시장 모두를 닫아 두고 있었기 때문이다. 하지만 애플이 가장 먼저 1조 달러의 벽을 허물 수 있었던 이유는 바로 이 폐쇄성이 만들어 낸 고품질의 사용자 경험에 있었다. 아이폰이라는 특출한 디바이스와 iOS라는 순정 모바일 플랫폼이 결합되면서 9억 명이라는 고객집단이 만들어졌기 때문이다. 애플이 제공하는 하드웨어와 소프트웨어의 결합은 다른 플랫폼으로의 전환을 어렵게 만들었기에 20%라는 고수익의 시장을 계속해서 지킬 수 있었던 것이다. 애플의 사용성^{Usability}이라 불리는 경쟁력과 더불어 음악과 영상, 책 등을 아우르는 아이튠즈라는 콘텐츠 마켓은 사용자들이 자신의 콘텐츠를 애플이라는 플랫폼 테두리 안에 쌓아 놓게 만들었고, 이 또한 애플을 떠나기 어렵게 만드는 이유가 되었다.

하지만 애플을 2조 달러까지 끌어 올린 이유가 플랫폼에만 있는 것은 아니다. 오히려 애플의 플랫폼 구조의 핵심인 iOS 기반의 애플리케이션 체제는 지속적인 시장압력으로 인해 현재의 높은 수익성을 유지하는 것이 쉽지 않아 보인다.

2020년 11월 애플은 앱스토어App Store 매출이 연간 1백만 달러 미만인 기업에게는 앱스토어 수수료를 15%로 인하하기로 발표한다. 기존의 30%에서 앱스토어의 중소기업에게는 50%의 할인을 적용한 것이다. 지속적으로 제기되는 애플의 독점적 지위를 활용한 '비정상적으로 큰 수익supra normal profit'[14]에 대한 논의를 정면 돌파하기 위함이었다. *

애플의 앱스토어 수수료는 앱스토어가 2008년 만들어진 이후 줄곧 30%를 유지해 왔다. 소프트웨어 유통시장의 개방이라는 애플의 플랫폼적 접근은 모든 개발자로부터 환영을 받았지만, 얼마 지나지 않아 30%라는 수수료율은 공격의 대상이 된다. 특히 30% 수수료율이 인앱결제In App Payment에까지 적용됨에 따라 수익 규모가 큰 게임개발사는 애플의 수수료 정책에 반기를 들기 시작한다. 애플의 반대진영에는 포트나이트Fortnite를 개발한 에픽Epic과 같은 게임개발사도 있었지만 페이스북, 스포티파이 등 모바일 플랫폼상에 존재하는 모든 서비스기업이 존재했다. 실질적으로 애플은 모든 기업과 상대해야 하는 상황에 직면한 것이다.

---

* 미국 하원 법사분과위원회는 애플이 아이폰의 독점적 지위를 이용하여 앱스토어상에서의 소프트웨어 유통에서 과도한 이익을 만들고 있다는 보고서를 제출하였다.

플랫폼의 애플리케이션 공급자들이 구글의 안드로이드 진영이 아닌 애플을 공격대상으로 삼은 것은 20%에 불과한 시장이 80%보다 더 많은 수익을 만들어 내고 있기 때문이었다. 아직도 많은 게임사들이 신작 게임 출시에 있어 iOS 플랫폼을 우선시한다는 사실이 이를 증명한다. 최근 큰 관심을 끌었던 클럽하우스^{Club House}만 보더라도 애플 우선의 개발원칙이 여전히 건재함을 알 수 있다. 클럽하우스의 iOS 버전이 선출시된 후 안드로이드 버전이 나올 때까지 3개월이 걸렸다.

하지만 애플의 모바일 플랫폼으로서의 위치가 그렇게 안전하지만은 않다. 아직까지 그 매력이 유지되고 있는 것은 사실이지만 8:2라는 기울어진 운동장이 향후 공급자, 개발자 시장에 어떻게 작용할지는 명확하기 때문이다. 언제일지 모르지만 안드로이드 퍼스트라는 개발원칙이 만들어질 것이고, 그러고 나면 애플이 소수를 위한 플랫폼으로 전락하게 될 것이라는 사실은 분명하다. 그래서 이 플랫폼의 독점지향성을 알고 있는 애플은 자신의 플랫폼 고객을 지켜 낼 수 있는 수단이 필요했다. 게다가 작지만 독점적 지위를 가진 애플에 대한 정부의 견제 또한 지속될 것이기에 애플의 입장에서는 플랫폼이 아닌 다른 경쟁력 확보가 반드시 필요했다. 즉 이제는 9억 명이라는 고객을 지켜 낼 방법이 필요해진 것이다.

애플의 매출구조 변화

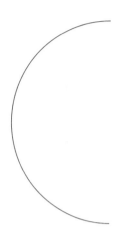

애플의 매출구조의 변화를 보면 애플이 생각하고 있는 방향이 보인다. 애플은 매출을 기준으로 2018년에서 2020년 사이에 3.4%밖에 성장하지 못했다. 아이폰의 매출이 더 이상 증가하지 않는 것이 애플 매출정체의 가장 큰 원인이었다. 하지만 우리가 관심을 두고 보아야 할 곳은 매출을 구성하는 비중의 변화이다.

2018년에서 2020년까지 2년간의 매출 비중의 변화를 보면 아이폰에 대한 의존도는 이제 전체 매출의 50% 수준으로 내려앉은 모습을 보이고 있고, 대신 에어팟을 포함한 '액세서리'와 앱스토어 수수료를 포함한 '서비스' 매출이 그 하락 부분을 메우고 있다. 특히 서비스 매출은 지속 상승하여 이미 20% 수준까지 올라가 있다. 여기서 우리가 주목해야 할 것은 이 서비스 매출의 많은 부분이 플랫폼 매출인 앱스토어 수수료로, 애플의

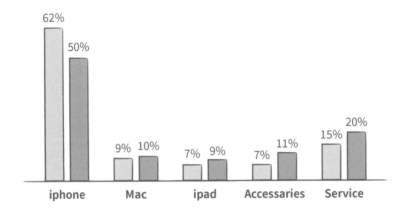

애플 매출 구조(2018~2020)

입장에서 앱스토어 수수료는 미래라고 하기에는 너무도 큰 위험요소를 내포하고 있다는 점이다. 따라서 애플이 서비스 중심으로의 변화를 이야 기할 때의 매출은 이 20%에서 앱스토어 수수료를 제외하고 보아야 한다.[*]

애플이 서비스 중심으로 변화를 선택한 것은 아이폰이라는 제조업 기 반의 위험성과 앱스토어 수수료라는 플랫폼 기반의 위험성을 헷징할 수 있는 새로운 매출 기반이 필요했기 때문이다. 다행히 애플은 전 세계에 9 억 명에 가까운 충성스러운 고객을 갖고 있고, 이들은 아이폰과 아이패 드, 그리고 맥이라는 기기를 통해 직접적으로 연결되어 있다. 애플의 서

---

[*] 애플의 2020년 서비스 매출 총액은 537억 달러이고 추정 앱스토어 수수료 매출은 216억 달러이다. 대 략 앱스토어가 서비스 매출의 50% 정도를 차지한다고 볼 수 있다. 애플이 공식적인 앱스토어 수수료 실 적을 발표하지 않고 애플의 회계기준과 Strada가 제공하는 앱스토어 실적기준이 달라 정확한 예측은 어 렵다.

비스 제공 전략은 애플이 기존에 유지해 왔던 사업전략과 동일선상에 있었다. 스티브 잡스는 완벽한 하드웨어를 만들기 위해서는 소프트웨어를 같이 개발해야 한다고 했고, 그 결과 아이폰이라는 걸출한 스마트폰이 탄생했다. 뒤를 이은 팀 쿡은 이제 하드웨어, 소프트웨어와 결합된 '서비스'를 내놓으면서 애플이 서비스를 만들면 다르다는 이야기를 하고 있다.

애플의 서비스는 단순히 서비스 그 자체만으로 개발되어 나타나지 않는다. 애플의 서비스를 위해 아이폰의 iOS가 업그레이드되고 보완된다. 그리고 궁극적으로는 서비스를 위해 아이폰이라는 하드웨어 그 자체가 진화한다. 즉 하드웨어와 소프트웨어, 그리고 서비스가 결합되어 나타나는 것이 애플의 서비스인 것이다. 세상에 어느 누구도 이런 수준의 서비스를 제공하지 못한다. 그만큼 애플은 고객이 원하는 서비스를 만드는 데 유리한 위치를 차지하고 있는 것이다.

애플은 이제 서비스로 고객과의 관계를 더 공고히 하려 하고 있다.

모바일 플랫폼과
고객관계

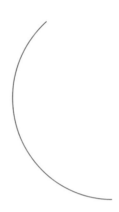

고객과 영속적인 관계를 맺는다는 구독전략이라는 관점에서 볼 때 가장 유리한 위치를 점하고 있는 기업은 모바일 OS 플랫폼을 갖고 있는 구글과 애플이다. 모바일 디바이스라는 스마트폰은 이제 인류가 언제나 손에 들고 있어야 하는 물건이 되었으니 말이다. 가장 직접적이면서 언제나 연결되는 관계만큼 좋은 관계는 없다. 이 디바이스를 중심으로 새로운 방식의 고객과의 관계 맺기가 진행 중이다.

조금 지난 통계이지만 애플 OS를 설치한 디바이스를 갖고 있는 사용자수는 2019년 기준으로 14억 명에 달했다고 한다. 물론 동일한 시점에 구글은 25억 명의 사용자를 갖고 있었다. 다른 점이 있다면 거의 모든 애플 사용자들이 최신 iOS를 사용하고 있는 반면에 구글 안드로이드는 사용자의 10%만이 최신 버전의 안드로이드를 사용하고 있었다는 점이다. 섣부른 예측일수 있지만 서비스 적용이 가능한 모바일 OS 플랫폼이라는 관점에서 보면 애플이 가장 많은 고객을 갖고 있다고 말할 수 있다.

이 모바일 OS는 앱스토어라는 소프트웨어 유통 경로를 통해 고객들과 이미 거래관계를 갖고 있다. 즉 모바일 플랫폼을 선택하면서 동시에 나의 신용카드 정보를 앱스토어에 저장하게 된다. 이런 이유로 애플이 다양한 서비스로 영역을 확대해 나갈 때 결제라는 허들은 존재하지 않는다. 이미 모든 결제 수단과 개인정보는 애플이라는 기기와 iOS라는 모바일 플랫폼에 저장되어 있기 때문이다. 플랫폼의 구독전략을 이야기할 때 '직접 만나기'와 '관계 맺기'가 의미 없는 것은 이미 이런 단계를 넘어섰기 때문이다. 특히 애플과 구글 같은 모바일 플랫폼을 갖고 있는 기업들에게 이러한 구독전략은 이미 오래전에 완성된 과거일 뿐이다.

구글이 안드로이드 단말기를 통해 모든 사용자의 위치를 기록했다 하여 문제가 된 사건이 있었다. 모바일 플랫폼을 운영한다는 것은 그 위에서 벌어지는 수많은 앱의 활동을 훔쳐볼 수 있음을 의미한다. 모바일 플랫폼 사업자들은 구독전략이라는 관점에서는 이미 충분하고도 넘칠 만큼 고객정보를 갖고 있다. 단지 이를 서비스라는 영역으로 확장할 것인가의 의사결정이 남아 있을 뿐이다. 구글은 개방성을 바탕으로 모바일 플랫폼 시장의 80%를 지배하고 있다. 애플을 제외한 모든 모바일 디바이스 제조사들이 구글의 안드로이드를 사용한다. 하지만 구글의 모바일 OS, 검색서비스, 그리고 광고 플랫폼의 결합에 대해 '독점'이라는 단어를 붙이고 있는 상황은 구글이 서비스라는 영역으로 확장하는 것을 어렵게 만들고 있다. 구글에게 80%의 독점적 OS 운영자라는 훈장은 역설적으로 구글의 모든 행위를 독점적 지위를 활용한 횡포로 인식되게 만든다.

구글이 서비스를 만들기 어려운 반면 애플은 상대적으로 작으면서 고수익의 시장을 갖고 있기에 서비스라는 영역으로의 진출이 용이했다. 물론 그 진출의 결과가 수익 면에서 성공적이지 못하더라도 9억 명이라는 시장을 지킬 수 있다면 그 역시 성공이라 평가할 수 있을 것이다.

애플은 2019년 다양한 서비스를 발표한다. Apple News+, Apple Arcade, Apple Pay, Apple Card, 그리고 Apple TV와 Apple TV+가 그것이다. 이 서비스 하나하나를 살펴보면 애플이 어떤 맥락에서 서비스를 통해 고객과의 관계를 영속화시키려 하는지 알 수 있다. 애플이 내놓고 있는 서비스들은 각각의 산업에서 나타나고 있는 사업자들의 구독전략과 거의 유사하기 때문이다. 뉴스 시장에서는 뉴욕타임스의 구독전략과 같고, 카드와 페이 시장에서는 우리의 카카오와 거의 유사하다. 애플 TV와 TV+가 추구하는 것은 넷플릭스와 디즈니가 추구하고 있는 것과 거의 유사하다. 결국 애플은 아이폰, 아이패드, 매킨토시라는 디바이스를 중심으로 자신의 고객과의 관계를 거의 모든 영역에서 영속화시키려는 시도를 하고 있는 것이다.

데이터를 버리고
신뢰를 얻기

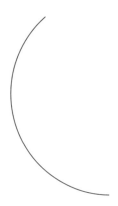

애플의 서비스들을 살펴볼 때 가져야 할 관점은 구독전략의 마지막 요소인 '자주 만나기'이다 누군가와 자주 만나기 위한 방법에는 두 가지가 있다. 하나는 다양한 만남 이유, 즉 콘텐츠를 제공하는 것이고, 또 하나는 금융이라는 거래의 도구를 장악하는 것이다. 애플은 이 두 가지를 모두 겨냥하고 있다. 콘텐츠에서는 뉴스, 음악, 영상, 게임 등이 제공되고 있고 금융은 결제와 카드가 제공되고 있다. 하지만 애플의 '자주 만나기'에서 고객정보라는 개념은 다른 해석이 필요하다. 보편적인 구독전략의 목표는 고객과의 관계를 강화하는 데 있고, 그 중심은 고객데이터에 있다. 하지만 애플은 데이터를 통해 이를 이루어 내려 하지 않는다. 데이터를 버림으로 고객과의 결속이라는 목표를 더 쉽게 얻으려는 생각이다. 이 방향에는 개인정보보호라는 민감한 문제가 연관되어 있다.

서비스 제공에 있어서 개인정보보호[Privacy]와 개인화된 서비스 제공 Personalization은 양날의 검이다. 개인화된 서비스는 분명 우월한 기능이지만 이를 위해서는 고객에 대해 많이 알아야 한다. 즉 개인화된 정보, 데이터를 축적하는 것이 반드시 필요하다. 하지만 이는 결국 개인정보보호라는 또 다른 요구와 부딪치게 된다. 아마존도 그렇고 페이스북도 그렇다. 이를 피해 갈 수 있는 기업이 있다면 스마트폰이라는 하드웨어를 통제할 수 있는 애플과 구글 정도일 것이다.

애플은 아이폰의 기능을 통제할 수 있기에 어떤 개인정보도 서버에 저장하지 않는다고 한다. 모든 고객정보가 아이폰에 보관되기에 굳이 이를 별도의 서버로 옮길 필요가 없다는 뜻이다. 애플은 아이폰과 iOS를 바탕으로 서비스를 설계한다. 따라서 서비스 제공에 있어서 아이폰에 저장된 데이터를 활용할 수 있다. 추천과 같은 개인화 서비스를 아이폰에 저장된 데이터를 활용하여 제공할 수 있다는 뜻이다. 서비스를 통해 얻어 내고 축적된 고객의 데이터는 다시 아이폰에 저장되었다가 필요할 때면 다시 활용된다. 하드웨어, 소프트웨어, 서비스를 한 기업이 제공하기에 가능한 시나리오이다. 결국 모든 데이터는 아이폰에 저장되고 이용되기에 이는 개인의 소유라는 뜻이고, 애플은 서비스를 제공함에 있어 고객의 정보를 사용하지만 소유하지는 않는다는 뜻이다.

여기서 한걸음 더 나아가 애플은 아이폰상에서 페이스북과 같은 애플리케이션을 제공하는 기업들이 자사가 제공하는 다양한 앱에서 취득한 데이터를 공유하지 못하게 하는 정책을 만들었다. 앱 추적 투명성

Application Tracking Transparency이라는 이 정책은 사용자에게 모든 앱의 사용에 있어서 취득된 데이터를 다른 앱에서 사용할 수 있도록 허용할지 묻는 정책이다. 현재까지 나온 것 중 가장 효과적인 개인정보보호 정책으로 보이는데 이는 애플이 가진 장점을 최대한 살리면서 고객의 정보를 보호하고 동시에 경쟁자의 운신을 어렵게 하고 있다.

애플 뉴스 플러스

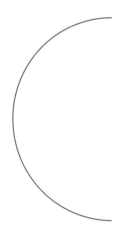

애플은 왜 뉴스 서비스를 출시하면서 '뉴스' 뒤에 '플러스'를 붙였을까? 'Apple News'는 아이폰에서 가장 많이 사용되는 무료 뉴스 앱이다. 한국에서는 서비스하지 않기에 다운로드조차 불가능하므로 알지 못하지만, 아이폰 사용자들은 뉴스를 보기 위해 애플이 제공하는 기본 앱인 Apple News를 가장 많이 사용해 왔던 것이다. 이는 뉴스라는 콘텐츠를 일종의 날씨나 메일처럼 아이폰의 기본기능으로 사용해 왔다는 뜻이다.

그런데 애플은 스스로 뉴스를 만들지는 않는다. 즉 애플에서 월급을 주는 기자는 한 명도 없어 보인다. 단지 네이버 뉴스처럼 어떤 뉴스를 독자들에게 보여 줄지를 결정하는 편집자Editor들만이 있을 뿐이다. 하지만 팀 쿡Tim Cook이 2019년 3월 'It's showtime' 이벤트에서 말했듯이 뉴스의 가장 중요한 것은 '신뢰'이고 애플이 뉴스의 소스를 검증하고 내용을 체크한

출처: www.thegear.kr

다는 점에서 애플 사용자의 선택은 애플 뉴스가 신뢰받고 있음을 방증하고 있다.

여기에 애플은 뉴스 플러스Apple News+라는 새로운 상품을 제시한다. 구독전략이라는 관점에서 보면 애플의 기존 뉴스 앱은 그냥 뉴스를 골라서 보여 주기만 하는 앱이다. 많은 사람들이 뉴스 앱을 통해 뉴스를 보지만 애플과 관계를 맺고 있지는 않다. 그래서 이 뉴스라는 재료로 고객과 관계를 맺기 위해 애플은 뉴스 플러스를 만들어 냈다.

이 서비스의 핵심은 잡지에 있다. 이 역시 한국적 시각에서는 잘 이해되지 않는다. 한국에는 잡지가 많지 않기 때문이다. 아마도 잡지가 많지 않은 이유는 시장의 크기가 충분히 크지 못해서일 것이다. 반면에 미국은 수많은 잡지가 존재하는 시장이다. 그리고 그 잡지가 목표하는 시장도 산업만큼 다양하다. 즉 사람들은 자신의 취향을 표현하는 수단으로 잡지를 구매하고 구독한다. 그리고 그 잡지라는 시장을 애플의 뉴스 플러스가 공략하고 있다. 애플 뉴스 플러스는 300여 개의 잡지를 아이폰, 아이패드에 최적화된 포맷으로 제공한다. Time, Vogue, People, National Geographics, Fortune 등 우리가 익히 알고 있는 잡지들이 거의 모두 포함되어 있다. 물론 뉴스라는 서비스에 걸맞게 여기에다 LA Times와 Wall Street Journal 같은 신문들도 포함하고 있다. 이 콘텐츠를 구독하는 가격이 한 달에 9.99달러다.

정치, 경제, 자동차, 패션, 스포츠, 여행, 스타일, 영화, 엔터테인먼트 등 다양한 삶의 콘텐츠들을 모바일에 최적화된 편집과 멀티미디어 포맷으로 즐기는 가격이 월 만원 수준이라면 무언가 읽을거리를 찾는 고객에게는 좋은 선택으로 보인다. 물론 내가 정기적으로 구독하던 잡지가 300개 안에 포함되어 있다면 더욱 당연한 선택일 것이다. 애플은 애플 뉴스 플러스를 통해 아이폰을 가진 고객들과 읽을거리라는 영역에서 공고한 관계를 만들어 가고 있다.

애플의 구독전략은 언제나 큐레이션이라는 요소를 갖추고 있다. 내가 좋아하는 잡지가 있다면 그 잡지를 처음부터 끝까지 정독하는 것도 의미 있는 일이다. 하지만 300개의 잡지가 나의 손안에 있다면 수많은 잡지 중에서 내가 원하는 콘텐츠가 무엇일지 선택하는 것도 무척 어렵다. 이때 애플은 Apple News 앱에서처럼 나에게 적합한 콘텐츠를 골라서 제공한다. 제공되는 콘텐츠의 표현 방식은 우리가 검색에서 볼 수 있는 콘텐츠와는 사뭇 다르다. 보다 많은 사진과 멀티미디어 콘텐츠가 제공된다. 잡지의 첫 페이지는 이제 사진이 아니라 동영상으로 제작된다. 이처럼 애플의 새로운 뉴스 서비스는 고객과의 관계 맺음의 마지막 도구인 큐레이션도 아주 자연스럽게 풀어내고 있다. 우리에게 잡지라는 매체와 읽을거리라는 시장이 생소하기에 애플 뉴스 플러스로 제공되는 가치의 크기가 잘 와닿지 않을 수 있다. 하지만 무언가를 읽기 좋아하는 고객에게는 충분히 의미 있는 가치를 제공할 것으로 보인다.[*]

---

[*] 기존 잡지들의 디지털과 프린트 버전의 연간 구독료를 보면 Time은 30달러, Vogue는 20달러, People은 39달러, National Geographic은 24달러, Fortune은 72달러다.

애플 뮤직

음악에 대한 애플의 애정은 남다르다. 아이튠즈라는 디지털 음악 유통 플
랫폼을 시작으로 디지털 뮤직이라는 산업을 만든 것도 애플이고 지금은
별로 존재감이 크지 않지만 아이팟i-Pod이라는 음악감상을 위한 기기 역시
애플이 세상에 처음으로 만들어 냈다. 과거 음악이라는 장르는 애플 고
객을 잡아 두는 데 가장 큰 역할을 했었다. 한때 애플의 핵심 고객들은 모
두 수백 곡의 음악을 애플 플랫폼에 저장해 두고 있었기에, 다른 플랫폼
으로의 변경은 그 모든 음악의 포기를 의미했다. 그 당시 음악 서비스의
기본은 음원 단위 구매였기에 이런 현상이 가능했다. 하지만 스포티파이
Sportify가 모든 것을 바꿔 놓았다. 이제는 스트리밍이라는 새로운 방식으
로 사람들은 음악을 소비하고 있다. 나의 음악 저장소라는 애플의 경쟁
력이 설 곳을 잃어버린 것이다. 애플이 이러한 시장의 변화에 대응하여

2015년 만들어 낸 스트리밍 서비스가 애플 뮤직^{Music}이다.

애플 뮤직은 기본적인 서비스 면에서는 스포티파이나 멜론과 별반 다르지 않다. 단지 애플 고객은 애플의 순정 서비스로 음악을 들을 수 있다는 사실만이 다를 뿐이다. 순정이라는 의미는 애플이 제공하는 모든 디바이스와 끊김 없이 연동됨을 의미한다.* 물론 여기에 음성인식 서비스의 시리^{Siri}도 포함된다.

2019년의 자료지만 애플 뮤직은 스포티파이에 이어서 유료가입자 수가 글로벌 2위를 차지하고 있다. 사용 가능한 디바이스가 애플의 디바이스에 한정된다는 점을 감안하면 시장에서의 위치는 스포티파이와 거의 동등하다고 할 수 있다. 애플에 있어 음악은 단순히 구독전략의 도구라기보다는 애플이 만들었기에, 그리고 키워냈기에 나름의 지분을 가진 핵심 사업이라 이해하는 것이 적절하다. 또한 음악이라는 콘텐츠가 모바일이라는 모바일 플랫폼의 고객확보 전략, 즉 구독전략에서 얼마나 중요한지도 알 수 있다.

---

* 애플의 홈팟^{Home Pod}에서 "시리^{Siri}야, 폴 킴의 음악 틀어 줘"와 같은 일상이 가능한 것이다. 한국 아이폰에서 시리로 멜론을 호출하면 "죄송합니다. 멜론에서 해당 서비스의 시리 지원을 추가하지 않았습니다."라고 나온다.

애플 아케이드

하드웨어와 소프트웨어, 서비스의 결합이라는 애플의 접근방식에 가장 잘 들어맞는 산업이 있다면 바로 게임산업일 것이다. 물론 모바일 게임산업이다. 모바일의 새로운 기능을 가장 먼저 구현하는 산업이 있다면 아마도 모바일 게임일 것이다. 애플은 새로운 iOS 버전을 발표할 때면 언제나 새로운 기능들을 추가한다. 이제 애플이 게임개발사들과 공동사업을 시작하고 있다.

애플은 아케이드Arcade 서비스를 출시하면서 게임산업에 존재하는 일종의 쏠림을 이야기한다. 게임산업에서 다양성이 사라지고 있다는 뜻이다. 아케이드는 그런 맥락에서 게임의 다양성을 가능하게 하는 서비스이다. 원화로 월 6,500원으로 제공되는 아케이드는 100종류의 게임을 제한 없이, 광고 없이 사용할 수 있다. 퍼즐, 어드벤처, 스포츠, 레이싱, 멀티플레이어 액션 등 다양한 장르의 게임이 제공된다. 가족 공유는 물론 오프라인에서도 사용 가능하고 Xbox, PlayStation 등 다양한 기기와의 연결도 가능하다.

애플 아케이드를 보면 결코 애플이 이를 통해 수익을 낼 수 있으리라고는 생각되지 않는다. 게임이라는 장르는 많은 시간이 투입되고 집중적인 사용이 필요한 곳이지, 뷔페처럼 이것저것 골라 가며 즐기는 곳은 아니기 때문이다. 가설이지만 애플은 애플 아케이드를 일종의 애플 고객과 게임 개발사들을 위한 플랫폼으로 운영하고 있는 듯한 인상이다. 즉 가까운 미래에 애플이 본격적으로 게임개발사로 나설 생각은 없어 보인다. 단지 게임이라는 도구를 애플의 고객과의 관계를 강화하는 데 활용하기 위해서는 아케이드와 같은 방식이 가장 적합하다고 판단한 것이다. 하지만 애플은 하드웨어와 OS를 갖고 있는 플레이어이다. 결국 VR이나 AR 같은 새로운 환경에서의 게임을 가장 잘 만들 수 있는 사업자를 꼽자면 애플이 제외되지는 않을 것이다.

애플 TV와 애플 TV 플러스

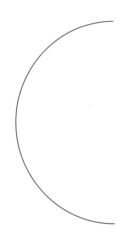

넷플릭스와 디즈니가 신경전을 벌이고 있을 때 애플도 역시 애플 TV 플러스를 론칭했다. 그런데 애플이 TV 플러스를 출시하기 전부터 이미 애플 TV 앱이 존재하고 있었다. 애플에는 애플 TV라는 하드웨어가 있기에 용어상의 혼동이 발생한다. 하드웨어의 이름은 애플 TV이고 애플리케이션의 이름은 애플 TV 앱이다. 그리고 새로 출시한 것은 애플 TV 플러스이다.

애플 TV 앱은 영상 콘텐츠의 유통 앱이었다. 애플은 세상에 존재하는 수많은 영상제공 서비스를 유통하는 도구로서 애플 TV 앱을 갖고 있었다. 좀 더 쉽게 설명하면, 애플 TV는 모든 OTT들을 볼 수 있는 일종의 방송국과 같은 역할을 담당했다. 오른쪽 그림을 보면 넷플릭스와 경쟁하고 있는 모든 OTT들을 볼 수 있다. 넷플릭스는 참여하지 않고 있지만, 거의 모든 스트리밍 서비스들을 애플 TV에서 가입하고 시청할 수 있다. 애플은 자신이 갖고 있는 고객에 대한 접근성을 활용하여 타 OTT들을 판매하고 있었던 것이다. 물론 OTT 서비스 이외에 미국의 유료채널들도 애플 TV 앱에서 볼 수 있다.

Streaming services, streamlined. Easily discover all your favorite shows from streaming services including Disney+, HBO Max, Amazon Prime Video, Hulu, and more — all inside the app.

Raised by Wolves is available on the Apple TV app with an HBO Max subscription* ↗

Disney+   HBO max

hulu   peacock

prime video   pluto tv

고객을 장악하고 있다는 면에서 애플이 애플 TV 앱을 서비스하는 것은 당연한 수순이다. 더욱이 애플 TV라는 하드웨어를 판매하는 입장에서는 볼 수 있는 콘텐츠가 필요하다는 것도 애플 TV 앱의 존재 이유이다. 하지만 애플은 여기서 한 걸음 더 나가 애플 TV 플러스를 출시한다. 문제는 애플 TV 플러스의 포지션이다. 애플 TV 앱이 일종의 OTT의 양판점이라면 애플 TV 플러스는 애플이 제공하는 OTT이다. 이는 흡사 유통업을 하면서 자사 브랜드[Private Brand]를 출시하는 것과 같다.

2019년 3월 멋진 론칭 발표를 하고 애플은 〈The Morning Show〉와 같은 오리지널 콘텐츠를 출시했다. 그리고 새로운 아이폰과 아이패드를 구입하는 사용자에게는 1년간 무료제공이라는 프로모션도 실시 중이다. 하지만 애플은 넷플릭스와 디즈니 플러스, HBO Max 등이 벌이고 있는 콘텐츠 전쟁에는 참여하고 싶지 않아 보인다. 굳이 의미를 두자면 애플 기기를 사용하면 이런 혜택도 있다는 것을 안드로이드 사용자들에게 이야기하고 있는 듯하다. 애플이 콘텐츠라는 영역에서 어떤 행동을 보일지는 아직 모른다. 애플도 아마 깊은 고민을 하고 있을 것이다. 게임 영역에서의 선택은 시장에 무게감 있는 변화를 주었고, 애플 사용자들에게도 하드웨어, 소프트웨어, 서비스의 결합이 어떤 결과를 만들어 낼 수 있는가를 보여 주었다. 하지만 영상이라는 영역에서 애플이 어떤 선택을 할지는 분명하지 않다. 음악과 영상이라는, 애플의 강점을 충분히 활용할 수 없는 영역에서의 서비스 전략은 어떨지, 재미있는 관전 포인트이다.

애플 페이와 애플 카드

한국에서는 금융 플랫폼에 대한 논의가 한창이다. 카카오가 페이와 뱅크를 모두 시작하면서 금융 플랫폼이라는 새로운 세상을 열 것 같은 분위기를 풍기고 있기 때문이다. 카카오는 이미 카카오페이를 통해서 수많은 송금을 중계하고 있고, 카카오뱅크를 통해서 이미 천만이 넘는 계정을 확보하였다. 이런 규모의 경제를 보고 머지않은 미래에 있을 카카오뱅크의 상장을 기다리는 사람들이 많아졌다. 최근 이루어진 투자를 통해 이미 8조 5천억 원이라는 기업가치를 인정받았기에 사람들은 벌써 수십조의 가치를 가진 금융 플랫폼의 등장을 기대하기 시작했다.

애플은 카카오의 이런 미래 모습을 이미 구현해 놓은 것으로 보인다. 단지 차이가 있다면, 카카오가 소프트웨어와 서비스가 결합된 모습이라면 애플은 여기에 아이폰이라는 하드웨어가 추가로 결합되어 있다는 점이다. 카카오페이는 카카오톡이라는 일종의 소프트웨어 플랫폼 위에 구현된 지불결제기능이다. 그래서 온라인에서는 엄청난 편리함을 보이지만 오프라인에서는 사용이 쉽지 않다. 필자도 카카오페이를 자주 사용하지만 온라인뿐이고 오프라인에서는 아직 사용해 본 경험이 없다. 하지만 애플은 이와 다른 진행을 보이고 있다.

2014년 10월에 출시된 애플 페이는 오프라인 결제에 중점을 두어 왔다. 좀 더 쉽게 말하자면 우리의 교통카드와 같은 기능을 아이폰 안에 넣어 두고 보다 많은 곳에 구현한 것이다. NFC^{Near Field Communication} 기술이라고 불리는 방식을 택하고 있는데, 이에 대해 기술적으로 설명하는 것은 큰 의미가 없기에 교통카드와 동일한 방식이라고만 표현해 두기로 하자. 애플 페이는 우리가 지하철에서 교통카드를 사용하듯이 아주 쉽게 결제

가 가능한 서비스이다. 물론 사용하는 방식은 거의 동일하다. 아이폰에는 한국에서는 거의 사용되지 않지만 지갑^{Wallet} 앱이 있다. 이 앱에 카카오페이와 마찬가지로 신용카드를 등록하면 애플 페이를 사용할 수 있다. 온라인에서 결제로 사용할 수도 있고, 문자를 보내는 것처럼 송금도 가능하다.

오프라인에서는 매장에 있는 리더기에 아이폰을 접촉시키는 것으로 모든 결제가 끝이 난다. 너무 간단해서 별다른 설명이 필요하지 않다. 'Berstein'이라는 조사회사에 따르면 애플 페이는 2019년 현재 글로벌 전체 거래액의 5%를 점유하고 있고 2025년까지 10%로 늘어날 것으로 예상된다고 한다.[15] 애플 고객이 전체 모바일 사용자의 20%이고 평균보다 2배 이상 소비한다고 가정하면 아직은 애플이 가야 할 목표는 멀어 보인다. 하지만 어느 누구도 성공하지 못했던 모바일 디바이스를 통한 오프라인 결제를 애플이 풀어 나가고 있는 것이다. 스스로의 고객을 지키기 위한 노력의 일환이긴 하지만, 과거 구글과 페이팔 등이 시도한 오프라인 모바일 결제 노력이 실패한 이유가 애플의 참여 거부에 있었다는 점을 생각하면 애플이라는 회사가 시장에서 갖고 있는 파워가 어느 정도인지 실감할 수 있다.

애플은 아직 애플 페이와 애플 카드의 성과에 대해 정확한 발표를 하지 않고 있다. 아마도 굳이 금융계를 자극할 필요를 없기 때문일 것이다. 애플이 현재도 가장 걱정하는 것은 '독점'이라는 단어가 만들어 내는 사업 외적인 리스크이기 때문이다.

'Strada'에 따르면 2020년 애플 페이 사용자 수는 5억 명을 넘어섰다고 한다. 이는 아이폰이나 아이패드를 갖고 있는 사용자의 반 이상이 이미 애플 페이 기능을 활성화시켰음을 의미한다.[16] 애플 페이와 애플 카드가 한국에 도입된다면 애플 사용자가 이를 사용하지 않을 이유는 거의 없어

보인다. 문제는 얼마나 많은 사용처가 생길 것인가의 이슈일 것이다. 애플의 부단한 노력으로 애플 페이의 사용처는 지속적으로 늘어나고 있다. 상대적으로 낮은 수수료율(미국의 경우 0.15%)과 애플이 제공하는 편리성은 이 거래액을 지속적으로 상승시킬 것이다.

　지금까지는 애플 페이가 애플의 매출에서 차지하는 비중이 1% 수준으로 지극히 미미하다. 하지만 구독전략이라는 관점에서 보면 그 가치는 무궁무진하다. 애플이라는 플랫폼을 한 번 선택한 고객이 떠나지 않을 중요한 이유가 한 가지 더 생겼기 때문이다. 애플은 모든 서비스를 론칭하면서 고객정보 수집은 애플의 사업 영역이 아니라고 강조한다. 특히 가장 민감한 애플 페이를 통해 발생하는 거래의 내용 중 단 하나도 애플의 서버에 저장되지 않으며 모든 정보는 암호화 처리되기에 가장 안전한 거래 방식이 될 것임을 강조한다. 애플의 사용자들이 결제라는 수단에서 애플 페이에 Lock-in되는 순간 애플의 플랫폼을 떠날 생각을 하지 않으리라는 점은 너무도 분명하다.

브랜드로서 애플의 구독전략

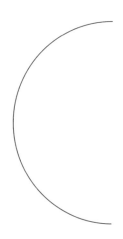

2020년 초 클럽하우스$^{Club House}$라는 앱이 전 세계를 강타했다. 초대장이 있어야 가입할 수 있었기에 클럽하우스에 진입했다는 것만으로도 일종의 자기과시가 되었다. 클럽하우스는 아이폰에서만 가능한 앱이었다. 애플의 구독전략은 플랫폼의 구독전략이 아닌 브랜드의 구독전략이다.

애플은 모바일 플랫폼 경쟁에서 안드로이드 진영과 지속적인 경쟁을 해오고 있다. 안드로이드가 80%의 시장을 차지하고 있은 것으로 보아 그 운동장은 이미 많이 기울어져 있다. 하지만 그 기울기에 아직은 착시가 존재한다. 20%가 가끔은 50% 이상의 영향력을 발휘하기 때문이다. 클럽하우스가 애플이라는 모바일 플랫폼을 선택한 것은 애플의 구독전략이 성공하고 있다는 증거이다.

플랫폼 세상에서
우리가 선택할 길

이제 구독전략에 대한 이야기를 마무리해 보고자 한다. 아직은 구독전략을 시장에서 증명해 낸 기업이 많이 없기에 구독전략에 대해 성급히 이야기하는 것이 조금은 두려웠다. 마치 플랫폼에 대한 이야기를 처음 세상에 내놓을 때의 느낌과 비슷했다. 하지만 구독이라는 단어를 그냥 보내 버리기에는 아쉬운 감이 많았다. 아니 이대로 두면 공유경제가 사라졌던 것처럼 그냥 한때의 유행으로 끝나 버릴 것 같았다. 나름의 이야기로 정리를 해 보았지만 아직은 더 살펴보고 시장이 구독을 어떻게 이해하고 받아들이는지 공부해야 할 듯하다. 글을 마치면서 몇 가지 당부하고 싶은 이야기가 있다.

첫째, 구독이라는 개념이 너무 협소하게 사용되지 않았으면 한다. 글에서도 이미 언급했지만 구독이라는 단어는 정기구매 프로그램으로 많이 활용되고 있다. 곳곳에서 단순한 일회성 판매가 아닌 월 단위 패키지 프로그램을 만들어 이를 구독이라 이름 붙이고 있다. 물론 이 시도가 성공할 수도 있을 것이다. 하지만 5장 '관계를 맺어라'에서 이미 정리했듯이 대부분의 상품은 이러한 정기구매와 어울리지 않는다. 단지 우리가 넷플릭스, 멜론 등 디지털 콘텐츠에서 그 성공을 너무 강하게 느끼고 있을 뿐이다. 구독은 고객과의 관계를 직접적이고 영구적으로 만들려는 전략이라는 개념을 보다 많은 사람들이 받아들였으면 한다.

둘째, 구독을 렌탈과 혼동해서 소유의 반대개념으로 이해하지 않았으면 한다. 이러한 오류는 공유경제를 받아들이면서 많이 발생했었다. 이제 인류는 더 이상 소유하려 하지 않을 것이라는 가정 하에 시작된 이 논리들은 결국 공유경제라는 아주 훌륭한 개념을 그냥 스쳐 가는 유행으로 만들어 버렸다. 이제 유사한 접근이 구독에도 적용되고 있다. 렌탈은 소유를 위한 판매의 또 다른 방식이다. 결코 구독처럼 기업이 고객과 맺고 싶어하는 오래가는 관계가 아니다. 이 역시 소유할 필요가 없고 소유하기도 어려운 콘텐츠 시장에서의 구독이 일반화되면서 나타난 오해이다.

구독이라는 단어를 현재 일상적으로 받아들이는 개념에서 확장하는 이유는, 새로운 단어를 써서 또 다른 혼동을 만들어 내기보다는 익숙한 단어를 다시 살려내어 활용했으면 하는 마음에서이다. 이제 고객이 나의 제품을 구독하게 만들어서 고객과의 관계를 다시 설정해 나가자는 뜻에서 말이다. 많은 고민을 해 보았지만 구독이라는 단어만큼 이 상황에 적합한 단어는 없어 보였다.

마지막으로, 플랫폼을 공부하면서 플랫폼이 지배하는 세상에 대해 관심을 갖게 되었고 그 결과로 이 책이 세상에 나오게 되었다. 플랫폼 세상에서 우리가 선택할 길은 두 가지가 있어 보인다. 하나는 나이키나 디즈니처럼 구독전략을 통해 독립하는 것이고 또 하나는 플랫폼에 올라타 성장하는 것이다. 즉 플랫폼을 최대한 이용하여 성장하는 것을 말한다. 나이키나 디즈니가 아닌 작은 기업에게는 후자가 훨씬 현실적 솔루션이 될 수 있을 것이다. 그래서 아마도 다음 과제는 작은 기업들을 위한 플랫폼 활용법이 되지 않을까 한다. 그들이 플랫폼의 세상에서 살아 남기 위한 방법으로 말이다.

| 참고서적 |

다음은 이 책의 집필을 위해 참고한 서적들이지만, 직접적으로 참조를 한 것은 아니다. 어떤 책은 집필 과정에서 영감과 아이디어를 얻기 위해 읽은 책이고, 어떤 책은 이 책과 동일한 주제를 다루기에 읽기도 했다. 정확한 의미에서 참고서적이라 할 수 있는 책은 미주로 별도 표기했다.

《디즈니만이 하는 것》, 밥 아이거, 2020, 쌤앤파커스

밥 아이거의 자서전이다. 책을 읽으면서 자신을 제외한 거의 모든 사람들을 (스티브 잡스 포함) 은근히 깎아 내리는 인상이 심해서 저자의 자아도취를 위한 책이라는 느낌이 강했다. 마지막에 대선출마를 권유받았다는 부분을 보면서 확신이 강해졌다. 그래도 디즈니가 어떻게 현재의 포트폴리오를 만들게 되었는지를 이해하게 해 준 책으로, 앞으로도 콘텐츠 중심의 팬덤형 구독을 가져갈 것이라는 확신을 가지게 해 주었다.

《D2C 레볼루션, 스타트업부터 글로벌 기업까지, 마켓 체인지의 필수 전략》, 로렌스 인그라시아, 2020, 부키

번역서이고 책의 원제목은 《Billion Dollar Brand Club》이다. Direct to

Consumer 스타트업들에 대한 이야기로, 이미 소수의 브랜드들이 장악하고 있는 시장에 새로운 방법^{D2C}을 들고 도전한 기업들의 이야기를 소개하고 있다. 와이즐리가 참조한 달러쉐이브클럽을 제외하고 와비파커, 캐스퍼, 허블, 어웨이, 글로시에, 이어고, 서드러브 등의 기업들은 거의 모두 우리에겐 생소하다. 즉 이 책의 주인공들은 골리앗에게 도전하는 다윗이고, 다윗이 사용한 도구 즉 물맷돌은 시장의 리더와 거의 유사한 제조능력을 가진 제조 파트너, 고객과 직접 접촉이 가능한 모바일 커머스 사이트, 그리고 효율적인 마케팅을 가능하게 한 SNS였다.

등장 기업들이 이 책《구독전쟁》의 주인공들과는 다르지만 구독이라는 맥락에서 일부 사례들을 차용할 수 있었다. 특히 큐레이션이라는 영역에서 와비파커의 사례는 가장 인상 깊었지만 고객경험 증대라는 관점에서만 다루었기에 약간 실망이었다. 이 책의 내용으로 그렇게까지 큰 변화를 읽을 수 있을지는 의문이지만, 구글의 그로스 매니저로 있는 허재원 님의 서문은 다른 이유로도 읽어 볼 만한 좋은 글이다.

《돈 비 이블, 사악해진 빅테크 그 이후》, 라나 포루하, 2020, 세종

역시 번역서이며, 플랫폼이 얼마나 커졌고 얼마나 강력해졌는가를 알게 해주는 글이다. 구독의 대척점으로서의 플랫폼에 대해 아주 자세히 서술한 책이다. 경제적, 정치적, 사회적 모든 측면에서 독점적 지위를 차지한 플랫폼이 얼마나 나쁜 영향을 미칠 수 있는지를 잘 알 수 있다. 이 책에 모든 면이 담긴 것은 아니지만 플랫폼의 독점이라는 관점은 분명히 배웠다. 물론 인용도 했다.

《D2C 시대, 디지털 네이티브 브랜드 어떻게 할 것인가?》, 김형택, 이승준, 2021, 비즈북스

리테일 기업의 D2C 및 구독 비즈니스 전략이라는 부제를 갖고 있기에, 계속해서 갖고 있던 용어의 혼란을 다른 한국인 저자는 어떻게 해석했는가 궁금해서 읽었다. 많은 참고문헌과 인용으로 가득한 책이어서 나름의 즐거움은 있었지만 생각을 깊게 하는 데 도움은 되지 않았다.

《슈퍼펌프드: 우버, 위대한 기회는 왜 최악의 위기로 돌변했는가?》, 마이크 아이작, 2021, 인플루엔셜

우버의 성공과 실패를 예측한 책이다. 책이 의도했던 바는 아니지만 우버가 자율주행기술에 대해 얼마나 집착하고 있는가를 알게 해 준 책이다. 우버의 좋지 않은 기업문화, 그리고 약간은 삐뚤어진 경영자에 대한 이야기로 가득 차 있다. 우버가 무엇을 지향하는지를 이해하는 데는 도움이 되었다. 현재 우버가 가지고 있는 플랫폼 노동자의 문제를 우버라는 기업이 정상적인 방법으로 풀어내기는 쉽지 않을 것이라는 의심도 들었다.

《규칙 없음》, 리드 헤이스팅스, 에린 마이어, 2020, RHK

넷플릭스가 공식적으로 펴낸 넷플릭스에 대한 책으로, 비즈니스에 대한 내용보다는 조직운영에 집중해 있어 이 책을 쓰는 데 큰 도움이 되지는 않았다. 하지만 넷플릭스라는 회사를 이해하는 데 도움이 되었다. 책에는 넷플릭스가 플랫폼을 지향한다거나 끝없는 성장을 꿈꾼다와 같은 내용은 없다. 아마도 넷플릭스의 꿈과 같은 새로운 책이 나오지 않을까 생각한다.

《구독경제, 소유의 종말》, 전호겸, 2021, 베가북스

역시 한국 저자가 쓴 책이기에 쿠팡의 로켓배송을 이용해서 구매했다. 책을 다 읽는 데에는 한 시간이면 충분했다. 물론 유사한 주제로 글을 쓰고 있기 때문이기도 했지만 책이 구독경제를 거대 담론화시켰기 때문이다. 구독경제의 시대가 오고 있고 이제는 모든 것이 구독경제로 점령될 것 같다는 슬로건도 조금은 무리하게 느껴진다. 아직은 부의 기회가 구독경제로 몰리고 있는 것 같지 않다.

《플랫폼 비즈니스의 모든 것》, 마이클 쿠수마노, 데이비드 요피, 애너벨 가우어, 2021, 부키

《플랫폼 레볼루션》을 냈던 출판사 부키에서 일종의 연작으로 낸 플랫폼 관련 서적이다. 내용면에서 단단하고 풍성한 내용을 담고 있다. 플랫폼의 승자독식의 원칙인 네트워크 효과에 대해 자세히 설명하고 있고 플랫폼 기업이 미래에도 경쟁력을 갖기 위한 조건으로 사회적 책임과 자율규제를 강조하고 있다. 덤으로 전통기업의 플랫폼 전환에 대해서도 이야기하고 있다. 이런 수준의 플랫폼에 대한 연구가 미국에서만 이뤄지고 있다는 것이 아쉽지만 그래도 오랜만에 만난 플랫폼 전문서적이었다. 참고로 이 글의 서문이자 해제를 쓰는 영광도 누렸다.

| 미주 |

1   https://www.marketwatch.com/story/ralph-lauren-launches-first-subscription-rental-program-the-lauren-look-2021-03-03

2   Dollar Shave Club offers three plans: "The Humble Twin" (two blades per razor, five razors per month, $4 per month), "The 4X" (four blades, four razors, $7) and "The Executive" (six blades, four razors, $10).[19] Each subscription comes with a compatible handle.

3   〈나이키, 페어플레이 스포츠 정신 어디 갔나?〉, Tenant news, 2020.11.2.

4   Our store traffic and sales are improving quarter-over-quarter and we are also seeing consumers increasingly self-identify as a member during checkout, or as we call it, a linked transaction, which is leading to even more engagement on our apps and an elevated O2O journey. This is our vision for the marketplace, a digitally connected experience where membership is a true differentiator.

5   Discussing earnings for the full fiscal year, CEO Mark Parker told investors yesterday that SNKRS acquired more new members than any other digital channel for Nike. He added, "SNKRS more than doubled its business, doubled its number of monthly active users, and now accounts for roughly 20% of our overall digital business." That business grew 35% overall in the year, the company reported.

6   To grow its direct business, Nike is looking to get more out of its app users, Modernretail, 11, 2019

7   J.D. Power TMT Insight survey of 1,745 U.S. adults, 2020. 12. 16-19

8   〈2020년 방송산업실태조사보고서〉, 정보통신정책연구원

9   〈2019년 한국영화산업 결산〉, 영화진흥위원회

10 NBCUniversal

11 WarnerMedia

12 https://www.profitwell.com/recur/all/netflix-disney-subscription-pricing

13 D23 is the official Disney fan club celebrating the wonder and excitement of Disney's stories, characters, songs, and experiences.

14 The House Judiciary subcommittee on antitrust's groundbreaking report on Big Tech said Apple has "monopoly power" over software distribution on iPhones, which allows it to generate large profits from the App Store and extract rents from developers. CNBC, 2020. 10. 6

15 https://qz.com/1799912/apple-pay-on-pace-to-account-for-10-percent-of-global-card-transactions/

16 Payment Card and Mobile, 2019. 2

구독전쟁

1판 1쇄 발행 2021년 8월 11일
1판 3쇄 발행 2023년 4월 20일

지은이 이승훈
펴낸이 김기옥

경제경영팀장 모민원 **기획 편집** 변호이, 박지선
커뮤니케이션 플래너 박진모
경영지원 고광현, 임민진
제작 김형식

표지디자인 투에스
본문디자인 디자인허브
본문삽화 박지수
인쇄·제본 민언프린텍

펴낸곳 한스미디어(한즈미디어(주))
주소 121-839 서울특별시 마포구 양화로 11길 13(서교동, 강원빌딩 5층)
전화 02-707-0337 **팩스** 02-707-0198 **홈페이지** www.hansmedia.com
출판신고번호 제 313-2003-227호 **신고일자** 2003년 6월 25일

ISBN 979-11-6007-714-8 (13320)

이 저서는 2021년도 가천대학교 교내연구비 지원에 의한 결과입니다. (GCU-202102600001)
This work was supported by the Gachon University research fund of 2021. (GCU-202102600001)